Theorie und Praxis der Diskursforschung

Herausgegeben von
R. Keller, Augsburg, Deutschland

Seit Mitte der 1990er Jahre hat sich im deutschsprachigen Raum in den Sozial- und Geisteswissenschaften eine lebendige, vielfach interdisziplinär arbeitende empirische Diskurs- und Dispositivforschung entwickelt. Vor diesem Hintergrund zielt die vorliegende Reihe durch die Veröffentlichung von Studien, Theorie- und Diskussionsbeiträgen auf eine weitere Profilierung und Präsentation der Diskursforschung in ihrer gesamten Breite. Das schließt insbesondere unterschiedliche Formen sozialwissenschaftlicher Diskursforschung und Diskursperspektiven angrenzender Disziplinen sowie interdisziplinäre Arbeiten und Debatten ein. Die einzelnen Bände beschäftigen sich mit theoretischen und methodologischen Grundlagen, methodischen Umsetzungen und empirischen Ergebnissen der Diskurs- und Dispositivforschung. Zudem kommt deren Verhältnis zu anderen Theorieprogrammen und Vorgehensweisen in den Blick. Veröffentlicht werden empirische Studien, theoretisch oder methodologisch ausgerichtete Monographien sowie Diskussionsbände zu spezifischen Themen.

Herausgegeben von
Reiner Keller,
Universität Augsburg

Gabriela B. Christmann (Hrsg.)

Zur kommunikativen Konstruktion von Räumen

Theoretische Konzepte und empirische Analysen

Herausgeber
Gabriela B. Christmann
Leibniz-Institut für Regionalentwicklung
 und Strukturplanung
Erkner, Deutschland

Entstanden im Zusammenhang mit einer von der Deutschen Forschungsgemeinschaft (DFG) und dem Leibniz-Institut für Regionalentwicklung und Strukturplanung e.V. (IRS) bezuschussten Fachtagung.

Theorie und Praxis der Diskursforschung
ISBN 978-3-658-00866-6   ISBN 978-3-658-00867-3 (eBook)
DOI 10.1007/978-3-658-00867-3

Die Deutsche Nationalbibliothek verzeichnet diese Publikation in der Deutschen Nationalbibliografie; detaillierte bibliografische Daten sind im Internet über http://dnb.d-nb.de abrufbar.

Springer VS
© Springer Fachmedien Wiesbaden 2016
Das Werk einschließlich aller seiner Teile ist urheberrechtlich geschützt. Jede Verwertung, die nicht ausdrücklich vom Urheberrechtsgesetz zugelassen ist, bedarf der vorherigen Zustimmung des Verlags. Das gilt insbesondere für Vervielfältigungen, Bearbeitungen, Übersetzungen, Mikroverfilmungen und die Einspeicherung und Verarbeitung in elektronischen Systemen.
Die Wiedergabe von Gebrauchsnamen, Handelsnamen, Warenbezeichnungen usw. in diesem Werk berechtigt auch ohne besondere Kennzeichnung nicht zu der Annahme, dass solche Namen im Sinne der Warenzeichen- und Markenschutz-Gesetzgebung als frei zu betrachten wären und daher von jedermann benutzt werden dürften.
Der Verlag, die Autoren und die Herausgeber gehen davon aus, dass die Angaben und Informationen in diesem Werk zum Zeitpunkt der Veröffentlichung vollständig und korrekt sind. Weder der Verlag noch die Autoren oder die Herausgeber übernehmen, ausdrücklich oder implizit, Gewähr für den Inhalt des Werkes, etwaige Fehler oder Äußerungen.

Gedruckt auf säurefreiem und chlorfrei gebleichtem Papier

Springer Fachmedien Wiesbaden ist Teil der Fachverlagsgruppe Springer Science+Business Media
(www.springer.com)

Inhalt

Gabriela B. Christmann
Einleitung: Zur kommunikativen Konstruktion von Räumen..........................7

Teil I: Kommunikation, Diskurs, Sprache und die kommunikative Konstruktion von Räumen. Theoretische Annäherungen

Hubert Knoblauch
Über die kommunikative Konstruktion der Wirklichkeit.........................29

Reiner Keller
Die symbolische Konstruktion von Räumen.
Sozialkonstruktivistisch-diskursanalytische Perspektiven........................55

Martina Löw
Kommunikation über Raum. Methodologische Überlegungen zur
Analyse der Konstitution von Räumen...................................79

Gabriela B. Christmann
Das theoretische Konzept der kommunikativen Raum(re)konstruktion..............89

Teil II: Kommunikative Konstruktionen von Städten und Regionen. Empirische Forschungen zu Raum und Kommunikation

Heidi Fichter-Wolf
Europäisierung als kommunikative Konstruktion kulturräumlichen
Wandels in europäischen Grenzregionen. Am Beispiel interkultureller
Praktiken in einer deutsch-polnischen Hochschulkooperation...................121

Anika Noack, Tobias Schmidt
Innovation und Kommunikation.
Raumpionier-Ideen in Stadtquartieren mit ausgeprägten Problemlagen..........155

Hans-Joachim Bürkner
Über „coole Orte" im Osten reden. Imaginationen kultureller Orte und machtgeleitete Kommunikationspraxis im Kontext posttransformativer Stadtentwicklung. Die Schiffbauergasse in Potsdam............................179

Gertraud Koch
Städte, Regionen und Landschaften als Augmented Realities. Rekonfigurationen des Raums durch digitale Informations- und Kommunikationstechnologien..209

Ursula Stein
Ein systemisches Kommunikationsmodell für die räumliche Planung............223

Autorinnen und Autoren..241

Aus dem alleinigen Grund der besseren Lesbarkeit der Beiträge wird auf die gleichzeitige Verwendung weiblicher und männlicher Sprachformen verzichtet und überwiegend die männliche Form verwandt. Frauen und Männer sind damit immer gleichermaßen gemeint und angesprochen.

Einleitung: Zur kommunikativen Konstruktion von Räumen

Gabriela B. Christmann

1 Einführung

Dass Räume erst vor dem Hintergrund menschlicher Bedeutungszuschreibungen zu einer gesellschaftlichen Wirklichkeit werden und folglich als *soziale* Konstruktionen verstanden werden müssen, ist ein Gedanke, der raumtheoretische Reflexionen seit Langem leitete, wie im Folgenden gezeigt werden soll. Vergleichsweise neu ist es demgegenüber, die *kommunikative* Konstruktion von Räumen systematischer zu betrachten.

Mit der Berücksichtigung kommunikativer Prozesse wird dem Umstand Rechnung getragen, dass Räume weder in der Vergangenheit noch in der Gegenwart von Subjekten jenseits kommunikativer Prozesse gedacht, geplant oder gestaltet wurden. Schon in einfachen Gesellschaften ist ein kommunikativer Austausch der Gesellschaftsmitglieder über Räume unabdingbar, damit Räume überhaupt erst zu einer intersubjektiv geteilten, also zu einer gesellschaftlichen Wirklichkeit werden können. Besonders aber in modernen, funktional differenzierten und hoch komplexen Gesellschaften ist beobachtbar, dass Raumvorstellungen und geplante Raumgestaltungen in hohem Maße kommunikativ verhandelt werden, und zwar vielfach in breiten Öffentlichkeiten. Eine empirische Evidenz für die Bedeutung von Kommunikationen ist nicht zuletzt die Tatsache, dass im Rahmen von konkreten Raumentwicklungsprozessen Begriffe wie Governance, Netzwerkbildung, Kooperation und Partizipation selbstverständlich geworden sind, die letztlich auf Kommunikationsprozesse anspielen.

Obwohl man erkannt hat, dass Kommunikationen eine wichtige Rolle in der Konstruktion von Räumen spielen (vgl. z. B. Paasi 1989; Hastings 1999; Lees 2004), ist jedoch dieser Gedanke in theoretischer Hinsicht kaum ausgearbeitet worden. Auch die empirische Forschung zu kommunikativen Raumkonstruktionen ist noch nicht sehr ausgeprägt. Dies gilt für die Sozialgeographie, die raumwissenschaftlich orientierte Soziologie und die Planungswissenschaften gleichermaßen. Es fehlt an systematischen Erkenntnissen über Mechanismen einer kommunikativen Konstruktion von Raum. Wir wissen wenig über kommunikative Prozesse in raumbezogenen Akteursgruppen, Netzwerken, Institutionen und öffentlichen Diskursen. Insbesondere wissen wir wenig über Aushandlungsprozesse, in denen bestimmte Raumvorstellungen entstehen, vermittelt und anschlussfähig gemacht werden, in denen sie Akzeptanz finden und letztlich Raum gestaltend wirksam werden oder in denen sie blockiert, abgelehnt bzw. verhindert werden. Nicht zuletzt fehlt es an Erkenntnissen über den Zusammenhang von raumbezogenen Kommunikationsprozessen, Wissensformen und Machtstrukturen. Damit sind freilich nur einige wenige Fragen angesprochen. Insgesamt besteht ein Bedarf an kommunikationstheoretischen Konzepten und empirischen Analysen, die auf raumwissenschaftliche Fragen zugeschnittenen sind.

Hier setzt der vorliegende Band an. Er will zum einen eine Grundlegung für die theoretische Fassung kommunikativer Aspekte in der Raumkonstruktion anbieten. Dies wird vor allem auf der Basis des aus dem Sozialkonstruktivismus herausentwickelten kommunikativen Konstruktivismus[1] geschehen (vgl. Teil 1 des Bandes). Zum anderen will er Einblicke in kommunikationsorientierte empirische Raumforschungen geben (vgl. Teil 2 des Bandes).

In diesem Beitrag wird zunächst ein Überblick über Meilensteine der Theoriebildung in der sozialwissenschaftlichen Raumforschung gegeben. Es wird gezeigt, in welcher Weise bislang ganz allgemein die *soziale* Konstruktion von Räumen theoretisch gefasst wurde und wo darin kommunikative Aspekte – bereits am Rande – eine Rolle spielten (Kap. 2). Im Anschluss wird die Konzeption des Bandes erläutert und in die einzelnen Beiträge eingeführt werden (Kap. 3). Dort wird es in theoretischer wie auch empirischer Hinsicht um die *kommunikative* Konstruktion von Räumen gehen.

2 Vom objektiv gegebenen zum (kommunikativ) konstruierten Raum. Meilensteine raumtheoretischer Überlegungen

Die Geschichte raumtheoretischen Denkens zeigt, dass Räume zwar zunächst als invariante und objektiv gegebene Entitäten konzipiert wurden (so etwa bei Aristoteles), dass es aber von Anfang an auch Versuche gab, sie als relationale bzw. als soziale Konstrukte zu fassen: Bedeutende Beispiele in der Raumphilosophie sind hierfür Theophrastos (in der Antike), Eriugena (in der Renaissance-

---

[1] Die bislang systematischsten Überlegungen zur Entfaltung des kommunikativen Konstruktivismus sind im Band von Keller, Knoblauch und Reichertz (2013) niedergelegt. Siehe vor allem die Beiträge von Knoblauch (2013; sowie Knoblauch 2015 in diesem Band) und von Keller (2013; sowie Keller 2015 in diesem Band). Vgl. ferner Christmann (2010; 2013; 2015 in diesem Band) für die Übertragung zentraler Überlegungen des kommunikativen Konstruktivismus auf den Gegenstand des Räumlichen.

zeit) und Einstein (in der Moderne). In der frühen Raumsoziologie (Park, Simmel) wird deutlich, dass man von Anfang an das Soziale dem Physisch-Räumlichen vorgelagert hat. Dies ist nicht überraschend. Denn die Soziologie zeichnet sich gerade dadurch aus, dass sie das Soziale in den Mittelpunkt ihrer Betrachtungen stellt. In der heutigen Zeit dürfen als wichtige Meilensteine auf dem Weg zur Erklärung sozialer Raumkonstruktionen die Werke von Henri Lefebvre, Pierre Bourdieu, Anthony Giddens, Benno Werlen, Martina Löw, Doreen Massey und Nigel Thrift gelten. Diese Autoren gehören zu den prominentesten und meist zitierten Denkern, die sich mit der sozialen Konstruktion von Räumen befasst haben.[2]

Im Folgenden sollen die Überlegungen der genannten Denker in ihren Grundzügen skizziert werden. Sie weisen den Weg von einer sozialen zu einer kommunikativen Konstruktion von Räumen. Es wird sich zeigen, und soviel soll vorweggenommen werden, dass die raumphilosophischen Vordenker wie auch die modernen Raumtheoretiker vor allem die raumkonstituierende Rolle des *Wissens* und/oder des *Handelns* von Subjekten ins Zentrum rücken. Teilweise leuchtet dabei bereits die Dimension der *Kommunikation* auf. Charakteristisch für die Konzeptionen der modernen Denker ist, dass es soziale *Subjekte* – und in der Folge auch soziale *Strukturen* – sind, die Räume entstehen lassen und sogar physisch prägen. Damit hat sich die einstige Annahme von der objektiven Gegebenheit und der prägenden Kraft des physisch-materiellen Raumes gewissermaßen ins Gegenteil verkehrt. In der modernen Theoriebildung prägt nicht das Räumliche das Soziale, sondern das Soziale das Räumliche. Der Gedanke von der sozialen Geprägtheit des Räumlichen hat von der Soziologie, die bekanntlich lange Zeit an einer „Raumblindheit" krankte, ihren Ausgang genommen und hat über die Versozialwissenschaftlichung der Sozialgeographie Eingang in die Geographie gefunden. Als Katalysator hat der „cultural turn"[3] – und in diesem Zusammenhang nicht zuletzt der „linguistic turn" – mitgewirkt, der sich in den Raumwissenschaften in den 1990er Jahren vollzog. In der Geographie hat dies eine Entwicklung ausgelöst, die später als „Raumexorzismus" (vgl. z. B. Weichhart 2008: 60) bezeichnet wurde. Die Entwicklung hat dazu geführt, dass in der Sozialgeographie intensive – und teilweise auch polemische – Debatten

---

2   In der „neueren" Sekundärliteratur verschiedener raumwissenschaftlicher Disziplinen, die sich mit Raumtheorien auseinandersetzt, werden diese Denker regelmäßig behandelt. Vgl. dazu z. B. Maresch/Werber (2002), Krämer-Badoni/Kuhm (2003), Eckardt (2004), Holm (2004), Hubbard et al. (2004), Dünne/Günzel (2006), Eigmüller/Vobruba (2006), Schroer (2006), Löw et al. (2008), Weichhart (2008), Csáky/Leitgeb (2009), Günzel (2010) und Eckardt (2012).

3   Zu den „cultural turns" in den Sozialwissenschaften im Allgemeinen und den sozialwissenschaftlich ausgerichteten Raumwissenschaften im Besonderen vgl. Bachmann-Medick (2007) und Cook et al. (2000).

darüber geführt wurden, wo denn der (physische) Raum geblieben sei und in welchem Verhältnis das Physische und das Soziale, bzw. das Materielle und das Immaterielle zu sehen seien (vgl. z. B. Meusburger 1999; 2003; Zierhofer 2003). Kurioserweise entwickelte sich jedoch ausgerechnet in der Soziologie – die inzwischen von ihrer Raumblindheit geheilt war und sich auf die Suche nach den „Dingen" gemacht hatte – mit der Akteur-Netzwerk-Theorie (Latour 2005) eine Gegenbewegung gegen das Schattendasein des Physischen. Latours Vorstellung, dass auch Materialität zu berücksichtigen sei und dass Dinge wesentlich an Handlungen mitwirken würden, wurde in der Soziologie zwar zunächst zurückhaltend aufgenommen, ist dort aber nicht folgenlos geblieben. Zwar ist Latours Akteur-Netzwerk-Theorie keine Raumtheorie, sie hat aber Implikationen für raumtheoretisches Denken. Der Sozialgeograph Thrift (2007) hat die Implikationen aufgegriffen und in seiner „Non-Representational Theory" für die Raumwissenschaften fruchtbar gemacht, was ihn allerdings dazu geführt hat, die Bedeutung symbolischer Repräsentationssysteme in Form von Texten, Sprache, Kommunikationen und Diskursen abzuwerten.

Das Vorhaben, die kommunikative Konstruktion von Räumen theoretisch und methodisch zu fassen, ist vor diesem Hintergrund vor die Herausforderung gestellt, einerseits die Errungenschaften des „linguistic turn" aufzugreifen und andererseits die Rolle von Materialität ernst zu nehmen, um nicht hinter den Stand der aktuellen theoretisch-konzeptionellen Arbeiten zurückzufallen. Mit dem Rückgriff auf den kommunikativen Konstruktivismus ist ein solches Unterfangen möglich.

Doch zunächst soll – wie gesagt – rekonstruiert werden, wie sich der Gedanke von einem sozial konstruierten und relationalen Raum entfaltet hat und wie zentrale raumtheoretische Ansätze der Gegenwart die soziale Konstruktion von Räumen konzipieren.

Ansätze der Raumphilosophie: Frühes Beispiel für ein essenzialistisches Raumdenken ist der Ansatz Aristoteles'. Ausgehend von der Frage, wie das Phänomen der Bewegung in physikalischem Sinne erklärt werden kann, richtete Aristoteles seine Aufmerksamkeit auf den Ort, weil Bewegung– wie er feststellte – nur vor dem Hintergrund von etwas Invariantem wie dem Ort erfasst werden könne. Auf dieser Basis kam er zu dem Schluss, dass der Ort „das unmittelbar Umfassende für das [ist; Erg. GC], dessen Ort er ist" (Aristoteles 1995: 81). Der Ort bzw. Raum ist demzufolge nicht Teil der Gegenstände, die er umfasst, sondern etwas substanziell Eigenes, Selbständiges, Umgrenzendes und unabhängig von menschlichem Handeln Existierendes. Diese Art der Raumkonzeption sollte später unter dem Begriff des „Container-" bzw. „Behälterraumdenkens" in die Geschichte der Raumtheorie eingehen.

Schon der Aristoteles-Schüler Theophrastos grenzte sich jedoch von dieser Annahme ab. Nach seiner Konzeption besitzt Raum an sich keine Realität. Vielmehr werde er erst durch die spezifische Ordnungsbeziehung von Körpern hergestellt (vgl. Theophrastos 2000). Dies ist ein Gedanke, der später als „relationale Raumauffassung" bezeichnet wurde.

In den folgenden Jahrhunderten konkurrierten essenzialistische Behälterraumvorstellungen und relational-konstruktivistische Konzeptionen miteinander. Für die Weiterentwicklung der relationalen Perspektive kamen vertiefende Gedanken hinzu: So nahm in der Renaissancezeit Eriugena (1984) an, dass der Raum nur in Abhängigkeit von der Perspektive des Betrachters existiere und deshalb als „relativ" angesehen werden müsse. Eriugena nahm damit – modern gesprochen *wissens*soziologische – Überlegungen vorweg: Ausgangspunkt ist erstens die Auffassung, dass ein Raum durch menschliche Erfahrungsweisen und Bedeutungszuschreibungen strukturiert wird, und zweitens die Vorstellung, dass sich Erfahrungsweisen je nach Perspektive eines Betrachters unterscheiden können. Einstein (1960) war es, der dem raumtheoretischen Denken einen weiteren wichtigen Baustein hinzufügte. Raumkonzepte kritisierend, die davon ausgingen, dass Raum „auf alle körperlichen Objekte wirkt", ohne „dass diese auf ihn eine Rückwirkung ausüben" (Einstein 1960, XIV), argumentierte er, dass Körper nicht als passive Objekte, sondern als den Raum konstituierende Elemente zu betrachten seien. Räume und ihnen angehörende Körper dürften nicht getrennt voneinander betrachtet werden. Entscheidend ist aber, dass Einstein in diesem Zusammenhang auf die Körperlichkeit des Menschen, dessen Handlungsvermögen und damit auch auf dessen Fähigkeit hinwies, Räume aktiv zu gestalten. Es rückte die gestaltende Kraft menschlichen *Handelns* in den Blick.

Ansätze der frühen Raum- und Stadtsoziologie: Nicht nur in der Raumphilosophie, sondern auch – und gerade – in der frühen Raum- und Stadtsoziologie lassen sich Überlegungen finden, die von der sozialen bzw. gesellschaftlichen Formung des Räumlichen ausgehen.

Der Auftakt für raumsoziologisches Denken schlechthin ist fraglos Simmels (1903) Beitrag zur „Soziologie des Raumes". Simmel gelangt dort im Rahmen seiner Überlegungen zum Phänomen der Grenze zu der Auffassung, dass die Grenze „nicht eine räumliche Tatsache mit soziologischen Wirkungen, sondern eine soziologische Tatsache [sei; Erg. GC], die sich räumlich formt" (Simmel 1903: 36). Prägnant macht Simmel deutlich, dass die Grenze – die als eine spezifische räumliche Manifestation angesehen werden darf – als das Ergebnis eines *sozialen Prozesses* der Raumstrukturierung aufzufassen ist. Sie ist zuallererst ein soziales Konstrukt, das als solches räumliche Folgen nach sich zieht. Auf einem ganz anderen Gebiet, dem der Stadt, war es Park, der als prominentester Vertreter der Chicago School darauf hinwies, dass die *ideelle* Struktur der Stadt zu beachten sei. Die Stadt dürfe nicht nur als eine bloße Ansammlung von physischen Objekten, Infrastrukturen und Individuen begriffen werden. Vielmehr existiere sie im und durch das Bewusstsein von Subjekten, weshalb sie vor allem ein kulturelles Phänomen sei: „The city is, rather, a state of mind, a body of customs and traditions" (Park 1968: 1). Die Stadt habe sowohl eine „physische" als auch eine „moralische Struktur",[4] insistiert Park. Beide Strukturen stünden in einer Wechselbeziehung. Allerdings wird diese Wechselbeziehung im Folgenden von Park nicht näher bestimmt. Dafür ist Park aber einer der ersten Denker, der die Konstitution des kulturellen Gebildes Stadt auf kommunikative Prozesse zurückführte. Die Lokalpresse mit ihren Narrativen betrachtete er als einen zentralen Faktor für die Herstellung konkreter städtischer Lokalkulturen (Park 1972: 101f., vgl. auch Park 1938).

Ansätze moderner Raumtheorien: Im Rahmen der modernen Raumtheorien dürfte bei den Soziologen Lefebvre und Bourdieu die Idee, dass das Soziale eine den Raum physisch prägende Kraft ist, wohl am stärksten ausgeprägt sein. In *Lefebvres* marxistisch fundiertem Ansatz zur „Produktion des Raumes" (1991 [1974]) ist die Annahme leitend, dass jede Gesellschaft gemäß ihren Besonderheiten ihren jeweils besonderen Raum produziert. Raum wird als ein soziales Produkt beschrieben, das mikrosozial in den alltäglichen Wahrnehmungs- und Aneignungsweisen hergestellt wird. Für die Raumproduktion sind drei Dimensionen von Bedeutung: 1. Die Art, wie Raum in der alltäglichen Praxis der Gesellschaftsmitglieder – vergleichsweise nicht-reflexiv – „wahrgenommen" (espace perçu) und auf dieser Grundlage in Handlungsroutinen (re-)produziert wird. 2. Die Art, wie Raum in speziellen gesellschaftlichen Feldern – mehr oder weniger reflexiv – „konzipiert" (espace conçu) wird. In der Auffassung Lefebvres sind es Wissenschaftler, Raumplaner, Urbanisten, Technokraten und Künstler, die den „konzipierten" Raum auf der Ebene von Sprache, Diskursen, Karten, Plänen und Bildern (sic!) entstehen lassen – womit hier zumindest nebenbei auf die Rolle von Kommunikationen in der Raumproduktion hingewiesen wird. 3. Und nicht zuletzt ist es die Art, wie Menschen den Raum, als einen „gelebten" Raum (espace vécu), in komplexen Symbolisierungen zum Ausdruck bringen, aber auch imaginieren, visionär denken, bestehende Strukturen unterlaufen und vermittels ihrer Visionen überformen. Insgesamt liegt in Lefebvres Konzep-

---

4 Heute würden wir von einer „ideellen Struktur" sprechen.

tion der Akzent damit eher auf der raumproduzierenden Kraft des Wissens und des Kognitiven, denn auf der des Handelns. Für *Bourdieu*, der ebenfalls von marxistischem Denken und nicht zuletzt von dem Strukturalisten Lévi-Strauss beeinflusst war, steht demgegenüber das Handeln, genauer: das vom Habitus bestimmte Handeln im Vordergrund. Zwar ist Bourdieu kein Raumtheoretiker im engeren Sinne. Faktisch befasst er sich aber mit Sozialräumen, die er als Beziehungsräume denkt, um dann die Wirkungen von sozialen auf physische Räume zu thematisieren. Ähnlich wie Lefebvre, der davon ausgeht, dass sich die spezifische Konstituiertheit einer Gesellschaft in einer je eigenen Raumproduktion niederschlägt, steht für Bourdieu (1991) fest, dass sich die soziale Struktur durch den Habitus in das Physische – d. h. in das Körperliche und darüber in das Räumliche – einprägt. Über die im Habitus geronnenen Denk- und Handlungsformen der Subjekte werden in Bourdieus Konzeption physische Räume geformt. Schroer (2006: 88) formuliert dies wie folgt: „Ähnlich wie sich die sozialen Strukturen in den Körper einschreiben, schreiben sie sich auch in den physischen Raum ein. Körper und Raum bilden damit bei Bourdieu gewissermaßen den sichtbaren Teil der sozialen Welt".

Auch der Soziologe *Giddens* (1984) begreift Raum als Resultat menschlichen Handelns. Kernstück seines Ansatzes ist die Strukturationstheorie. Sie besagt, dass Handeln und Struktur in einem Wechselwirkungsverhältnis zueinander stehen. Strukturen werden in menschlichem Handeln produziert, müssen aber stets im Handeln reproduziert werden, um Bestand zu haben. Giddens räumt ein, dass Strukturen ihrerseits orientierungsgebende Rahmenbedingungen für das Handeln bieten, ohne jedoch per se determinierend zu wirken. Räume begreift er vor diesem Hintergrund als Setting, in dem sich bestimmte soziale Praktiken abspielen, wobei die Praktiken ihrerseits das räumliche Setting konstituieren und repetitiv sozial reproduzieren. In diesem Verständnis sind Räume auch keine geographischen Plätze, sondern soziale Orte, und zwar insofern, als sie einen Rahmen bzw. einen Bedeutungshorizont für Akteursinteraktionen bilden. Typischerweise teilen Subjekte Räume in Zonen auf (Giddens spricht hier von „Regionen"), die je nach Zeit durch unterschiedliche wiederkehrende soziale Praktiken und spezifische Möglichkeiten des sozialen Beisammenseins charakterisiert sind. Die „Regionalisierung" eines Hauses muss man sich etwa als eine Aufteilung des Gebäudes in Stockwerke, Flure und verschiedene Zimmer vorstellen. Je nach Tageszeit werden diese Regionen durch spezifische soziale Praktiken belebt (Arbeitsräume, Wohnzimmer, Schlafräume).

Der Geograph *Werlen* (1997a; 1997b; 2010) greift Giddens Begriffe der Region und der Regionalisierung auf und arbeitet sie in einem handlungstheoretischen Ansatz in eigener Weise aus. Ausdrücklich fordert er, dass die Geographie einen Perspektivenwechsel von den geographischen Objekten hin zu den

Subjekten zu vollziehen und dabei zu berücksichtigen habe, dass Räume im sozialen Handeln konstruierte Räume seien. In seiner Geographie der „alltäglichen Regionalisierungen" wird der Begriff der Region als Kontext des Handelns und der Begriff der Regionalisierung als der Prozess begriffen, in dem Subjekte die Welt auf sich beziehen, ihren Handlungskontext erst definieren und symbolisch wie materiell gestalten. Regionalisierung ist demzufolge der Prozess des alltäglichen Geographie-Machens der Handelnden (vgl. Werlen 1997b: 16). Im Zusammenhang mit den alltäglichen Regionalisierungen rücken bei Werlen Face-to-Face-Situationen in den Mittelpunkt, in denen Subjekte in der Kopräsenz einer spezifischen Sozialgruppe raumbezogene Bedeutungszuschreibungen als gemeinsames Wissen entwickeln (Werlen 1997b: 30 u. 263). „Wissen" versteht Werlen dabei als eine orientierungsgebende „Struktur" – durchaus in Giddens' Sinn. Interessant ist, dass Werlen über die Begriffe des Wissens und der Struktur zum Begriff der Sprache kommt, denn Sprache beinhaltet semantische Regeln, in denen sich Deutungsschemata kristallisieren. Für das soziale Handeln unterscheidet Werlen zwischen den Idealtypen des zweckrationalen, normorientierten und verständigungsorientierten Handelns (vgl. Werlen 1997b: 258f.), um daraus die Typen der produktiv-konsumtiven Regionalisierungen im Wirtschafts- und Konsumbereich, der normativ-politischen Regionalisierungen im Rechts- und Politikbereich und der informativ-signifikativen Regionalisierungen im Medien- und Kulturbereich abzuleiten (vgl. Werlen 1997b: 272).

Auch die Soziologin *Löw* (2001) greift auf Giddens zurück, lässt sich aber vor allem durch seine Strukturationstheorie inspirieren. In ihrer Konzeption vom relationalen Raum versucht sie eine Antwort auf die Frage zu geben, inwiefern Räume gleichermaßen als menschliche Syntheseleistungen *und* als Materialitäten erklärt werden können (Löw 2001: 139). Räume beruhen gemäß Löw auf ideellen Konstruktionsleistungen und entstehen im Handeln. Da Menschen wie auch „Pflanzen, Steine oder Berge Teil einer Raumkonstruktion sein können", wird aber die Unterscheidung eines sozialen und eines materiellen Raumes obsolet (Löw et al. 2008: 64). Konkret werden im Konstitutionsprozess der Raumbildung zwei Komponenten unterschieden, die eng miteinander verwoben sind. Die erste Komponente, das „Spacing", beschreibt Raumbildung als das dynamische Platzieren bzw. Positionieren von Lebewesen und sozialen Gütern, als ein Errichten und Erbauen. Da der Raum durch aktives Platzieren entsteht, verliert er seine scheinbare Naturgegebenheit. Die zweite Komponente fokussiert die menschlichen Syntheseleistungen. Denn kognitive Leistungen im Sinne von Wahrnehmungs-, Vorstellungs- und Erinnerungsprozessen sind es, die Arrangements von Körpern als Räume deuten bzw. zusammenfassen (Löw 2001: 159). Sind aber Räume einmal gebildet bzw. (an)geordnet worden, wirken sie

Einleitung: Zur kommunikativen Konstruktion von Räumen 15

als Ordnungsgebilde auf das Handeln zurück. Hier greift Löw Giddens' Gedanken zu Handeln und Struktur auf.

Die Geographin *Massey* (2003) vertritt wie auch Löw ein dynamisches und relationales Raumkonzept. In erster Linie von Orten und weniger von Räumen sprechend betont sie die Prozesshaftigkeit und außerdem die Unabgeschlossenheit und Vielfalt von Räumen, die sie durch Interaktionen zwischen Subjekten und Dingen hergestellt und in einem ständigen Fluss sieht. Orte existieren zunächst als gedankliche Vorstellung und bestehen als „sense of place" in unseren Erinnerungen. Sie sind Raumbilder mit einzigartigen Charakteristika, eigenen Traditionen, lokalen Kulturen und einem spezifischen Sprachgebrauch. Im Zuge von Globalisierungsprozessen, weltweiten Kommunikationsströmen und Migrationsbewegungen erfahren Raumbilder lokaler Orte indes Veränderungen, vor allem werden die Beziehungs- und „Aktionsräume" von Subjekten („activity space") über konkrete Orte hinaus deutlich erweitert. Aktionsräume unterscheiden sich je nach sozialer Gruppen stark voneinander. Es existiert eine – sich teilweise überlappende – Vielfalt verschiedener Aktionsräume. Bemerkenswert ist, dass auch bei Massey am Rande Kommunikationen in den Blick kommen. In Kommunikationen werden unter anderem Erfahrungen von anderen Orten vermittelt; die Erfahrungen der Subjekte von ihren Orten können so erweitert werden.

Während Massey und wesentlich ausgeprägter Werlen raumkonstituierende Potenziale von Kommunikationen in Betracht ziehen, „kontrapunktiert" der Geograph *Thrift* (2007) mit seinem Werk „Non-Representational Theory" derartige Vorstellungen. Er bricht mit den Annahmen, die im Gefolge des „cultural turn", oder genauer: des „linguistic turn", von einer strukturierenden Kraft symbolischer Repräsentationen ausgehen, sei es in Form von Diskursen, Texten oder Sprache. Im Anschluss an die Akteur-Netzwerk-Theorie Latours setzt Thrift auf die verkörperten Subjekte und ihre Praktiken. Diese raumkonstituierenden Akteure begreift er als in Netzwerke eingebettet, in denen verkörpertes Wissen, Dinge, aber auch Machtbeziehungen wirksam werden. Wie auch Massey betont Thrift die Prozesshaftigkeit und Fluidität von Räumen. Warf (2004: 298) beschreibt Thrifts raumtheoretischen Ansatz in treffender Weise wie folgt: "Thrift has worked assiduously to portray geographies as embodied, embedded, contingent and ever changing, harnessing the fluidity of spatial relations to demonstrate how they are imbricated in changing human relations of power."

In modernen raumtheoretischen Arbeiten sind damit unterschiedliche Ansätze zur Klärung sozialer Raumkonstruktionen entwickelt worden, die aber auch Gemeinsamkeiten aufweisen. Manche Autoren betonen stärker die Bedeutung von Handeln oder Praktiken (z. B. Bourdieu, Giddens, Werlen, Thrift), andere mehr die von Wissen (Lefebvre), wieder andere konzipieren beides in einem untrennbaren Wechselverhältnis (z. B. Löw, Massey). Auch die Akzente, die in den theoretischen Konzeptionen auf feste Strukturbildungen (z. B. bei Bourdieu) oder auf Dynamiken (z. B. bei Löw oder Massey) gelegt werden, fallen unterschiedlich aus. Dass im Prozess sozialer Raumkonstruktionen Kommunikationen, Diskurse oder Sprache bedeutend sein können, hat sich in einigen Ansätzen gezeigt (Park, Lefebvre, Werlen, Massey), auch wenn diese Aspekte in der Regel nicht weiter ausgearbeitet worden sind.

Wie gesagt, haben sich Raumwissenschaftler bislang nur sehr vereinzelt kommunikationstheoretischen Ansätzen zugewandt. Auffallend ist dabei, dass die wenigen, die dies tun, entweder von der Theorie autopoietischer Systeme Luhmanns (vgl. Pott 2007; Kuhm 2000) oder von der poststrukturalistischen Diskursanalyse Foucaults (vgl. Glasze/Pütz 2007; Mattissek 2007; Glasze/Mattissek 2009) inspiriert sind. Entsprechend tun sie sich mit der Dimension menschlichen Handelns mehr oder weniger schwer. Insbesondere raumwissenschaftliche Systemtheoretiker haben es im doppeltem Sinne schwer: Nicht nur weil ihnen das Handeln, sondern auch weil ihnen der Raum abhanden gekommen ist. Luhmanns autopoietische Systemtheorie ist eine dezidiert raumlose Theorie.

Hastings (1999) prüfte demgegenüber die handlungstheoretisch orientierte linguistische Diskursanalyse im Hinblick auf ihre Fruchtbarkeit für die Raumforschung und versuchte mit dem Themenheft „Discourse and Urban Change" der Zeitschrift „Urban Studies", einen „linguistic turn" in den Raumwissenschaften anzustoßen, ohne jedoch eine eigene theoretische Konzeption vorzulegen. Beeinflusst vom „linguistic turn" hat man auch in der deutschen Sozialgeographie im Zusammenhang mit der Diskussion um die „neue Kulturgeographie" (Gebhardt et al. 2003; Wolkersdorfer 2001) darauf hingewiesen, dass die soziale Konstruktion von Raum nur zu verstehen sei, wenn man raumbezogene Bedeutungszuweisungen als das Produkt von Handlungen, Kommunikationen und Diskursen begreife. Doch auch hier sind keine eigenen theoretischen Konzeptionen hervorgegangen, sieht man von den oben genannten systemtheoretisch geprägten und Foucaultschen Ansätzen Potts, Glazes und Mattisseks ab, die sich in der neuen Kulturgeographie verorten. Konzeptionell gearbeitet hat indes Schlottmann (2005; 2007), die den handlungstheoretischen Ansatz Werlens zum Ausgangspunkt genommen und dessen Überlegungen zur Rolle von Sprache durch die Sprechakttheorie Searles ausgearbeitet hat.

Nicht unerwähnt soll bleiben, dass Castells (2001, 2002, 2003) in seiner – viel beachteten – Trilogie zum Informationszeitalter auf die Bedeutung von Informationstechnologien und Kommunikationen hingewiesen hat, ohne jedoch in der Folge konkrete kommunikations- und raumtheoretische Ansätze zu entwickeln. Und nicht zuletzt sei darauf hingewiesen, dass in den Planungswissenschaften Healey (1992; 1996) einen „communicative turn" in den Planungswissenschaften gefordert und Selle (2000; 2004) Konzepte für eine „kommunikative Planung" vorgeschlagen hat. Dort wurden jedoch eher planerisch-handlungspraktische Konzeptionen, als raumtheoretische Ansätze vorgelegt.

Einen Kontrapunkt zu den bislang zaghaft gebliebenen Versuchen, die Bedeutung von Kommunikationen in der Konstruktion von Räumen systematischer zu betrachten, stellt – wie oben bereits erwähnt – Thrifts „Non-Representational Theory" dar. Es ist fraglos richtig und weiterführend, wenn Thrift Akteuren, Körperpraktiken, Materialitäten und Machtbeziehungen eine hohe Bedeutung in der Konstruktion von Räumen einräumt. Die Bedeutung von symbolischen Repräsentationssystemen ist damit aber nicht per se geschmälert. Man sollte das Kind nicht mit dem Bade ausschütten. In diesem Sinne argumentiert auch Lorimer (2005). In seiner Kritik an Thrift hat er pointiert festgestellt, dass es nicht um ein „non-representational", sondern um ein „more-than-representational" in der Raumforschung gehen müsse. Die Betrachtung symbolischer Repräsentationssysteme ist somit nicht in Frage zu stellen, sondern zu ergänzen. Es gilt, Ansätze zu entwickeln, die in der Lage sind, Kommunikationen, Diskurse, Wissen, (verkörpertes) Handeln und Materialität in Beziehung zu setzen.

Viel versprechend ist daher die theoretische Entwicklung, die in der Soziologie vom Sozialkonstruktivismus ausgegangen ist. In dem – auf dem Sozialkonstruktivismus basierenden – „kommunikativen Konstruktivismus" (Knoblauch 1995; 2013; 2015; Keller 2013; 2015; Christmann 2010; 2013; 2015) hat man damit begonnen, die wissenssoziologische Perspektive Bergers und Luckmanns mit einer handlungstheoretischen Komponente zu verstärken. In Annäherung an Praxistheorien und die Akteur-Netzwerk-Theorie werden in diesem Ansatz die Körperlichkeit von Handelnden und die Materialität von Handlungen berücksichtigt. Diskurse werden dort außerdem nicht nur als Wissensordnungen aus einem Ensemble von verbalen Äußerungen und Texten destilliert, sondern konzeptionell im Kontext von Akteurskonstellationen und Dispositiven gesehen. Dispositive sind dabei jene institutionellen Regelungen und materiellen Dinge, mit denen Diskurse gesellschaftlich wirksam und in materielle Ordnungen übersetzt werden können. Darum soll es im Folgenden gehen.

3   Zur Konzeption des Bandes

Im ersten, theoretisch-konzeptionell ausgerichteten Teil trägt dieser Band mit den Beiträgen von Knoblauch, Keller, Löw und Christmann zur Theoriebildung bei. Es handelt sich hier ausschließlich um soziologische Beiträge. In den Ausführungen von Löw und Keller sind darüber hinaus methodologische Überlegungen enthalten, die sich aus den theoretischen zwingend ableiten. Der zweite, empirische Teil des Bandes ist interdisziplinär aufgestellt. Die Autorinnen und Autoren, die aus der Anthropologie, Geographie, Planungswissenschaft, Politikwissenschaft und der Soziologie stammen, zeigen an konkreten Beispielen aus den Kontexten von Städten und Regionen, wie Akteure über ihr kommunikatives Handeln im institutionellen Bereich von Hochschulen einer Grenzregion zu kulturräumlichen Transformationsprozessen beitragen können (Fichter-Wolf), oder wie Akteure „ihre" Stadt(quartier)-Räume sehen und sie mehr oder weniger reflexiv gestalten wollen (Noack/Schmidt; Bürkner), oder wie sich Akteure über Informations- und Kommunikationstechnologien Räume neu erschließen können und wie Augmented Realities von Räumen entstehen (Koch), und nicht zuletzt wie in räumlichen Planungskontexten Planer auf der Grundlage strategisch initiierter Kommunikationsprozesse mit Stakeholdern Räume gemeinsam neu gestalten (Stein). Dabei nehmen die Autorinnen und Autoren in unterschiedlicher Weise in den Blick, welche Rolle kommunikative Prozesse oder aber Kommunikationsmedien in den Raumerfahrungs- bzw. Raumgestaltungsprozessen spielen und in welche sozialen Kontexte diese eingebettet sind. Im Beitrag von Stein wird zudem deutlich, wie die kommunikative Konstruktion von Räumen planerisch-praktisch initiiert werden kann. Auf diese Weise will der Band gewissermaßen von der Theorie über die Empirie zu den Implikationen für die Praxis führen.

Im Folgenden sollen die zentralen Anliegen der Beiträge im Einzelnen nacheinander skizziert werden, um vor diesem Hintergrund die Gesamtdramaturgie des Bandes transparent zu machen.

Um es gleich vorweg zu nehmen: Fragen des Räumlichen werden im Beitrag von *Knoblauch* (S. 29-53) nicht adressiert. Der Beitrag hat vielmehr die Funktion, eine allgemeine theoretische Grundlegung für das zu bieten, was Knoblauch als neuen Ansatz unter dem Label des kommunikativen Konstruktivismus' entwickelt hat. Knoblauch zeigt, wo der Ansatz an den Sozialkonstruktivismus anschließt, aber auch wo er sich davon löst. Dabei wird deutlich, dass der kommunikative Konstruktivismus primär ein handlungstheoretischer und nur sekundär ein wissenssoziologischer ist. Ausführlich legt Knoblauch – auch die Unterschiede zu Habermas' Denken ausweisend – dar, wie er den Begriff des kommunikativen Handelns versteht. In seinem Verständnis weist kommunikatives Handeln „über die Sprache hinaus und bezieht Objektivationen jeder Form mit ein, die Zeichen, Technologien und Gegenstände ebenso einschließen wie Körper" (S. 31). Damit ist der kommunikative Konstruktivismus Knoblauchs nicht nur an Diskurstheorien, sondern auch an Praxistheorien oder die Akteur-Netzwerk-Theorie anschlussfähig, was den Ansatz für die Raumtheorie-Arbeit interessant macht.

In *Kellers* (S. 55-78) Theoriebeitrag steht die Erläuterung des Ansatzes der Wissenssoziologischen Diskursanalyse (WDA) im Mittelpunkt, die ebenfalls in den Theoriekomplex des kommunikativen Konstruktivismus' einzuordnen ist. Wie die Bezeichnung des Ansatzes es andeutet, handelt es sich um ein wissenssoziologisches Konzept. Dies täuscht jedoch nicht darüber hinweg, dass die WDA im Unterschied zu Foucaults Diskursanalyse eine ausgeprägte handlungstheoretische Ausrichtung hat und damit eine Akteurszentrierung aufweist. Ausdrücklich Bezug nehmend auf Räume sieht Keller den Beitrag, den diese Art von Diskurstheorie für raumbezogene Fragestellungen leisten kann, darin, dass man mit ihr klären kann, wie sich symbolische Konstruktionen von Räumen vollziehen. Allerdings darf dieser „Symbol"-Begriff nicht eng ausgelegt werden. Es geht Keller darum, „die symbolische Ordnung nicht als reine Zeichenpraxis zu thematisieren, sondern ein Analysevokabular anzubieten, das über den Dispositivbegriff auch und gerade die Materialität der symbolischen Ordnungen mit in den Blick zu nehmen weiß" (S. 56). Indem Keller den Dispositivbegriff zentral stellt, kommt der Apparat von Institutionen und Materialitäten in den Blick, mit dem Diskurse produktive gesellschaftliche Wirkungen entfalten und nicht nur Wissensordnungen herstellen, sondern auch materiale Welten strukturieren. Deshalb ist die Diskursanalyse im Rahmen ihres methodischen Vorgehens auch keine reine Sprach- oder Textanalyse. Sie kann und sollte Verfahren der teilnehmenden Beobachtung von Akteurspraktiken, organisatorischen Arrangements und Objekten mit einschließen. Vor diesem Hintergrund schließt sie an Verfahren des interpretativen Paradigmas bzw. der qualitativen Sozialforschung an und bedient sich Methoden des Deutens.

Auch *Löw* (S. 79-88) nimmt in ihrem Beitrag Stellung zu methodologischen Fragen und stellt fest, dass die Konstitution von Räumen, wie sie sich bei Handelnden vollzieht, in der Regel nicht durch Interviews rekonstruiert werden kann, sondern Formen der Beobachtung erfordert. Sie plädiert dafür, den Blick auf das Sprechen zu richten. Wohlgemerkt geht es ihr nicht um *Sprach-* oder *Text*analysen, sondern um *Sprech*akte in konkreten Handlungssituationen. „Raum", erläutert Löw, „entsteht durch jene Verknüpfungsleistung, durch die Elemente als gemeinsame Struktur wahrgenommen werden (Syntheseleistung), sowie durch Platzierung eben dieser Elemente. Diese Platzierung (Spacing) kann ein Stellen, ein Erbauen oder auch ein Wachsen sein. Beide Prozesse, Spacing und Syntheseleistung, können mit Sprechakten einhergehen" (S. 81). Damit erkennt auch Löw in kommunikativen Prozessen einen Baustein der Raumkonstitution. Doch wird auch hier betont, dass erst über die gleichzeitige Analyse von Sprech- und Körperhandeln und ggf. auch von Platzierungspraktiken sich die raumbezogenen Wissens- und Erfahrungsstrukturen erschließen lassen.

Christmann (S. 89-117) stellt ihren Ansatz der „kommunikativen Raum(re)konstruktion" vor, der als eine Konkretisierung und Weiterentwicklung des kommunikativen Konstruktivismus im Hinblick auf das Räumliche zu verstehen ist. Vor diesem Hintergrund ist auch Löws relationales Raumkonzept von Bedeutung. In einem ersten Schritt geht es ihr darum zu klären, wie durch das kommunikative Handeln von Subjekten in einem Sozialzusammenhang aus subjektivem raumbezogenem Wissen ein gemeinsam geteiltes Raumwissen entsteht und wie in Prozessen kommunikativen Erinnerns Kulturräume konstruiert werden. Leitend ist indes die Annahme, dass Raumkonstruktionen nicht statisch sind, sondern in kommunikativen Aushandlungsprozessen verändert werden (können). In einem zweiten Schritt werden daher kommunikative Raum*re*konstruktionen in den Blick genommen. Hier wird entfaltet, vor welchem Hintergrund Akteure mit spezifischen Rollenausstattungen und institutionellen Verankerungen in bestehenden Kulturräumen neue bzw. andere Raumvorstellungen entwickeln und versuchen, es gesellschaftlich (und materiell) wirksam werden zu lassen. In diesem Zusammenhang wird die Bedeutung von Diskursen und Dispositiven diskutiert.

Der Beitrag von *Fichter-Wolf* (S. 121-153) gehört – wie auch die nachfolgenden Aufsätze – zu den empirisch-analytischen Beiträgen. Gleichwohl ordnet die Autorin ihre Studie über Hochschulkooperationen im deutsch-polnischen Grenzraum zunächst in theoretischer Hinsicht ein. Maßgeblich für ihren konzeptionellen Hintergrund sind der Sozialkonstruktivismus Bergers und Luckmanns, der Ansatz Knoblauchs sowie die Kultur- und Praxistheorie Reckwitz'. Auf der Basis dieser Konzepte und der empirischen Daten entwickelt sie ein Modell zur empirischen Rekonstruktion kulturräumlichen Wandels. Sie kann zeigen, wie sich in der grenzüberschreitenden Zusammenarbeit durch das kommunikative Handeln und den kulturellen Austausch der Akteure neue Wissensordnungen herausbilden und wie neue Praktiken sowie neue institutionelle Regelungen für die weitere Zusammenarbeit entstehen. Diese neuen Praktiken und Regelungen betrachtet sie als einen Ausgangspunkt für weitere kulturräumliche Wandelprozesse im Grenzraum.

Noack und *Schmidt* (S. 155-178) interessieren sich für soziale Innovationsprozesse in sozial benachteiligten Stadtquartieren und untersuchen im Rahmen eines konkreten Fallbeispiels in Berlin-Moabit, wie potenziell innovative Ideen eines Raumpioniers in zwei verschiedenen Akteursgruppen kommunikativ verhandelt werden. In diesem Zusammenhang nehmen sie die spezifischen Akteurskonstellationen, die institutionellen Verankerungen wie auch die kommunikativen Strategien der Akteure in den Blick. Sie zeigen, dass es wesentlich von der gruppeninternen Position des Raumpioniers und von den in den Gruppen gepflegten Kommunikationsstilen abhängt, ob innovationsverdächtige Ideen zur Lösung sozialräumlicher Probleme im Quartier weiterbehandelt werden oder nicht. In theoretisch-konzeptioneller Hinsicht greifen die Autoren auf Knoblauchs Begriff des kommunikativen Handelns und den Ansatz der kommunikativen Raum(re)konstruktion zurück, um diese Überlegungen mit innovationstheoretischen Konzepten (etwa von Howaldt und Jacobsen) zu verbinden.

Auch *Bürkner* (S. 179-207) untersucht Gestaltungsprozesse in einem Stadtquartier. Namentlich am Fallbeispiel der Schiffbauergasse in Potsdam zeigt er, von welchen Akteursgruppen welche Visionen für die ehemalige Industriebrache verfolgt wurden und wie das von stadtplanerischer Seite strategisch und machtvoll propagierte Konzept vom Ort der Innovation und Kreativität eher eine kommunikative Blase geblieben, als eine von den Akteuren vor Ort geteilte Realität geworden ist. Konzeptioneller Ausgangspunkt für seine Analyse ist der in der angelsächsischen Geographie entwickelte Ansatz der „imaginaries". „Imaginaries" sind Vorstellungsinhalte von Orten, die aus übergeordneten Ideologien und Weltanschauungen abgeleitet sind und zu strategischen Konzepten verknüpft werden können. Ziel des konzeptionellen Ansatzes ist es, die Bedingungen, d. h. soziale Kontexte, Handlungsarenen, Ressourcen und kommunikative Strategien, genauer zu bestimmen, unter denen unterschiedliche, ggf. auch umstrittene, „imaginaries" zu gemeinsam geteilten Projekten zusammengeführt werden.

Koch (S. 209-222) wendet sich der kommunikativen Konstruktion von Räumen unter einem ganz anderen Gesichtspunkt zu. In ihrem Beitrag stehen Informations- und Kommunikationstechnologien im Mittelpunkt der Betrachtung. Koch führt Beispiele dafür an, wie Nutzer von Smart Phones in Städten (am Beispiel von Friedrichshafen: „T-City"; und Hamburg: „Hamburg App") Räume über entsprechende Informationsangebote neu erfahren können. Über Augmented Realities, die als eine Verschmelzung von faktischen und virtuellen Umgebungen zu verstehen seien, finde eine Neukonfiguration raum-zeitlicher Erfahrungs- und Handlungsmöglichkeiten statt, argumentiert sie. Es sei zu fragen, wie diese Informations- und Kommunikationstechnologien künftig die Aneignung und Nutzung von (Stadt-) Räumen beeinflussen, wie sich Imaginationen, Repräsentationen und Texturen des Urbanen verändern, etwa wenn zum Beispiel Parkuhren aus dem Stadtbild weichen und stattdessen digitale Lesegeräte einziehen, aber auch inwiefern sich eine Reorganisation von Öffentlichem und Privatem vollziehen werde.

Stein (S. 223-239) lässt den Gegenstand der kommunikativen Konstruktion von Räumen in ihrem Beitrag gewissermaßen „planungspraktisch" werden. Zu Beginn schlägt sie ein systemisches Kommunikationsmodell vor, das von Schmid als „Kulturbegegnungsmodell der Kommunikation" entwickelt und von Stein für die räumliche Planung adaptiert wurde. In theoretischer Hinsicht speist sich das Modell aus dem radikalen Konstruktivismus Maturanas und Varelas sowie von Foersters. Die dem Konzept zugrunde liegende Annahme lautet, dass sich über Begegnung, Kommunikationen und gemeinsame Erfahrungen unterschiedliche Wirklichkeitswahrnehmungen verschiedener Akteurssysteme annähern können. Im Folgenden stellt Stein vier Beispiele aus der Planungspraxis vor, in denen von planerischer Seite vor Ort – das heißt in den fraglichen Räumen – gezielt Begegnungen zwischen unterschiedlichen Stakeholdern vor Ort geschaffen und Kommunikationsprozesse organisiert wurden: 1. das Projekt „Voerde 2030", 2. das zunächst durchaus konfliktreiche Projekt „Freizeit- und Kulturpark" Wiesbaden, 3. das Projekt „Deutzer Rheinufer" in Köln und 4. das Projekt „Côte Rouge" im südlichen Luxemburg. Zu der kommunikativen Strategie der Planer gehörte es dabei, die teilnehmenden Stakeholder durch organisierte Spaziergänge, Wanderungen und Begehungen über die gemeinsame Auseinandersetzung mit der Materialität der Orte ins Gespräch zu bringen.

Literatur

Aristoteles (1995): Physik. Vorlesung über die Natur. Philosophische Schriften in 6 Bänden. Bd. 6. Hamburg: Felix Meiner Verlag
Bachmann-Medick, Doris (2006): Cultural Turns. Neuorientierungen in den Kulturwissenschaften. Reinbek bei Hamburg: Rowohlt Verlag GmbH
Berndt, Christian/Pütz, Robert (Hrsg.) (2007): Kulturelle Geographien. Zur Beschäftigung mit Raum und Ort nach dem Cultural Turn. Bielefeld: Transcript
Bourdieu, Pierre (1991): Physischer, sozialer und angeeigneter physischer Raum. In: Wentz (1991): 25-34
Castells, Manuel (2001): Der Aufstieg der Netzwerkgesellschaft. Opladen: Leske und Budrich
Castells, Manuel (2002): Die Macht der Identität. Opladen: Leske und Budrich
Castells, Manuel (2003): Jahrtausendwende. Opladen: Leske und Budrich
Christmann, Gabriela B. (2010): Kommunikative Raumkonstruktionen als (Proto-)Governance. In: Kilper (2010): 27-48
Christmann, Gabriela B. (2013): Raumpioniere in Stadtquartieren und die kommunikative (Re-)Konstruktion von Räumen. In: Keller et al. (2013): 153-184
Christmann, Gabriela B. (2015): Das theoretische Konzept der kommunikativen Raum(re)konstruktion. In: Christmann (2015): 89-117
Christmann, Gabriela B. (Hrsg.) (2015): Zur kommunikativen Konstruktion von Räumen. Theoretische Konzepte und empirische Analysen. Wiesbaden: Springer VS
Cook, Ian/Crouch, David/Naylor, Simon/Ryan, James R. (Eds.) (2000): Cultural turns/Geographical Turns: Perspectives on Cultural Geography. Harlow: Prentice Hall
Csáky, Moritz/Leitgeb, Christoph (Hrsg.) (2009): Kommunikation – Gedächtnis – Raum. Kulturwissenschaften nach dem Spatial Turn. Bielefeld: Transcript

Dünne, Jörg/Günzel, Stephan (2006): Raumtheorie. Grundlagentexte aus Philosophie und Kulturwissenschaften. Frankfurt/Main: Suhrkamp

Eckardt, Frank (2004): Soziologie der Stadt. Bielefeld: Transcript

Eckardt, Frank (Hrsg.) (2012): Handbuch Stadtsoziologie. Wiesbaden: Springer VS

Eigmüller, Monika (2006): Der duale Charakter der Grenze. Bedingungen einer aktuellen Grenztheorie. In: Eigmüller et. al. (2006): 55-73

Eigmüller, Monika/Vobruba, Georg (Hrsg.) (2006): Grenzsoziologie. Die politische Strukturierung des Raums. Wiesbaden: VS Verlag

Einstein, Albert (1960): Vorwort. In: Jammer, Max (Hrsg.): Das Problem des Raumes. Die Entwicklung der Raumtheorien. Darmstadt: Wissenschaftliche Buchgesellschaft, XII-XVII

Eriugena, Johannes Scotus (1984): Über die Einteilung der Natur. Hamburg: Felix Meiner Verlag

Gebhardt, Hans/Reuber, Paul/Wolkersdorfer, Günter (Hrsg.) (2003): Kulturgeographie. Aktuelle Ansätze und Entwicklungen. Heidelberg/Berlin: Spektrum

Giddens, Anthony (1984): The Constitution of Society. Outline of the Theory of Structuration. Cambridge: Polity Press

Glasze, Georg/Pütz, Robert (2007): Sprachorientierte Forschungsansätze in der Humangeographie nach dem linguistic turn – Einführung in das Schwerpunktheft. In: Geographische Zeitschrift 95. 2007. 1-4

Glasze, Georg/Mattissek, Annika (Hrsg.) (2009): Handbuch Diskurs und Raum. Theorien und Methoden für die Humangeographie sowie die sozial- und kulturwissenschaftliche Raumforschung. Bielefeld: Transcript

Hastings, Annette (1999): Discourse and Urban Change: Introduction to the Special Issue. In: Urban Studies 36. 1999. 7-12

Healey, Patsy (1992): Planning through Debate. The Communicative Turn in Planning Theory and its Implications for Spatial Strategy Formation. In: Town Planning Review 63. 1992. 143-162

Healey, Patsy (1996): The Communicative Turn in Planning Theory and its Implications for Spatial Strategy Formation. In: Environment and Planning B 23. 1996. 217-234

Holm, Andrej (2004): Sozialwissenschaftliche Theorien zu Raum und Fläche. UFZ-Bericht 26. UFZ – Umweltforschungszentrum. Leipzig

Hubbard, Phil/Kitchin, Rob/Valentine, Gill (Hrsg.) (2004): Key Thinkers on Space and Place. Los Angeles: Sage

Keller, Reiner (2013): Kommunikative Konstruktion und diskursive Konstruktion. In: Keller et al. (2013): 69-94

Keller, Reiner (2015): Die symbolische Konstruktion von Räumen. Sozialkonstruktivistisch-diskursanalytische Perspektiven. In: Christmann (2015): 55-78

Keller, Reiner/Knoblauch, Hubert/Reichertz, Jo (Hrsg.) (2013): Kommunikativer Konstruktivismus. Theoretische und empirische Arbeiten zu einem neuen wissenssoziologischen Ansatz. Wiesbaden: Springer VS

Kilper, Heiderose (Hrsg.) (2010): Governance und Raum. Baden-Baden: Nomos

Knoblauch, Hubert (1995): Kommunikationskultur. Die kommunikative Konstruktion kultureller Kontexte. Berlin und New York: de Gruyter

Knoblauch, Hubert (2013): Grundbegriffe und Aufgaben des kommunikativen Konstruktivismus. In: Keller et al. (2013b): 25-47

Knoblauch, Hubert (2015): Über die kommunikative Konstruktion der Wirklichkeit. In: Christmann (2015): 29-53

Krämer-Badoni, Thomas/Kuhm, Klaus (Hrsg.) (2003): Die Gesellschaft und ihr Raum. Opladen: Leske und Budrich

Kuhm, Klaus (2000): Raum als Medium gesellschaftlicher Kommunikation. Eine systemtheoretische Neubeschreibung lokaler und regionaler Differenzen in der Weltgesellschaft. Arbeitspapier Nr. 39. Universität Bremen, ZWE Arbeit und Region. Bremen

Latour, Bruno (2005): Reassembling the Social. An Introduction into Actor-Network Theory. Oxford: Oxford University Press

Lees, Loretta (2004): Urban Geography: Discourse Analysis and Urban Research. Progress in Human Geography 28. 2004. 101-107

Lefebvre, Henri (1991, ¹1974): The Production of Space. Cambridge/Oxford: Basil Blackwell

Lorimer, Hayden (2005): Cultural Geography. The Business of Being "More-than-Representational". In: Progress in Human Geography 29. 2005. 83-94

Löw, Martina (2001): Raumsoziologie. Frankfurt/Main: Suhrkamp

Löw, Martina/Steets, Silke/Stoetzer, Sergej (2008): Einführung in die Stadt- und Raumsoziologie. Opladen/Farmington Hills: Budrich

Maresch, Rudolf/Werber, Niels (Hrsg.) (2002): Raum, Wissen, Macht. Frankfurt/Main: Suhrkamp

Massey, Doreen (2003): The Conceptualization of Place. In: Massey et. al. (2003): 45-85

Massey, Doreen/Jess, Pat (2003): A Place in the World? Places, Cultures and Globalization. Oxford: Oxford University Press

Mattissek, Annika (2007): Diskursive Konstitution städtischer Identität – Das Beispiel Frankfurt am Main. In: Berndt et. al. (2007): 83-111

Meusburger, Peter (Hrsg.) (1999): Handlungszentrierte Sozialgeographie. Benno Werlens Entwurf in kritischer Diskussion. Stuttgart: Steiner

Meusburger, Peter/Schwan, Thomas (Hrsg.) (2003): Humanökologie. Ansätze zur Überwindung der Natur-Kultur-Dichotomie. Stuttgart: Steiner

Müller, Bernhard/Löb, Stephan/Zimmermann, Karsten (Hrsg.) (2004): Steuerung und Planung im Wandel. Festschrift für Dietrich Fürst. Wiesbaden: VS

Paasi, Ansi (1989): The Media as Creator of Local and Regional Culture. In: The Long-Term Future of Regional Policy – A Nordic View. Report on a Joint NordREFO/OECD seminar in Reykjavik. 151-165

Park, Robert E. (1938): Reflections on Communication and Culture. In: American Journal of Sociology 44. 1938. 187-205

Park, Robert E. (1968): The City. Suggestions for the Investigation of Human Behavior in the Urban Environment. In: Park et. al. (1968): 1-46

Park, Robert E./Burgess, Ernest W./McKenzie, Roderick, D. (Hrsg.) (1968): The City. Chicago: University of Chicago Press

Park, Robert E. (1972): Reflections on Communication and Culture. In: Park, Robert E.: The Crowd and the Public and Other Essays. Chicago: University of Chicago Press 1972. 98-116

Pott, Andreas (2007): Sprachliche Kommunikation durch Raum – das Angebot der Systemtheorie. In: Geographische Zeitschrift 95. 2007. 56-71

Schlottmann, Antje (2005): RaumSprache. Ost-West-Differenzen in der Berichterstattung zur deutschen Einheit. Eine sozialgeographische Theorie. Stuttgart: Steiner

Schlottmann, Antje (2007): Wie aus Worten Orte werden – Gehalt und Grenzen sprechakttheoretischer Sozialgeographie. In: Geographische Zeitschrift 95. 2007. 5-23

Schroer, Markus (2005): Räume, Orte, Grenzen. Auf dem Weg zu einer Soziologie des Raums. Frankfurt/Main: Suhrkamp

Selle, Klaus (2000): Was? Wer? Wie? Warum? Möglichkeiten und Voraussetzungen einer nachhaltigen Kommunikation. Dortmund: Dortmunder Vertrieb für Bau- und Planungsliteratur

Selle, Klaus (2004): Kommunikation in der Kritik? In: Müller et. al. (2004): 229-256

Simmel, Georg (1903): Soziologie des Raumes. In: Jahrbuch für Gesetzgebung, Verwaltung und Volkswirtschaft im Deutschen Reich 27. 1903. 27-71

Theophrastos (von Eresos) (2000): Die Metaphysik Theophrasts. Beiträge zur Altertumskunde, Band 139. München: Saur

Thrift, Nigel (2007): Non-Representational Theory. Space, Politics, Affect. London: Routledge

Warf, Barney (2004): Nigel Thrift. In: Hubbard et al. (2004): 294-300

Weichhart, Peter (2008): Entwicklungslinien der Sozialgeographie. Von Hans Bobek bis Benno Werlen. Stuttgart: Steiner

Wentz, Martin (Hrsg.) (1991): Stadt-Räume. Frankfurt/Main und New York: Campus

Werlen, Benno (1997a): Gesellschaft, Handlung, Raum. Grundlagen handlungstheoretischer Sozialgeographie. Stuttgart: Steiner

Werlen, Benno (1997b): Sozialgeographie alltäglicher Regionalisierungen. Band 2: Globalisierung, Region und Regionalisierung. Stuttgart: Steiner

Werlen, B. (2010): Gesellschaftliche Räumlichkeit 1. Orte der Geographie. Stuttgart: Steiner

Wolkersdorfer, G. (2001): Politische Geographie und Geopolitik zwischen Moderne und Postmoderne. Heidelberger Geographische Arbeiten. Bd. 111. Heidelberg: Eigenverlag

Zierhofer, Wolfgang (2003): Natur – das Andere der Kultur? Konturen einer nicht essentialistischen Geographie. In: Gebhardt et. al. (2003): 193-212

Teil I:
Kommunikation, Diskurs, Sprache und die kommunikative Konstruktion von Räumen. Theoretische Annäherungen

Über die kommunikative Konstruktion der Wirklichkeit

Hubert Knoblauch

1 Einleitung und Überblick

Der kommunikative Konstruktivismus ist ein theoretischer Ansatz, der auf dem Sozialkonstruktivismus aufbaut, wie er von Berger und Luckmann (1966) begründet wurde. Obwohl es sich dabei um einen theoretischen Ansatz handelt, bildet er jedoch keine einfache „Ableitung" aus dem Sozialkonstruktivismus. Er stellt vielmehr eine Reaktion auf die Versuche einer empirischen Anwendung des Sozialkonstruktivismus dar, also der empirischen Rekonstruktion der gesellschaftlichen Konstruktion der Wirklichkeit. Sein zentrales Argument gegen die Theorie der gesellschaftlichen Wirklichkeit besteht in der Beobachtung, dass alles, was am sozialen Handeln gesellschaftlich relevant werden soll, auch kommuniziert werden muss. Anders gesagt: empirisch ist alles soziale Handeln notgedrungen kommunikatives Handeln. „Empirisch" bedeutet hier einerseits, dass jeder Versuch einer Beobachtung sozialen Handelns – sei es direkt durch die teilnehmende Beobachtung oder indirekt durch Interviews, Fragebögen und andere rekonstruktive Methoden – von der Tatsache abhängt, dass soziales Handeln kommuniziert und dadurch erst beobachtbar und berichtbar wird, sieht man von der Möglichkeit der Telepathie ab. Der Begriff der Kommunikation bezieht sich dabei auf die vielfältigen Arten und Weisen, in denen soziale Handlungen für andere beobachtbar gemacht werden (ganz in dem Sinne, der von Garfinkel 1967 hervorgehoben wurde). Die Bedeutung der kommunikativen Natur sozialen Handelns beschränkt sich jedoch nicht auf wissenschaftliche Beobachter, die von diesen Handlungen „Daten" erheben. Der empirisch kommunikative Charakter sozialen Handelns ist auch für die Handelnden selbst von eminenter Bedeutung. Denn auch wenn es wahr sein mag, dass Sozialität in der Orientierung Handelnder an anderen Handelnden besteht – wie Weber das in seiner grundlegenden Bestimmung der verstehenden Soziologie formulierte (Weber 1980 [1922]) – so werden diese Handlungen doch erst dann zum Teil der gesellschaftlichen Wirklichkeit, wenn sie anderen kommuniziert werden. Wie immer der Sinn geartet und welche Handlung auch immer intendiert sein mögen – Sinn und Handeln müssen den Bereich des subjektiven Sinns überschreiten und zum

Gegenstand der Erfahrung anderer werden. Das empirische Merkmal sozialen Handelns besteht darin, dass es sowohl von anderen Akteuren wie auch von wissenschaftlichen Beobachtern (als beobachtende Akteure) wahrgenommen und erfahren werden kann. Diesen empirischen Charakter verdanken die sozialen Handlungen dem, was Berger und Luckmann (1987 [1966]) als „Objektivierungen" bezeichnen, also etwas mit dem Handeln Verbundenes, das sowohl für den Handelnden wie auch für die, auf die hin er handelt, zu einer gemeinsamen Umwelt gehört. Dank dieser Objektivierungen ist das soziale Handeln auch immer ein kommunikatives Handeln.

Angesichts der schieren Fülle und der scheinbaren Willkürlichkeit der empirischen Formen von Objektivationen und kommunikativen Handlungen liegen die Vorteile einer Theorie der kommunikativen Konstruktion nicht nur darin, dass sie die empirischen und analytischen Aspekte von Handlungen eng miteinander verbindet. Ihr zusätzlicher Vorzug besteht darin, dass sie die Bedingungen ihrer eigenen Möglichkeit klären kann. Da nämlich auch Theorien Formen des kommunikativen Handelns sind, können sie in der gleichen Weise beobachtet werden.

Man muss allerdings eingestehen, dass die Entwicklung dieser Theorie sich erst in einer frühen Phase befindet. Auch wenn der Begriff der kommunikativen Konstruktion schon in den 1990er Jahren zum ersten Mal programmatisch formuliert wurde (Knoblauch 1995; Luckmann 1997), so gewann er danach doch erst langsam Konturen. In der Zwischenzeit reicht die Breite der Phänomene, für die die kommunikative Konstruktion beschrieben wurde, von „kulturellen Kontexten" (Knoblauch 1995) über Organisationen (Knoblauch 1997), Religion (Knoblauch 1998), "Moral" (Bergmann/Luckmann 1999), Ökologiegruppen (Christmann 1996), "Kommunikationsgemeinschaften " (Knoblauch 2008), Spielen (Herbrik 2011) und Geld (Krisch 2010) bis hin zu Raum und Städten, wie in diesem Band oder bei Christmann (2005; 2010; 2013; 2015). So groß die Bandbreite der Themen ist, die sich im Rahmen dieses Ansatzes bewegen, so gab es bislang nur wenige Versuche einer systematischen Darstellung des theoretischen Ansatzes (Knoblauch 1995; Knoblauch/Schnettler 2004; Knoblauch 2005a; 2005b; Reichertz 2009), wenige davon auch in englischer Sprache (Knoblauch 2001). Am systematischsten wird der Ansatz in dem Band „Kommunikativer Konstruktivismus" vorgestellt (Keller et al. 2013, darin u.a. Knoblauch 2013). Weil ich kein Experte zum Thema Raum bin, möchte ich mich hier auch nicht auf dieses Thema konzentrieren. Vielmehr soll hier skizziert werden, was unter "kommunikativer Konstruktion" verstanden werden kann.

Das Ziel einer theoretischen Darstellung mag zwar etwas irritieren, zumal ich den empirischen Charakter des kommunikativen Konstruktivismus hervorgehoben habe. Zu meiner Rechtfertigung kann ich erwähnen, dass ich selbst eine Reihe empirischer Analysen der kommunikativen Konstruktion der Wirklichkeit durchgeführt habe (Knoblauch 1995; Knoblauch 2013). Bei aller Hochschätzung der Empirie sollte man jedoch nicht vergessen, dass eine der zentralen Aufgaben jeder Wissenschaft darin besteht, Begriffe zu bestimmen und zu schärfen, mit denen das Empirische beschrieben und erklärt werden kann. Auch wenn diese Begriffe sich durch die Empirie (und die Sprache des Gegenstandes) leiten lassen müssen, so besteht die Eigenständigkeit einer Wissenschaft doch in den Begriffen, ihrem Zusammenhang und der von ihm repräsentierten Denkweise. Vor diesem Hintergrund erscheint es mir unumgänglich, die Begriffe, die in der empirischen Analyse benutzt werden, vor allem aber diejenigen, die von ihr als Grundbegriffe vorausgesetzt werden, so weit zu klären, dass eine halbwegs vernünftige Kommunikation möglich wird.

In diesem Beitrag möchte ich das Problem bestimmen, auf das der kommunikative Konstruktivismus antwortet. Dazu sollen die wichtigsten Begriffe benannt und durch ihre semantischen Aspekte wie auch hinsichtlich ihrer theoretisch-analytischen Referenzen bestimmt werden. Zu diesem Zwecke möchte ich zuerst einmal auf das grundlegende soziale Problem eingehen, das der soziale Konstruktivismus mit der Sozialphilosophie teilt: das Problem der sozialen Ordnung. Im zweiten Teil möchte ich zeigen, wie sich der kommunikative Konstruktivismus vom Sozialkonstruktivismus unterscheidet – und warum. Weil der dazu herangezogene Grundbegriff des kommunikativen Handelns von Habermas (1981) geprägt wurde, sollen dann die Ähnlichkeiten, aber auch die Unterschiede zu Habermas' Theorie des kommunikativen Handelns herausgestellt werden. Kommunikatives Handeln in dem hier verwendeten Sinn eines kommunikativen Konstruktivismus weist weit über die Sprache hinaus und bezieht Objektivationen jeder Form mit ein, die Zeichen, Technologien und Gegenstände ebenso einschließen wie Körper. Sie erlaubt damit den Einbezug jener Form der Intersubjektivität, die anderen gegenwärtigen Theorien der Praxis, des Diskurses oder der Kommunikation entgeht.

2 Das Problem der gesellschaftlichen Wirklichkeit

Die gesellschaftliche Wirklichkeit als eine Wirklichkeit "sui generis" ist der ureigene Gegenstand der Soziologie – selbst für diejenigen, die auch nichtmenschliche Handelnde als Teil der Gesellschaft ansehen (wie etwa Latour 2005). Seit Parsons (1968) ist es ein Gemeinplatz geworden, diese besondere Wirklichkeit als "Problem der sozialen Ordnung" anzusprechen, das er auf Hobbes zurückführte. Ohne irgendeine tiefere Sozialität bei seinen utilitaristischen Akteuren zu erkennen, mutmaßte Hobbes, dass diese Akteure eine Art sozialen Vertrags eingehen müssten, um zu vermeiden, sich ständig die Köpfe einzuschlagen "and in the way to their end endeavour to destroy or subdue each other" (Hobbes, nach Parsons 1968: 90). Es ist weithin bekannt, dass Parsons' Vorstellung von der normativen Ordnung als Kern des Sozialen von dieser Idee des "Gesellschaftsvertrags" abgeleitet ist – und damit von Hobbes „Problem der sozialen Ordnung". Seither gilt dieses Problem deswegen auch als grundlegender Bezugspunkt für jede Soziologie oder, wie Garfinkel (1952: 5) etwas vorsichtiger bemerkt hat, "as relevant to the workday investigations and theorizings of social scientists". Indem er die Relevanz der „Wahrnehmung des Anderen" hervorhob, wies Garfinkel schon auf den größten Mangel der Vorstellung von Hobbes und Parsons hin, dass es nur der Vertrag sei, der das Soziale begründe. Denn wie utilitaristisch Hobbes' Homunculus als sozial Handelnder auch immer sein mag, so setzt doch die Unterwerfung Anderer oder der Krieg mit ihnen doch irgendeine Form der Sozialität voraus, die dem Vertrag vorgelagert ist. Selbst wenn Handelnde Andere „benutzen", muss man doch annehmen, dass sie diese Anderen als etwas Anderes ansehen und behandeln als etwa bloße Dinge. Denn selbst wenn wir mit intelligenten Computern oder Robotern so handeln wie etwa mit dem Personal eines Call-Centers, dürfen wir doch nicht übersehen, dass jeder Handelnde in der Lage sein muss, zwischen Reaktionen und sinnvollen Antworten auf Handlungen zu unterscheiden.

Dieses Argument findet sich schon bei Vico und seinen historistischen Nachfolgern; für die Soziologie wird es besonders hervorgehoben bei Max Weber. Es war Weber, der zwischen dem Handeln als einem sinnvollen Verhalten oder Nicht-Verhalten eines Subjekts und jenem Handeln unterschied, das sich als soziales Handeln an Anderen orientiert. Auch wenn Weber (1980 [1922]) die Notwendigkeit der Ordnung einräumte, die er als Legitimation bezeichnete, so setzt das soziale Handeln doch nichts Anderes voraus als die sinnvolle Orientierung an Anderen als Anderen. Wie Weber selbst wusste, sollte dieser grundlegende Begriff des Sozialen weitreichende Folgen für die Soziologie haben. In der „geisteswissenschaftlichen" Tradition von Vico und dem Historismus stehend, betonte er nämlich damit die – neben der von Comte und Durkheim betonten "positiven" Seite des Sozialen, den hermeneutischen bzw. „verstehenden" Charakter der Soziologie. Die Soziologie hat es deswegen sehr entschieden mit dem Sinn von Handlungen zu tun.

Wie wichtig der „Sinn" auch immer für die Bestimmung des Handelns ist, so wirft er doch ein – insbesondere für eine positivistische Soziologie – sehr grundlegendes Problem auf. Er ist nämlich wesentlich subjektiv, hängt also von den Handelnden, ihren Gefühlen, Zielen, Werten und Gewohnheiten ab (die Weber jeweils als Typen des Handelns fasste). Paradoxerweise wird diese wesentliche Subjektivität auch für jeden Handelnden selbst ganz offenkundig.

Denn (um ein berühmtes Beispiel zu zitieren, das durch zahlreiche Theorien geistert, die sich mit diesem Problem beschäftigen): Woher wissen wir, was jemand meint, den wir beim Gehen beobachten? Geht sie nur für sich hin? Dient das Gehen der Entspannung, der Gesundheit oder ist es Teil einer sportlichen Übung. Oder geht die Person einfach nur, um sich warm zu halten? Da die Subjektivität des Sinns lediglich für die Handelnden zugänglich ist, muss eine Erklärung dieser Handlungen erst ihren Sinn für die Handelnden klären. Wie jedoch Schütz (1932) bemerkte, hat Weber niemals geklärt, was man denn unter dem subjektiven Sinn zu verstehen hat. Er schlug deswegen vor, die Phänomenologie zu nutzen, um das Phänomen des Sinns zu klären. Die Phänomenologie, wie sie von Husserl (1969) geprägt wurde, bezeichnet eine introspektive Methode, die sich mit den Prozessen des je eigenen Bewusstseins beschäftigt. Mit ihrer Methode zielt sie darauf, die allgemeinen Strukturen des Bewusstseins zu bestimmen. Damit kann die Phänomenologie, wie Schütz annahm, auch klären, was wir unter Sinn, dem Sinn von Handeln und dem Sinn von sozialem Handeln verstehen.

Während sich die Aufgabe, Sinn als einen Prozess des zeitlich operierenden Bewusstseins zu bestimmen (was ich hier nicht weiter ausführen möchte), mit den Zielen der Phänomenologie deckt, stößt diese ihrerseits auf ein Problem, das sie mit der Soziologie teilt. Denn wenn Sinn eine Leistung des subjektiven Bewusstsein ist, dann stellt sich doch die Frage, wie ein Bewusstsein zum anderen, wie das Bewusstsein des Einen zum Bewusstsein des Anderen kommt. Husserl (1969) hat dieses Phänomen bekanntlich auf eine "monadologische" Weise gelöst. In seiner Vorstellung einer "transzendentalen Intersubjektivität" sind Andere gleichsam Varianten meines Ich, sodass auch ihre Sinngebilde als eine Art Variation meiner eigenen angesehen werden (Husserl 1973). Husserls Lösung des Problems der Intersubjektivität erschien Schütz indessen unzureichend, reduzierte sie doch den Anderen und die soziale Welt auf das, was im Subjekt selbst schon enthalten ist.

Im Gegensatz zur Annahme, dass die Anderen schon gleichsam in meinem Bewusstsein enthalten seien (dass also Andere nicht in der Welt seien, sondern nur komplexe Sinnstrukturen meines Bewusstseins), begann Schütz immer mehr die Annahme zu akzeptieren, dass der Andere ein *empirisches* Phänomen ist, das nicht in der Struktur des Bewusstseins vorausgelegt ist (Srubar 1983). Die "Generalthesis" des Alter Ego, wie Schütz das nannte, ist also nicht phänomenologisch begründet; sie ist vielmehr Resultat eines Prozesses, der nicht nur von meinem Bewusstsein abhängt, sondern eine eigene soziale Wirklichkeit bildet. Unter Berufung auf die Arbeiten von Mead begann auch Schütz diesen Prozess als „Kommunikation" zu bezeichnen. Mead (1934) hatte ja eine ganz ähnliche Fragestellung verfolgt allerdings von einem ganz anderen Ausgangpunkt. In seiner Auseinandersetzung mit dem Behaviorismus ging er nämlich von „reinem" und vermeintlich „sinnlosem" Verhalten aus und zeigt, wie die bloße Interaktion zwischen mindestens zwei Akteuren und die zeitliche Beziehung zwischen ihrem Verhalten – der „Konversation der Gesten" – die Konstitution von gemeinsamem Sinn ermöglicht. Dieser Sinn wird in Symbolen verfestigt und von einem Bewusstsein getragen, das sich in diesem Prozess als „me" konstituiert. Wie auch die Phänomenologen ging Mead davon aus, dass das Subjekt keineswegs passiv ist. Es vollzieht vielmehr eine Reihe von Aktivitäten, die Mead etwa unter dem Titel der „Rollenübernahme" analysiert hat. Schütz betrachtete diese Rollenübernahme als Teil der Intersubjektivität: Denn in der Übernahme der Rolle antizipiert das Subjekt die Motive der Handlungen Anderer, an denen es sich in der Ausführung seiner eigenen Handlung orientiert. Diese Rollenübernahme wiederum setzt eine Leistung des Bewusstseins voraus, die man als Spiegelung beschreiben kann. Man erkennt sein eigenes Verhalten (etwa sein Lächeln) im Verhalten Anderer (Mitlachen). Beide Aktivitäten setzen wiederum das voraus, was Schütz (1962) als die „Reziprozität der Perspektiven" und die „Austauschbarkeit der Standpunkte" bezeichnet hat, also die Fähigkeit der Handelnden, sich jeweils an der räumlichen Perspektive der Anderen leiblich zu orientieren und zu koordinieren (etwa bei der Seitenspiegelung beim Händeschütteln), und die Fähigkeit, ihre Handlungen und ihre Bezüge zeitlich abzustimmen, wenn etwa bei einer Frage das Um-zu-Motiv des Fragenden zum Weil-Motiv des Antwortenden wird.

So wichtig diese Prozesse für die Kommunikation auch sind, so machte Mead deutlich, dass die Kommunikation nicht nur ein Phänomen des Bewusstseins ist – und Schütz begann ihm in diese Richtung zu folgen.[1] Kommunikation kann auch nicht auf Zeichen oder Zeichenstrukturen reduziert werden, wie dies der Strukturalismus nahelegte. Vielmehr bezieht sie sich auf eine Form des leiblichen Handelns von Subjekten, die einander wechselseitig wahrnehmen. Wie Goffman (1963) später ergänzt, trifft dies auch auf Subjekte zu, wenn sie sich selbst wahrnehmen. Das bedeutet, dass die sinnvolle Orientierung der Handelnden auf der von ihm beschriebenen Form der menschlichen Kommunikation basiert und von ihr abhängig ist.[2]

Mead war keineswegs der einzige, der die Kommunikation zum Grundbegriff des Sozialen erklärte. Auch Cooley (1964 [1902]) teilte seine Sicht und in

---

[1] In der Einführung zu Schütz' Schriften zur Lebenswelt zeigen Knoblauch, Soeffner und Kurt (2003), dass Schütz selbst die Relevanz der Kommunikation als die Form anerkannte, in der Intersubjektivität empirisch erzielt wird.

[2] Die Annahme, dass sich die menschliche Kommunikation durch eine bestimmte Form der Intersubjektivität auszeichnet, wird in den jüngeren Untersuchungen von Tomasello (2008) bei Kleinkindern und Schimpansen verhärtet.

der folgenden Generation soziologischer Klassiker war es Goffman, der die Kommunikation als eine fundamentale Kategorie des Sozialen behandelte.[3] Es verwundert deswegen nicht, dass Goffman ein Phänomen, das Hobbes noch als vorsozial erschien, wie den Krieg und den Kampf, als eine mustergültige menschliche Interaktion und Kommunikation betrachtete.

Die Bedeutung dieser Form der Kommunikation führte jedoch nicht dazu, dass sie als Grundkategorie der Soziologie anerkannt wurde, sieht man etwa von den wichtigen Theorien Luhmanns (1984; 1997) und Habermas' (1981) ab, auf die ich noch eingehen werde. Diese Vernachlässigung der Kommunikation mag damit zu tun haben, dass der Durchbruch neuer Kommunikationstechnologien neue Disziplinen, wie etwa die Medien- und Kommunikationswissenschaft, auf den Plan gerufen hat. Sie kann auch damit zu tun haben, dass die Theorie Meads, die den Kommunikationsbegriff doch in ihrem Zentrum trug, in der Soziologie als „Symbolischer Interaktionismus" firmierte. Und sie hat sicherlich mit der Hervorhebung der Sprache und sprachlicher Zeichen zu tun, die sich im Zuge des „linguistic turn" durchsetzte und die Kommunikation als Prozess aus dem Blickfeld der Sozialwissenschaften verdrängte.

3 Die gesellschaftliche Konstruktion der Wirklichkeit

Der Gedanke der symbolischen Konstruktion ist eine der Säulen der "Gesellschaftlichen Konstruktion der Wirklichkeit" von Berger und Luckmann. Als das Buch 1966 veröffentlicht wurde, war es die erste systematische Ausformulierung des Sozialkonstruktivismus (begleitet von anderen Versionen des Konstruktivismus in der Philosophie und in der Psychologie). Auch wenn der Begriff des Sozialkonstruktivismus zwischenzeitlich inflationär geworden ist, so muss man doch mit Hacking (1999) bemerken, dass er selten dieser ursprünglichen Formulierung der konstruktivistischen Theorie gerecht wird. Häufig werden sogar in der theoretischen Debatte die Unterschiede zwischen Berger und Luckmanns Sozialkonstruktivismus, dem radikalen Konstruktivismus von Luhmann (1984) und dem diskurs-orientierten Sozialkonstruktionismus (Burr 1995) übergangen. Deswegen verwundert es kaum, dass die zuweilen scharfe Kritik am Sozialkonstruktivismus häufig auf Missverständnissen oder einem oberflächlichen Verständnis dieses Ansatzes beruht. Wie ich zeigen möchte, baut der kommunikative Konstruktivismus auf dem Sozialkonstruktivismus auf und führt ihn, ausgehend vom häufig übersehenen theoretischen Problem der Objektivie-

---

3   Es ist interessant, dass Goffman in seiner Dissertation den Begriff der "conversational interaction" verwendet; in seiner berühmten Buchfassung dagegen wird daraus „communication" (vgl. Goffman 1959).

rung, weiter. Um dieses Problem zu verstehen, ist eine knappe Darstellung des Sozialkonstruktivismus vonnöten.

Die Frage, die sich Berger und Luckmann (1966) stellen, wurde oben schon formuliert: Wie können wir erklären, dass Individuen zum Teil einer Gesellschaft und einer gesellschaftlichen Wirklichkeit werden? In der Linie ihrer Vorläufer sehen sie diese Grundfrage der Soziologie durch den Begriff des sozialen Handelns beantwortet. Gesellschaft wird als Produkt des gesellschaftlichen Handelns zu einer objektiven Wirklichkeit. Gleichzeitig, so behaupten sie aber auch, sind auch die Handelnden selbst und ihre Handlungen gesellschaftliche Produkte. Der vermeintlich widersprüchliche Charakter dieser zwei Thesen wird dadurch versöhnt, dass sie ihn als Teil einer Dialektik fassen, die die gesellschaftliche Konstruktion der Wirklichkeit auszeichnet. Ihre Antipoden stellen einmal das Individuum oder das Subjekt dar und auf der anderen Seite die Gesellschaft als „soziale Tatsache". Beide Seiten werden durch die dialektischen Prozesse der Internalisierung und der Externalisierung verknüpft (wie sie von Hegel und Marx bekannt sind). Die besondere Leistung der „Gesellschaftlichen Konstruktion der Wirklichkeit" besteht darin, dass die Dialektik durch eine Analytik ergänzt wird, in der diese Prozesse detailliert bestimmt werden.

Den Ausgangspunkt der gesellschaftlichen Konstruktion bilden das Subjekt und sein Bewusstsein. Dessen Zeitstruktur und Intentionalität (dass Bewusstsein immer Bewusstsein von etwas ist) standen schon für Schütz im Zentrum – als grundlegende Form des "Wissens" und die Bestimmung des Sinns von Handlungen. Handeln bezeichnet eine vorentworfene (typisierte) Erfahrung "modo futuri exacti". Soziale Handlungen sind Externalisierungen in der gemeinsamen Umwelt des Subjekts und der Anderen, die sie als "Objektivierungen" erfahren. Wie schon erwähnt, ist es die Intersubjektivität (die Rollenübernahme, die Reziprozität der Perspektiven etc.), die für die Möglichkeit sorgt, dass Objektivierungen als Teil der Handlungen Anderer erfahren werden können. Wir hören etwas und wir gehen davon aus, dass es von der anderen Person stammt, so wie unsere Laute aus uns kommen; wir sehen ihre Hand und wir nehmen den abgerissenen Ast als Ergebnis ihrer „Handlung". Durch diese Objektivierungen können auch die Handlungen verschiedener Akteure koordiniert werden. Die Rekurrenz der Koordination (und ihre Typisierung) wird durch Institutionen geleistet, die wiederum auf bestimmten Aktivitäten des leiblichen Bewusstseins beruhen, wie Sedimentierung, Habitualisierung und Routinisierung. Soziale Handlungen werden in dem Maße institutionalisiert, wie sie wiederkehrende Handlungsprobleme lösen. In dem Maße wie die Institutionen weitergegeben werden, erfordern sie allerdings auch Legitimationen.

Die Institutionalisierung setzt die Weitergabe an Dritte voraus, die das über viele Schritte (polythetisch) konstruierte institutionalisierte Handeln sozusagen als Einheit („monothetisch") übernehmen können. In dem Maße, wie die Institution sich von seinen Konstruktionsprozessen ablöst, erfordert es nun Legitimationen, die ihr Sinn verleihen und sie sichern (oder, im Falle von Konflikten, transformieren oder umwälzen). Legitimationen betten dabei den Sinn des Handelns in die Kontexte ein, in denen das Handeln stattfindet. Sie gliedern die Dinge der Welt und betreffen damit das Gesamte der Wirklichkeit, in der gehandelt wird, werden kann oder könnte. Um Institutionen zu sichern, können deswegen eigene legitimatorische Apparate gebildet werden, deren Aufgabe darin besteht, den Sinn der Institution zu verdeutlichen und zu vermitteln.

Objektivationen, Institutionen und Legitimationen bilden gewissermaßen die Hardware der gesellschaftlich konstruierten Wirklichkeit. Der dialektische Prozess, der durch die analytischen Begriffe verbunden ist, kommt zum Abschluss, wenn diese Legitimationen und Institutionen im Rahmen der Sozialisation an Einzelne vermittelt und von ihnen internalisiert werden (vgl. Abb. 1). Dann wird aus der ursprünglichen Quelle der gesellschaftlichen Konstruktion, dem Subjekt, ein Produkt, das diesem Prozess unterworfen ist (und damit in einem zweiten Sinne „Subjekt" des Prozesses ist). (Berger und Luckmann bevorzugen dafür den Begriff der „persönlichen Identität".)

Abb. 1: Der dialektische Prozess bei Berger und Luckmann

Quelle: Eigene Darstellung

Ohne diesen Ansatz hier in aller Breite ausführen zu können (vgl. Knoblauch 2005b: 157-171), scheint es mir nötig, drei Kritiken zu erwähnen, die von später entwickelten Theorieansätzen formuliert wurden. (a) Wie die Graphik veranschaulicht, ist es etwas irreführend zu behaupten, der Sozialkonstruktivismus vertrete einen einseitig subjektivistischen Ansatz, wie dies von Seiten der Praxistheorien behauptet wird. In eine ähnliche Richtung wie die späteren Ansätze von Bourdieu (1980) und Giddens (1997 [1984]) versuchen Berger und Luckmann vielmehr, das Problem des Sozialen durch eine Verbindung von Subjektivismus und Objektivismus zu lösen. (b) Es ist ebenfalls irreführend zu behaupten, der Sozialkonstruktivismus vernachlässige die Machtdimension, wie dies von Seiten der an Foucault orientierten Diskurstheoretiker behauptet wird. Vielmehr stellt die Macht ein wesentliches Merkmal von Institutionen dar, die bestimmte Arten des Handelns (und der Handelnden) privilegieren und sie als relevant für die gesellschaftliche Ordnung legitimieren. Auch wenn Berger und Luckmann die „Gesellschaftliche Konstruktion der Wirklichkeit" als eine „Theorie der Wissenssoziologie" bezeichneten, ist es (c) schließlich auch irreführend diesen Ansatz als kognitivistisch verengt anzusehen und ihm vorzuwerfen emotionale, körperliche oder praktische Aspekte menschlichen Verhaltens zu ignorieren. „Wissen" schließt emotionale und körperliche Aspekte mit ein und ist ganz wesentlich mit Handeln verknüpft.

„Wissen" bildet in diesem Sinne die Brücke zwischen Gesellschaft und den von "Sinn" geleiteten Subjekten. Wie Schütz gehen Berger und Luckmann davon aus, dass dieser Sinn, der Subjekte leitet, empirisch aus der Gesellschaft „abgeleitet" sei und bezeichnen den so abgeleiteten Sinn als „Wissen" (bzw. subjektiven und gesellschaftlichen Wissensvorrat). Es ist für die Erweiterung zum kommunikativen Konstruktivismus wichtig zu betonen, dass diese „Ableitung" nicht anders denn als Kommunikation vorgestellt werden kann. Was immer der Kreis, der die Dialektik kennzeichnet, noch sein mag, besteht er, so füge ich hinzu, aus ablaufender Kommunikation oder, genauer, aus kommunikativen Handlungen. Lassen Sie mich dieses Argument kurz erläutern.

Wie schon Weber betrachten auch Berger und Luckmann die Orientierung an Anderen als ein wesentliches Merkmal des sozialen Handelns. Luckmann (1992) betont später, dass diese Orientierung durch ein sozialisiertes Wissen darüber geleitet wird, wer als Handelnder angesehen werden kann, wo entsprechend die "Grenzen der Sozialwelt" gezogen werden. Diese Frage, wer als Anderer in Frage kommt, hängt sehr entscheidend von der Weltansicht ab. Das Problem des sozialen Handelns wird jedoch nicht schon durch die Annahme einer "sinnhaften Orientierung" an irgendjemand Anderem gelöst, da es sich dabei um eine rein subjektive Form des Handelns drehen kann, die Schütz und Luckmann (1984) als "einseitiges soziales Handeln" bezeichnen. Einseitiges soziales Handeln ist definitionsgemäß nur an Anderen orientiert, die selbst den Vollzug gar nicht bemerken bzw. erfahren. Beispiele dafür sind, wenn man jemand in Abwesenheit verflucht oder etwas wünscht. Schütz und Luckmann geben dafür das Beispiel des Testaments, das man jemandem hinterlässt, der selbst erst nach dem eigenen Tod auf die Welt kommt. Dieses Beispiel macht auch die Probleme deutlich, denn das Handeln ist hier durchaus auch von Anderen in einer gemeinsamen Umwelt intersubjektiv wahrnehmbar und erfahrbar (also das Schreiben des Testaments), auch wenn diese Erfahrung zu verschiedenen Zeiten und möglicherweise an verschiedenen Orten erfolgt. Die Struktur des Handelns erinnert deswegen stark an die briefliche Korrespondenz (oder auch die E-Mail-Kommunikation), die wechselseitig ist und als kommunikatives Handeln bezeichnet werden kann. Wäre das soziale Handeln nämlich wirklich einseitig im Sinne von Schütz und Luckmann, dann würde es gar nicht zum Teil der sozialen Wirklichkeit werden. Oder, anders gesagt, wenn es zum Teil der gesellschaftlichen Wirklichkeit wird, dann muss es kommuniziert werden – sehen wir von magischen, paranormalen Wirkungen, also Telepathie oder Telekinese, oder unterbewusst kodierten Informationen ab.

Berger und Luckmann lösen dieses Problem mit dem Begriff der Objektivationen. So vieldeutig dieser Begriff auch sein mag (der seine Hegelianische Herkunft kaum verbergen kann), so stellt er doch das Bindeglied zwischen dem vom Handelnden intendierten Sinn und der in der Interaktion erfahrenen kommunikativen Handlung dar. „Das menschliche Ausdrucksvermögen", so argumentieren sie, „besitzt die Kraft der Objektivation, das heißt, es manifestiert sich in Erzeugnissen menschlicher Tätigkeit, welche sowohl dem Erzeuger als auch anderen Menschen als Elemente ihrer gemeinsamen Welt ‚begreiflich' sind. Objektivationen durch Ausdruck sind mehr oder weniger dauerhafte Indikatoren subjektiver Empfindungen. Sie ermöglichen deren ‚Begreifbarkeit' über die Vis-à-Vis-Situation, in welcher sie unmittelbar erfasst werden können, hinaus." (Berger/Luckmann 1987: 36f.) In diesem Sinne schließen die Objektivationen offensichtlich Ausdrucksverhalten und damit den Körper mit ein. Als Ausdrücke beziehen sie sich auch auf Zeichen und Symbole, denn „ein besonderer, aber auch besonders wichtiger Fall von Objektivation ist die Zeichengebung" (Berger/Luckmann 1987: 38). Zeichen, also Objektivationen, beinhalten den materiellen Träger des Zeichens, der von Handelnden erzeugt wird (wie etwa die Spuren im Schnee, der geschriebene Brief oder das Kreuz an der Wand). Berger und Luckmann räumen ein, dass Zeichen von anderen Objektivierungen unterschieden werden müssen, weil sie auf subjektiv Gemeintes verweisen. Aber auch andere Objektivationen dienen wenigstens indirekt als Hinweis auf den subjektiven Sinn und damit die Handlungen, die sie hervorgebracht haben.

Objektivationen dienen offensichtlich als Bindeglieder zwischen der Subjektivität der Intentionen und der Objektivität der Zeichen (bzw. der "signifiants", also der materiellen Träger von Zeichen) in der intersubjektiven materiellen Umwelt oder, um es etwas allgemeiner zu sagen, zwischen dem Subjektiven und dem Objektiven. Wie nützlich die Objektivationen jedoch auch immer sein mögen, so tragen sie doch einen sehr ambivalenten Zug: Denn "Objektivation" bezieht sich zugleich auf ein Produkt, das objektiviert wird, wie auch auf einen Prozess der Objektivierung. Auch wenn diese Ambivalenz in manchen Ansätzen systematisch übergangen wird (wie etwa bei der Akteur-Netzwerk-Theorie), so kann diese Zweideutigkeit bezüglich der Kommunikation doch ganz besonders in die Irre führen. Bezieht sich Objektivation auf die Weidenäste, die ich brach, um Andere außerhalb meiner Sichtweite auf den Weg aufmerksam zu machen, den ich gehe? Oder geht es mir nur darum, mir zu beweisen, wie groß oder stark ich schon bin, also eine Art Performanz, den Vollzug einer Handlung? Oder, um es in etwas allgemeineren Begriffen zu formulieren: Beziehen sich Objektivationen auf ein System von Anzeichen, Merkzeichen oder Zeichen, wie etwa die Sprache, oder auf den Vollzug einer Handlung, also „Dingen in Aktion"?

4 Die neue Theorie des kommunikativen Handelns

Die "Gesellschaftliche Konstruktion der Wirklichkeit" beantwortet diese Frage recht eindeutig. Bekannterweise setzt sie mit einem Kapitel über Typisierung, Wissen und Objektivierung ein, um sich dann auf eine Form der Objektivation zu konzentrieren, die Sprache. Wie schon Schütz die Sprache als „Vorratslager des Wissens" ansah, untersuchte dann auch Luckmann die Sprache als den wesentlichen Träger des Wissens (Luckmann 1975; Luckmann 1984). Diese Orientierung auf die Sprache fand im Zusammenhang mit einem breiteren „linguistic turn", einer Wende der Sozialwissenschaften zur Sprache, statt. So gründete sich der breite Strom des Strukturalismus auf der Annahme, dass Sprache das Muster vorgibt, nach dem auch die Kultur geordnet ist. Sprache bedeutet hier ein System objektivierter Bedeutungen. Den pragmatischen Zugang zur Sprache dagegen sah sie als ein wesentliches Medium des Handelns an. Eine der konsequentesten Ausformulierungen dieser handlungstheoretischen Betrachtung der Sprache in den Sozialwissenschaften wurde von Habermas (1981) vorgenommen. In seiner „Theorie des kommunikativen Handelns" erklärte er das kommunikative Handeln zum grundlegenden Prozess der Gesellschaft. In der Nachfolge von Karl Bühler und John Austin sieht er die Sprache mit drei verschiedenen Funktionen verknüpft (Ausdruck, Appell, Darstellung), die sich in drei Typen von „Sprechakten" (lokutionären, illokutionären, perlokutionären) und entsprechenden Typen von kommunikativen Handlungen ausdrücken. Das kommunikative Handeln insgesamt aber unterscheidet er von dem, was er abwechselnd „instrumentelles" oder „teleologisches Handeln" nennt. Während sich dieses durch die Verfolgung eines Zieles auszeichnet, orientiert sich das kommunikative Handeln am Verstehen der Anderen. Diese Orientierung drückt sich in Zeichen aus, sodass soziale Handlungen auch über diese Zeichen koordiniert werden können. Sprache setzt sich aus einem bestimmten Typ von Zeichen zusammen, da sie (den oben beschriebenen Funktionen und Typen folgend) drei Arten der Geltung beansprucht, die sich auf drei Aspekte der Welt beziehen: den objektiven, sozialen und subjektiven Aspekt. Kommunikatives Handeln bedeutet, dass man sich an Anderen orientiert (sozial), über etwas spricht (objektiv) und dabei etwas von sich zum Ausdruck bringt (subjektiv). Wenn einer kommunikativen Handlung widersprochen wird, dann orientieren sich die Handelnden – im Prinzip jedenfalls – an den Arten der Geltungsansprüche, auf die sie sich Kraft der Sprache einigen können. Sprache ermöglicht also eine Art der Rationalität für das kommunikative Handeln.

Daneben identifiziert Habermas noch einen dritten Typ des Handelns, wenn nämlich mithilfe der Sprache instrumentell gehandelt wird: das „strategische Handeln". Wenn wir strategisch handeln, dann kommunizieren wir, ohne ein gemeinsames Verständnis anzustreben, sondern nur um unsere egoistischen Ziele zu erreichen. Während dieses strategische Handeln lediglich einen Mischtyp darstellt, bildet die Unterscheidung zwischen dem instrumentellen und dem kommunikativen Handeln die Grundlage für Habermas' Zweiteilung in die soziokulturelle Lebenswelt, die vom kommunikativen Handeln konstituiert wird, und das soziale System, das durch das instrumentelle Handeln gebildet ist.

So sehr Habermas die Bedeutung des kommunikativen Handelns erkannt hat, so leidet sein Begriff doch an einigen Schwächen. Einerseits nämlich betrachtet er die Sprache als das wesentliche Merkmal des kommunikativen Handelns. Das bedeutet aber auch, dass er das kommunikative Handeln weitgehend auf die Sprache beschränkt. Neben dieser Sprach-Schlagseite erbt er von der Sprachphilosophie die logozentrische Vorstellung, dass Sprache so betrachtet werden kann wie ein geschriebener Text. Für Habermas verkörpert vor allem die Sprache (und zwar nach dem protestantischen Muster der schriftlichen Sprache) die „Kraft des besseren Arguments" und damit die „kommunikative Rationalität". Auf diese Weise vernachlässigt Habermas nicht nur die körperlichen Formen des Kommunizierens jenseits von Text (und bestenfalls noch Stimme). Auch andere Zeichenarten und Codes, wie etwa Diagramme, Schaubilder und selbst Bilder, wie sie selbst in der Wissenschaft und im Recht Verwendung finden, geraten so in Vergessenheit. Ein weiteres Problem besteht darin, dass Habermas, trotz seiner Kritik am einseitigen „Kulturalismus" (der, wie er meint,

Handlung auf Wissen und Sinn reduziere) und am klassischen marxistischen „Produktionsparadigma" (das in seinen Augen Handeln auf die Produktion von Dingen reduziert), mit seinem Begriff des kommunikativen Handelns eine künstliche Scheidelinie zwischen den sozialen und kommunikativen Handlungen auf der einen Seite und den teleologischen und instrumentellen Handlungen auf der anderen Seite zieht. Diese Probleme werden besonders sichtbar, besieht man sich den vermeintlichen Zerfall der gesellschaftlichen Wirklichkeit in zwei Reiche, also der sozio-kulturellen Lebenswelt auf der einen Seite, die vom kommunikativen Handeln konstituiert wird, und dem System auf der anderen Seite, das vom instrumentellen Handeln lebt. So plausibel auch die analytische Zweiteilung der Handlungstypen als Idealtypen sein mag, so führt sie doch zu einer künstlichen Aufteilung in zwei diametral entgegengesetzte Bereiche, die dabei sehr an die klassische Unterscheidung von „Gemeinschaft" und „Gesellschaft" gemahnen. Während jedoch Weber (1980 [1922]) Gemeinschaft und Gesellschaft als Idealtypen ansah, die empirisch immer in Mischformen aufträten, sieht Habermas die moderne Welt in die zwei Bereiche zerfallen.

Aber fällt die moderne Gesellschaft wirklich in zwei Teile auseinander? Und lassen sich die beiden Handlungstypen wirklich so feinsäuberlich aufteilen? Gerade diese Fragen zeigen, dass der Begriff des kommunikativen Handelns einer Korrektur bedarf, und genau an dieser Stelle kommt die Objektivation herein. Denn selbst wenn wir das kommunikative Handeln auf Sprache reduzieren, dann können wir nicht übersehen, dass selbst bei Saussure die Bedeutung der Sprache von einem materiellen Träger abhängt. Sei es der von Hand geschriebene Brief und die mit Tinte geformten Buchstaben, ein vom Mund mechanisch gebildeter Laut oder eine technisch visualisierte Repräsentation auf einem Computerbildschirm, die von Hand eingetippt oder automatisch eingegeben wurde, alle Fälle des kommunikativen Handelns setzen die Produktion solcher materiellen Träger voraus, die man als Objektivation bezeichnen muss. Wenn aber das der Fall ist, dann ist das kommunikative Handeln immer auch ein instrumentelles Handeln, das die Umwelt gezielt verändert bzw. das, was Schütz und Luckmann (1984) als „Arbeit" bezeichnen. Instrumentelles Handeln bildet keinen Gegensatz zum kommunikativen Handeln, es ist wesentlich Teil davon.

Bevor ich auf diesen Punkt zurückkomme, muss ich eine kurze Bemerkung zu Zeichen und Objektivationen anfügen. Wie der Strukturalismus und die Semiotik gezeigt haben, lassen sich zeichenhafte Objektivationen keineswegs auf sprachliche Zeichen beschränken. Auch Ikonen, Tattoos, Geschmäcker (wie etwa der des Weins) oder taktile Muster (etwa von Kleiderstoffen oder Bewegungen zwischen Taubblinden) können als Objektivationen angesehen und sogar so systematisiert und kodifiziert werden, dass man sie mit sprachlichen

Zeichensystemen vergleichen kann. Deswegen ist es sehr gut nachvollziehbar, dass einige Semiotiker und Strukturalisten die Idee des Zeichensystems auf Kleider, Tattoos und Architektur ausgeweitet haben (Barthes 1967; Lévi-Strauss 1955; Bourdieu 1980). So sehr diese Zeichen systematisiert werden können, so fraglich ist indes, ob man diese Systeme als wenigstens so geschlossen ansehen kann, um ihre Bedeutungen aus der Struktur des Systems ableiten zu können. Verdankt sich ihr systematischer Charakter zumeist der institutionellen Ordnung und dem von ihr getragenen Wissen, so erweisen sich die Bedeutungen dieser „Zeichen" in aller Regel als stark abhängig von situativen Kontexten ihres Gebrauchs. Allerdings wird gerade der Gebrauch von diesen Theorien ignoriert. Indem sie die Bedeutung auf das Verhältnis der Zeichen und Zeichenträger zu anderen beschränken, trennen sie sie von den Handlungen ab, in denen sie hervorgebracht und gebraucht werden. So wichtig also ihre Hervorhebung des materialen Charakters von Zeichen ist, so sehr übergehen sie die Tatsache, dass Zeichen Teile von Handlungen sind – und dass gerade zeichenhafte Objektivationen der Kommunikation außerordentlich flüchtig sein können, wie dies etwa beim körperlichen Ausdruck der Fall ist.

Der Begriff der Objektivation deckt diesen Aspekt auch mit ab. Er bezieht sich auf Objekte, die in Handlungen hervorgebracht wurden, und auf den Prozess des Hervorbringens, also sowohl auf Strukturen und Prozesse. Die Verbindung zwischen beiden wird keineswegs magisch hergestellt. Das zentrale Bindeglied für die Objektivierung des Handelns ist naheliegend: der menschliche Körper. Kommunikatives Handeln objektiviert Sinn, weil und wenn es mit dem Körper vollzogen wird. Sei es die Artikulation eines Klangs, das Zeichnen von Buchstaben oder des Drückens auf eine Tastatur, es ist der Körper, der Handeln und Welt verknüpft. Und wie gesagt, wegen seines verkörperten Charakters ist auch die Instrumentalität ein wesentlicher Teil des kommunikativen Handelns, sei es beim Reden oder in der E-Mail-Kommunikation.

Als verkörperte Handlung ist auch die Kommunikation immer ein Vollzug in der Zeit: Sofern der Körper bewegt werden muss, um die Handlung auszuführen, verläuft sie notwendig in der Zeit. Dieser Vollzug des kommunikativen Handelns kann deswegen auch in der Zeit beobachtet werden – auch mit technischen Mitteln, wie etwa Kassettenrekordern oder Videobändern. Zwar nimmt die abgeschlossene Handlung – der Gruß, die Beschimpfung, die beschmierte Wand – gegenüber dem Vollzug des Handelns dann durchaus eine eigene Bedeutung an, doch sollte man vor der Reduktion der Handlung auf eine quasi zeitlose Wahl zwischen Alternativen warnen.[4] Kommunikatives Handeln ist

---

4   Luckmann (1992) führt dieses Problem in seiner phänomenologischen Theorie des Handelns ohne größere Erläuterungen als "Vollzug" der Handlungen ein – ein Begriff, den man weitgehend mit der Performanz gleichsetzen kann.

nicht nur reines Wählen zwischen „Sinnentwürfen", sondern selbst dann ein Vollzug in der Zeit, wenn, wie in modernen Konsumgesellschaften sehr häufig, tatsächlich die Optionen vorgefertigt sind. Dieser Vollzug kann auch durch den Begriff der Performanz hervorgehoben werden (Baumann 1986). Akte der Erzeugung von Objektivationen hängen vom Körper ab und deswegen spielt der Körper auch eine entscheidende Rolle für das kommunikative Handeln und bei der Konstruktion der Wirklichkeit. Erst durch den Körper wird Sinn sozial sichtbar. Zudem erlauben die Körper, das, was objektiv bzw. sichtbar gemacht wurde, nicht nur selbst zu erfahren; auch die Anderen können das erfahren (wobei die Erfahrung natürlich weit mehr als das Sehen oder gar die Wahrnehmung ist). Und schließlich kann ich dabei erfahren, dass und wie sie das erfahren – etwa im Blick, im zeitgleichen Spüren, im Hören meines Redens.

Der Umstand, dass ich meinen Körper bzw. die mit ihm verbundenen Objektivationen wie auch die Erfahrung der Anderen erfahren kann (ich sehe, dass du mich siehst), ist eine Folge der oben beschriebenen Intersubjektivität. Der Körper ist sozusagen das Einfallstor zu dem, was Schütz und Luckmann die „gemeinsame Umwelt" nennen, also das, was mir, Dir und Anderen in gleicher Weise (wenn auch verschiedener Perspektive) zugänglich erscheint. Es steht außer Zweifel, dass das, was Menschen wahrnehmen, ganz erheblich von der Weltansicht abhängt. Manche können Geistern, Engeln oder Göttern begegnen, während Andere in der erfahrbaren Wirklichkeit nur natürliche Kräfte am Werke sehen. Die in der Weltansicht verankerten Annahmen schließen den „Sinn" des Handelns mit ein. Deswegen sind sie auch von so großer Bedeutung für das Handeln, sodass wir kommunikatives Handeln nicht auf das „Verhalten", den körperlichen Vollzug, reduzieren können. Körperlicher Vollzug schließt immer auch Sinngebilde mit ein, die als Handlungen mehr oder als Praktiken weniger ausdrücklich sind. Diese Sinngebilde, die im Regelfall (wiederum in der Kommunikation) sozial vermittelt werden, bezeichnen wir als Wissen. Sie bilden den Gegenstand der Wissenssoziologie (Knoblauch 2005a; 2005b).

Wenn wir uns auf den körperlichen Vollzug des Handelns beziehen, sollten wir Erwachsene an die vielzähligen und verwickelten Prozesse erinnern, in denen sie zumeist als Kinder gelernt haben, mit dem Körper umzugehen. Sei es das Erlernen des Alphabets in der Handschrift, das mündliche Sprechen einer Sprache, ja sogar das aufrechte Gehen, all diese „Verhaltensformen" haben wir in langwierigen, zum Teil mehrjährigen Übungen erlernt. Das, was wir ausdrücklich lernen, uns vornehmen, in der Ausführung überlegen und dann ausführen, können wir zweifellos Handeln nennen (auch wenn es zuweilen von Anderen gefordert wird, wie etwa Lehrern). Der Begriff des Handelns bezieht sich auf einen Prozess, in dem wir uns bewusst dem zuwenden, was wir tun bzw., als Handlung, tun wollen. (Auch wenn das Wissen darüber, was wir wollen und wie wir es tun, wiederum gesellschaftlich abgeleitet ist.) Das Beispiel des körperlichen Handelns zeigt jedoch an, wie sehr sich der Grad der Bewusstheit des Handelns verändern kann. Handlungen, die einmal sehr große Aufmerksamkeit verlangen, sinken sozusagen in einen Habitus ab, eine Art verkörpertes Wissen. Der Begriff des schon immer sozialisierten und verkörperten Habitus und der aus ihm resultierenden Praxis sollten nicht darüber hinwegtäuschen, dass auch hier besondere Bewusstseinsprozesse vorausgesetzt werden. Wir können hier Prozesse der Sedimentierung, der Routinisierung und der Habitualisierung unterscheiden. Wenn wir etwa auf einer Tastatur tippen, auf einen Bildschirm zeigen oder auf eine Leinwand, dann setzen wir verschiedene habitualisierte Handlungen ein, die wir nicht länger mehr überlegen müssen. Doch wissen wir genau, dass das einfachste Problem dieses Wissen schnell wieder aufbrechen kann. Die Tastatur klemmt, der Bildschirm wird schwarz, die Leinwand zeigt etwas Unerwartetes. Weil uns in diesem Falle „wieder bewusst" wird, was wir wussten bzw. annahmen, scheint es mir sehr irreführend, solches Wissen als „unbewusst" anzusehen. Im phänomenologischen Sinne ist es vielmehr ein Resultat der Leistungen des Bewusstseins, und weil solche „Praktiken" gerade in der Kommunikation eine besonders große Rolle einnehmen, scheint es mir sinnvoll, diese Leistungen wenigstens kurz zu skizzieren.

Als Teil des kommunikativen Handelns ist die Habitualisierung aber kein ausschließlich subjektiver Prozess. Da sie den Körper betrifft, der die zentrale Funktion für die Bildung der Sozialität übernimmt, fungiert er auch als soziales Medium der Kommunikation. Dabei sollte man beachten, dass die Kommunikation aufgrund der Intersubjektivität immer zweiseitig und reflexiv ist, da der Körper und seine Objektivierungen sowohl vom Handelnden selbst wie auch von Anderen wahrnehmbar erfahren werden. Diese Zweiseitigkeit erstreckt sich auch auf die verschiedenen Modalitäten des Erfahrens bzw. die verschiedenen Sinne der Wahrnehmung (visuell, akustisch, olfaktorisch etc.).

Als Form sozialen Handelns bezieht sich auch das kommunikative Handeln auf Andere, und zwar in seiner Körperlichkeit. Deswegen besteht eine zentrale Aufgabe des kommunikativen Handelns in der Koordination der körperlichen Handlungsvollzüge: Die sequenzielle Organisation im Gespräch ist ein sehr gutes Beispiel für diese Art der Koordination, die ja auch etwa von der Konversationsanalyse schon bis ins Detail untersucht worden ist (Sacks/Schegloff/Jefferson 1974). Wie die Erforschung der Interaktionsordnung in der Tradition Goffmans (1981) deutlich gemacht hat, dienen auch nicht-sprachliche Formen körperlicher Handlungsvollzüge auf komplexe Weise der Koordination, wenn etwa größere Mengen von Menschen einen Fußgängerweg überqueren.

Allerdings müssen nicht nur die Körper koordiniert werden. Das kommunikative Handeln schließt auch mit ein, dass die Motive der Handelnden aufeinander abgestimmt werden. Weil es sich bei Motiven, Schütz folgend, um zeitliche Prozesse handelt, kann diese Abstimmung als Synchronisierung der Motive bezeichnet werden. Ein Beispiel für diese Synchronisierung der Motive stammt denn auch von Schütz (1964: 14) in seiner Analyse von Frage und Antwort: „I ask you a question. The in-order-to motive of my act is only the expectation that you will understand my question, but also to get your answer; or more precisely, I reckon *that* you will answer, leaving undecided what the content of your answer may be. (...) The question, so we can say, is the because-motive of the answer, as the answer is the in-order-to motive of the question. (...) I myself had felt on innumerable occasions induced to react to another's act, which I had interpreted as a question addressed to me, with a kind of behaviour of which the in-order-to motive was my expectation that the Other, the questioner, might interpret my behaviour as an answer". Synchronisierung bedeutet also nicht, dass die Handelnden dasselbe Motiv teilen oder sich darüber im Klaren sein müssen. In jedem Fall jedoch beruht die Koordination und Synchronisierung kommunikativer Handlungen auf bestimmten Objektivationen. Dabei muss es sich keineswegs um Zeichen handeln. Wie Katz (1999) zeigt, können auch Autos und ihre Bewegungen als kommunikative Handlungen verstanden werden. Die Art, wie jemand überholt oder sich vor ein anderes Fahrzeug in die Spur bewegt, hat so viel kommunikative Bedeutung, dass sie intensivste Gefühle hervorrufen kann – und, wie Katz sehr anschaulich zeigt, ebenso vehemente „Antworten".

Die Tatsache, dass Fahrer ihre Fahrzeuge im Rahmen ihres eigenen Körperschemas wahrnehmen und demgemäß auch mir ihm fahren, also handeln, zeigt deutlich, wie sehr kommunikatives Handeln nicht nur vom Sinn der Objektivierungen geleitet ist. Da kommunikatives Handeln die gemeinsame Umwelt betrifft, trägt es zur Konstruktion dieser Wirklichkeit bei, denn es selbst produziert im wörtlichen Sinne Objektivationen, seien diese nun von kurzer oder von langer Dauer. Da die Objektivierungen dazu dienen, die Handelnden zu koordinieren und zu synchronisieren, sind körperliches Verhalten und Motive miteinander verbunden.

An dieser Stelle sollte man das Argument Webers bedenken, dass auch Nichtverhalten sozial relevant werden könne (Weber 1980 [1922]). In der Tat handelt auch die Person, die meine Frage nicht beantwortet. Wenn man sich jedoch die Fälle für „reines" Handeln ohne körperliches Verhalten näher betrachtet, dann bemerkt man, dass es sich immer im Rahmen institutionalisierter Handlungsabläufe oder doch zumindest routinisierter interaktiver Handlungssequenzen abspielt. Wer im Rahmen einer Frage-Antwort-Sequenz nicht antwortet, handelt nicht (Goffman 1981); auch der Polizist, der ein Verbrechen nicht verhindert, handelt nicht – im Rahmen des Wissens, also der institutionalisierten Erwartungen an seine Rolle.[5]

Da Handelnde ein bestimmtes Wissen und Erwartungen haben, wie sie an bestimmte Handlungen anzuschließen haben, sind offenbar auch kommunikative Handlungen Gegenstand der Institutionalisierung. Da kommunikative Handlungen immer auch Objektivationen miteinschließen, weisen auch Institutionen bestimmte objektivierte Formen auf, und zwar sowohl hinsichtlich ihrer Objekte wie auch ihrer objektivierten Handlungsabläufe. Wir reden dann von kommunikativen Formen, Mustern und Gattungen. Es ist schon viel über die Bedeutung von kulturellen Objekten, Zeichen, performativen Mustern, Redeweisen und kommunikativen Gattungen gesagt worden. In jedem Fall meint der Begriff des kommunikativen Handeln, dass der Sinn abhängig von ihrem Vollzug ist. In diesem Sinn können solche Gattungen, Muster und Formen als Institutionalisierungen kommunikativen Handelns angesehen werden. Das gilt nicht nur für den Gebrauch von Zeichen und anderen Objektivierungen, die typischerweise mit Kommunikation verbunden werden. Es gilt auch für Technologien. Technologien sind, in diesem Sinne, ebenso Formen der Institutionalisierung, als sie bestimmte Handlungsschritte mit Blick auf bestimmte Objekte regeln und ihnen eine erwartbare Form verleihen (Rammert 2006). Das reicht vom Gebrauch eines Hammers (der den „Sinn" des Hammers ausmacht) bis hin zu komplexen soziotechnischen Systemen, wie z.B. Flugzeugen, bei denen die Handelnden zusätzlich „Zeichen" lesen können müssen, die von den Herstellern geschaffen wurden, um die nächsten Schritte bestimmen oder einschätzen zu können. Weil Technologien Objektivierungen sind und damit Teil von Handlungen, kann kommunikatives Handeln vermittelt werden. Es kann sich bestimmter Codes für Objektivierungen bedienen (wie etwa der Sprache), die von technischen Trägern auf unterschiedliche Weise repräsentiert (Kreide, Stift, Tastatur, Tafel, Blatt, Bildschirm) und transportiert werden (Post, Telefonleitung, Internet). Auf der Grundlage der Intersubjektivität und des kommunikativen Handelns werden bestimmte typische Formen der Objektivierungen immer dann hervorgebracht, wenn dieselben Probleme der Koordination und der Synchronisierung wiederkehren.[6]

Der Prozess der Institutionalisierung beinhaltet, dass Abfolgen von Handlungen habitualisiert werden. Die Habitualisierung beruht auf gewissen Voraus-

---

5   Die Frage der „unterlassenen Hilfeleistung" bei einfachen Bürgern ist deswegen interessant, weil diese zwar auch „nicht handeln", die institutionalisierten Erwartungen aber sehr viel schwächer ausgeprägt sind.

6   Da die Wiederkehr der Probleme sich für die Handelnden unterschiedlich darstellt, je nachdem, welche Rolle sie einnehmen (was eigentlich für alle sozialen Institutionen gilt), kann man sie nicht mit der „Mimesis" erklären, also der bloßen Nachahmung, wie Latour (2005) im Gefolge von Tarde vorschlägt.

setzungen beim (leiblichen) Bewusstsein, erfordert sie doch, dass polythetische, aus verschiedenen Schritten zusammengesetzte Handlungen (ich gehe zum Kinderwagen, ich fahre mit dem Auto nach Hamburg), die einmal als eigenständige Handlungen entworfen worden waren (ich stelle mich hin, ich fahre das Auto an etc.), nun in einem „monothetischen Strahl" so zusammengefasst werden, dass wir sie gleichsam automatisch ausführen können. (Das wird noch verstärkt, wenn diese Formen des Handelns an Dritte weiter gegeben werden und damit zu „traditionalen Handlungen" werden, wie Weber sie nennt.) Im kommunikativen Handeln werden sie routinemäßig auf eine solche Weise ausgeübt, dass wir nicht mehr darüber nachdenken müssen, wie wir handeln. Das Grußritual mag als ein Beispiel dafür dienen, aber auch die Kooperation bei der Arbeit mit Technologien (Heath/Knoblauch/Luff 2000). Man könnte diese Habitualisierung auch als „Black Boxing" bezeichnen, wie Latour (2005) vorschlägt, doch übersieht dieser Begriff, dass die vermeintliche Black Box selbst eine Objektivation ist, die eine Bedeutung trägt. Wie Pinch (2008) zeigt, übersieht sie auch, dass selbst so einfache Technologien wie Fahrräder einer intensiven Interpretation bedürfen. Und diese Interpretation bezieht sich nicht nur auf den "instrumentellen" Gebrauch.

Berger und Luckmann (1987 [1966]) haben auch auf diesen zusätzlichen Aspekt von Institutionen hingewiesen, der vom Neo-Institutionalismus ausgearbeitet wurde (DiMaggio/Powell 1983). Denn sofern Institutionen Handlungen und ihre Bedeutungen in mehr oder weniger ausgedehnte Blöcke zusammenfügen, machen sie Re-Interpretationen des darin verschmolzenen Sinns erforderlich, den sie als Legitimation bezeichnen. Legitimationen sind kommunikative Formen der Sinnerzeugung von Institutionen, die in Symbolen eingebettet sein können. Sie sind Kommunikation und ihrerseits Gegenstand der Kommunikation, etwa wenn man sich fragt, was eine besondere Kommunikation bedeutet (etwa eine Predigt, eine politische Rede, ein wissenschaftliches Experiment). Sobald sie von besonderen Experten bearbeitet werden, werden sie zu besonderen Sinnwelten (die Welt der Sternenleser) oder symbolischen Universen, wie etwa Religion, Wissenschaft, Gesetz – mit ihren jeweils institutionalisierten Wissensordnungen.

Legitimationen sind nicht stabil; im kommunikativen Prozess der Aushandlung, Kanonisierung und Herausforderung werden sie ständig verändert. Im Sinne von Keller (2005) kann man diesen Prozess als Diskurs bezeichnen (vgl. auch Keller 2013; 2015). Durch legitimatorische Diskurse und ihre entsprechenden Wissensordnungen werden institutionelle Sphären konstruiert, denn die soziale Struktur folgt nicht einfach aus dem Handeln, sondern auch aus seiner „legitimen Ordnung". Religion, Politik und Wissenschaft unterscheiden sich deswegen nicht nur hinsichtlich eines bestimmten Codes, wie Luhmann (1984;

1997) meint. Sie werden nicht nur aus einigen Orientierungen gebildet, die der Kommunikation zugrunde liegen (wie „Wahrheit" oder „Nicht-Wahrheit" in der Wissenschaft), sondern es sind manifeste, zeitliche und verkörperte Formen kommunikativen Handelns, durch die Institutionen in ihrer Eigenheit und Differenz konstruiert werden. Die ihnen vermeintlich zugrunde liegenden Sinnorientierungen, wie etwa „Wahrheit", „Schönheit" oder „Transzendenz", sind ausdrückliche Topoi der Diskurse, mit denen Institutionen legitimiert werden. Diskurse folgen deswegen nicht nur dem Muster der „funktionalen Differenzierung"; sie verlaufen auch quer zu ihnen, wie dies etwa bei bürokratischen Formen der Kommunikation der Fall ist. Diskurse ermöglichen schließlich die Integration der Gesellschaft durch gemeinsame Themen und Formen der Kommunikation, wie etwa die formalen Entscheidungen von Bürokratien, die doppelte Buchführung oder die standardisierte Wissensvermittlung. All diese Formen der Kommunikation können sich verändern (etwa zu „New Public Management", Buchführungsprogramme oder PowerPoint), doch erlauben sie, wenn es sich um gemeinsam geteilte Formen handelt, die „Übersetzung" der Kommunikation zwischen funktional differenzierten Institutionsbereichen und über sie hinweg.

5 Schluss

Zweifellos können die Grundzüge des kommunikativen Konstruktivismus in diesem kleinen Beitrag nur grob skizziert werden. Es bedarf sicherlich auch noch der genaueren Ausarbeitungen, etwa hinsichtlich der allgemeinen theoretischen Kategorien und des Verhältnisses zu anderen neueren soziologischen Theorien (wie etwa Praxistheorien, Systemtheorien, Diskurstheorien). Ihre grundlegende Prämisse besteht darin, dass sich die Soziologie hauptsächlich mit kommunikativem Handeln zu beschäftigen hat als einer Form des Tuns, das für die Beteiligten wahrnehmbar und erfahrbar ist und das sie mit Sinn verbinden. Die Erfahrbarkeit des Sinns bezeichne ich als kommunikativ, und dem Umstand, dass jede Art des so kommunizierten Sinns ein Subjekt voraussetzt, wird durch den Begriff des Handelns Rechenschaft getragen. Kommunikativ ist dieses Handeln, weil und insofern es in der gemeinsamen Umwelt erfahrbar ist und weil es für die Beteiligten „Sinn macht". Dass es Sinn macht, ist keineswegs nur eine Zuschreibung auf den beobachteten Handelnden, sondern selbst eine Handlung des Beobachters und des Handelnden. Kommunikatives Handeln bietet damit die Grundlage für die Soziologie als eine „Wirklichkeitswissenschaft", wie Weber sie nannte, denn das Handeln wird in der Kommunikation zu einer sozialen Wirklichkeit.

Kommunikatives Handeln ist jedoch nicht nur ein methodologisches Konstrukt. Es ist auch, wie ich meine, ein wesentliches Merkmal der Gesellschaft. Wie Luhmann (1984) zu recht bemerkt, besteht die Gesellschaft aus einer Fortsetzung der Kommunikation. Allerdings übersieht er, dass Kommunikation als kommunikatives Handeln immer ein Subjekt mit einschließt. Das bedeutet jedoch nicht, dass dieses Subjekt genetisch vor der Gesellschaft oder unabhängig von ihr bestünde, wie der methodologische Individualismus zuweilen anzunehmen scheint. Subjekte werden in der Kommunikation konstituiert und schließen deswegen die Gesellschaft mit ein. Der Einbezug der Subjekte ist jedoch nie vollständig: Wegen der Unterschiedlichkeit ihres Körpers und ihres Wissens (also ihrer raumzeitlichen Individuierung) können sie nie "denselben" Sinn mit Anderen oder mit Institutionen teilen. Ja man kann sagen, dass sie gerade wegen dieser Unterschiede gezwungen sind, zu kommunizieren. Das ist es, was die Gesellschaft am Leben erhält: dass die Subjekte wegen ihrer Unterschiede fortwährend miteinander kommunizieren müssen. In diesem Sinn begründet die Differenz zwischen (subjektivem) Handeln und objektivierter Kommunikation die Gesellschaft.

Literatur

Barthes, Roland (1967): Système de la Mode. Paris: Editions du Seuil
Baumann, Richard (1986): Story, Performance, and Event. Contextual Studies of Oral Narratives. Cambridge: Cambrige University Press
Berger, Peter L./Luckmann, Thomas (1987 [1966]): The Social Construction of Reality. New York: Free Press
Bergmann, Jörg/Luckmann, Thomas (1999): Die kommunikative Konstruktion der Moral. Band 1 und 2. Opladen: VS
Bourdieu, Pierre (1980): Le sens pratique. Paris: Editions Minuit
Burr, Vivien (1995): Introduction to Social Constructionism. London: Routledge
Christmann, Gabriela B. (1996): Zur Ethnographie kommunikativer Vorgänge in Ökologiegruppen. In: Knoblauch (1996): 53-72
Christmann, Gabriela B. (2005): Dresdner Stadtdiskurse und die Wahrnehmung der Stadt. Diskurse, Topoi, Wissen und Kultur. In: Keller et al. (2005): 305-324
Christmann, Gabriela B. (2010): Kommunikative Raumkonstruktionen als (Proto-) Governance. In: Kilper (2010): 27-48
Christmann, Gabriela B. (2013): Raumpioniere in Stadtquartieren und die kommunikative (Re-)Konstruktion von Räumen. In: Keller et al. (2013): 153-184
Christmann, Gabriela B. (2015): Das theoretische Konzept der kommunikativen Raum(re)konstruktion. In: Christmann (2015), 89-117
Christmann, Gabriela B. (Hrsg.) (2015): Zur kommunikativen Konstruktion von Räumen. Theoretische Konzepte und empirische Analysen. Wiesbaden: Springer VS

Cooley, Charles H. (1964 [1902]): Human Nature and the Social Order. New York: Schocken
Di Luzio, Aldo/Günthner, Susanne/Orletti, Franca (Hrsg.) (2001): Culture in Communication. Analyses of Intercultural Situations. Amsterdam/Philadelphia: John Benjamins
DiMaggio, Paul J./Powell, Walter W. (1983). The Iron Cage Revisited: Institutional Isomorphism and Collective Rationality in Organizational Fields. In: American Sociological Review 48, 1983. 147-160
Gabriel, Manfred (Hrsg.) (2004): Paradigmen der akteurszentrierten Soziologie. Wiesbaden: VS
Garfinkel, Harold (1952): The Perception of the Other. A Study in Social Order. PhD-Thesis. Harvard University Cambridge/Mass.
Garfinkel, Harold (1967): Studies in Ethnomethodology. Englewood Cliffs, NJ: Prentice Hall
Giddens, Anthony (1997 [1984]): Die Konstitution der Gesellschaft. Grundzüge einer Theorie der Strukturierung. Frankfurt/Main und New York: Campus
Grathoff, Richard/Waldenfels, Berndhard (Hrsg.) (1983): Sozialität und Intersubjektivität. München: Fink
Goffman, Erving (1959): The Presentation of Self in Everyday Life. New York: Doubleday
Goffman, Erving (1963): Behavior in Public Places: Notes on the Social Organization of Gatherings. New York: Free Press
Goffman, Erving (1981): Forms of Talk. London: Blackwell
Habermas, Jürgen (1981): Theorie des kommunikativen Handelns. Frankfurt: Suhrkamp
Hacking, Ian (1999): The Social Construction of What? Cambridge, MA: Harvard University Press
Heath, Christian/Knoblauch, Hubert/Luff, Paul (2000): Technology and Social Interaction: The Emergence of "Workplace Studies". In: British Journal of Sociology 51, 2000. 299-320
Herbrik, Regine (2011): Die kommunikative Konstruktion imaginärer Welten. Wiesbaden: VS
Hitzler, Ronald/Honer, Anne/Pfadenhauer Michaela (Hrsg.) (2008): Posttraditionale Gemeinschaften. Theoretische und ethnographische Erkundungen. Wiesbaden: VS Verlag für Sozialwissenschaften
Husserl, Edmund (1969): Cartesianische Meditationen. Hamburg: Meiner
Husserl, Edmund (1973): Zur Phänomenologie der Intersubjektivität. Texte aus dem Nachlaß. 1. Teil 1905-1920. Den Haag: Nijhoff
Katz, Jack (1999): How Emotions Work. Chicago: University of Chicago Press
Keller, Reiner (2005): Wissenssoziologische Diskursanalyse. Grundlegung eines Forschungsprogramms. Wiesbaden: VS
Keller, Reiner (2013): Kommunikative Konstruktion und diskursive Konstruktion. In: Keller et al. (2013): 69-94
Keller, Reiner (2015): Die symbolische Konstruktion von Räumen. Sozialkonstruktivistisch-diskursanalytische Perspektiven. In: Christmann (2015): 55-78

Keller, Reiner/Hirseland, Andreas/Schneider, Werner/Viehöver, Willy (Hrsg.) (2005): Die diskursive Konstruktion von Wirklichkeit. Konstanz: UVK

Keller, Reiner/Knoblauch, Hubert/Reichertz, Jo (Hrsg.) (2013): Kommunikativer Konstruktivismus. Theoretische und empirische Arbeiten zu einem neuen wissenssoziologischen Ansatz. Wiesbaden: Springer VS

Kilper, Heiderose (Hrsg.) (2010): Governance und Raum. Baden-Baden: Nomos

Knoblauch, Hubert (1995): Kommunikationskultur. Die kommunikative Konstruktion kultureller Kontexte. Berlin and New York: de Gruyter

Knoblauch, Hubert (1997): Die kommunikative Konstruktion postmoderner Organisationen. Institutionen, Aktivitätssysteme und kontextuelles Handeln. In: Österreichische Zeitschrift für Soziologie 22, 1997. 6-23

Knoblauch, Hubert (1998): Transzendenzerfahrung und symbolische Kommunikation. Die phänomenologisch orientierte Soziologie und die kommunikative Konstruktion der Religion. In: Tyrell et al. (1998): 147-186

Knoblauch, Hubert (2001): Communication, Contexts and Culture. A Communicative Constructivist Approach to Intercultural Communication. In: Di Luzio et al. (2001): 3-33

Knoblauch, Hubert (2005a): Die kommunikative Konstruktion kultureller Kontexte. In: Srubar et al. (2005): 172-194

Knoblauch, Hubert (2005b): Wissenssoziologie. Konstanz: UVK

Knoblauch, Hubert (2008): Kommunikationsgemeinschaften. Überlegungen zur kommunikativen Konstruktion einer Sozialform. In: Hitzler et al. (2008): 73-89

Knoblauch, Hubert (2013): Grundbegriffe und Aufgaben des kommunikativen Konstruktivismus. In: Keller et al. (2013): 25-47

Knoblauch, Hubert/Kurt, Ronald/Soeffner, Hans-Georg (2003): Alfred Schütz. Die kommunikative Ordnung der Lebenswelt. Alfred Schütz Werkausgabe Band V: Theorie der Lebenswelt 2. Konstanz: UVK

Knoblauch, Hubert/Schnettler, Bernt (2004): Vom sinnhaften Aufbau zur kommunikativen Konstruktion. In: Gabriel et al. (2004): 121-139

Knoblauch, Hubert (Hrsg.) (1996): Kommunikative Lebenswelten. Zur Ethnographie einer geschwätzigen Gesellschaft. Konstanz: UVK

Krisch, Pia (2010): Alltag, Geld und Medien: Die kommunikative Konstruktion monetärer Identität. Wiesbaden: VS

Latour, Bruno (2005): Reassembling the Social: An Introduction to Actor-Network-Theory. Oxford: Oxford University Press

Lévi-Strauss, Claude (1955): Les tristes tropiques. Paris: Pion

Luckmann, Thomas (1975): The Sociology of Language. Indianapolis: Bobbs Merrill

Luckmann, Thomas (1984): Language in Society. In: International Social Science Journal, XXXVI, 1, 1984. 5-20

Luckmann, Thomas (1992): Theorie des sozialen Handelns. Berlin: de Gruyter.

Luckmann, Thomas (1997): Le paradigme communicatif dans la 'nouvelle' Sociologie de la Connaissance. In: Sociétés. Revue des Sciences Humaines et Sociales 55, 1997. 89-98

Luhmann, Niklas (1984): Soziale Systeme. Frankfurt/Main: Suhrkamp

Luhmann, Niklas (1997): Die Gesellschaft der Gesellschaft. Frankfurt/Main: Suhrkamp

Mead, George Herbert (1934): Mind, Self, and Society. Chicago: Chicago University Press
Parsons, Talcott (1968): The Structure of Social Action. Vol. 1. New York: Free Press
Pinch, Trevor (2008): Technology and Institutions: Living in a Material World. Theory and Society 37, 2008. 461-483
Rammert, Werner (2006): Die technische Konstruktion als Teil der gesellschaftlichen Konstruktion der Wirklichkeit. In: Tänzler et al. (2006): 83-100
Reichertz, Jo (2009): Kommunikationsmacht. Was ist Kommunikation und was vermag sie? Und weshalb vermag sie das? Wiesbaden: VS
Sacks, Harvey/Schegloff, Emanuel/Jefferson, Gail (1974): „A Simplest Systematics for the Organization of Turn-Taking in Conversation". In: Schenkein (1974): 5-56
Schenkein Jim (ed.) (1974): Studies in the Organization of Conversational Interaction. New York: Academic Press
Schütz, Alfred (1932): Der sinnhafte Aufbau der sozialen Welt. Wien: Springer
Schütz, Alfred (1962): Common Sense and Scientific Interpretation of Human Action. In: Schütz (1962): 3-47
Schütz, Alfred (1962): Collected Papers I. The Hague: Nijhoff
Schütz, Alfred (1964): The Social World and the Theory of Action. In: Schütz (1964): 3-19
Schütz, Alfred (1964): Collected Papers II. The Hague: Nijhoff
Schütz, Alfred/Luckmann, Thomas (1984): Strukturen der Lebenswelt. Band 2. Frankfurt/Main: Suhrkamp
Srubar, Ilja (1983): Abkehr von der transzendentalen Phänomenologie. Zur philosophischen Position des späten Schütz. In: Grathoff et al. (1983): 68-86
Srubar, Ilja/Renn, Joachim/Wenzel, Ulrich (Hrsg.) (2005): Kulturen vergleichen. Sozial- und kulturwissenschaftliche Grundlagen und Kontroversen. Wiesbaden: VS
Tänzler, Dirk/Knoblauch, Hubert/Soeffner, Hans-Georg (Hrsg.) (2006): Zur Kritik der Wissensgesellschaft. Konstanz: UVK
Tyrell, Hartmann/Krech, Volkhard/Knoblauch, Hubert (Hrsg.) (1998): Religion als Kommunikation. Würzburg: Ergon
Tomasello, Michael (2008): Origins of Human Communication. Cambridge und London: MIT Press
Weber, Max (1980, [1]1922): Wirtschaft und Gesellschaft. Grundriss der Verstehenden Soziologie. Tübingen: Mohr

Die symbolische Konstruktion von Räumen. Sozialkonstruktivistisch-diskursanalytische Perspektiven

Reiner Keller

1 Einführung

Seit einiger Zeit nutzt die Raum- und Stadtforschung den Diskursbegriff im Sinne der aktuellen Diskursforschung. Eine Stichwortrecherche im Fachjournal „Urban Studies" zeigt, dass auch schon in älteren Ausgaben zwar das Wort „discourse" fällt, jedoch eher im Rahmen von Buchbesprechungen oder zur Bezeichnung einer Rede, einer Position oder einer einzelnen thematischen Abhandlung. Doch 1993 taucht eine etwas andere Akzentuierung auf. Im Rahmen eines Textes über Stadtmarketing ist hier von Diskursen die Rede. Zunehmend wird gesehen, dass Städte auch von ihrer symbolischen Konstruktion, ihrem Image leben und leben müssen. 1999 widmet „Urban Studies" dann ein ganzes Schwerpunktheft der Bedeutung von Diskursen für die Raum- und Stadtforschung, und seitdem sind etliche Studien entstanden, die sich mit Diskursen über die Stadt im Allgemeinen, einzelne Städte im Besonderen oder auch innerhalb von Stadtteilen beschäftigen.

Dass „physische" und „soziale" Räume immer *auch* symbolische Konstruktionen und Ordnungen sind, ist der sozialwissenschaftlichen Raum- und Stadtforschung natürlich seit Langem bekannt. Es bedarf dazu nicht erst stadtplanerischer und architektonischer Visionen oder politischer Projekte der Raumordnung. In der Soziologie hat dies wohl am nachdrücklichsten die Chicago School im ersten Drittel des 20. Jahrhunderts betont: „The city is a state of mind", lautete ein frühes Diktum von Park (1968: 1), der zentralen Figur dieser Positionierung. Das ist nicht nur eine Reminiszenz an Simmels Artikel über „Die Großstadt und das Geistesleben", wo Simmel (1903) analysiert, wie die Verdichtung und Beschleunigung menschlicher Begegnungen im Alltag der Großstadt eine spezifische „blasierte" Geisteshaltung hervorbringt. Das verweist vielmehr auch darauf, dass die Stadt, ihre Viertel, ihre Gebäude, Straßen und Plätze immer auch in Sinnbeziehungen eingebunden sind. In den 1960er Jahren unternahm beispielsweise Anselm Strauss, ein Vertreter der zweiten Generation der Chicagoer Soziologie, einige Anläufe, das Imaginäre der Stadt und des Städtischen auf die soziologische Agenda zu setzen. „Die Stadt", so schrieb er 1961, „stellt uns vor Deutungsprobleme. Die Straßen, die Gebäude, und die wechselnden Szenen treten nicht mit schon feststehenden Bedeutungen in Erscheinung. Sie bedürfen der Erläuterung und der Interpretation." (Strauss 1961: 12) Und viele Seiten weiter heißt es: „Die Stadt, so will ich vorschlagen, kann als ein komplexes Setting von symbolisch geordneten Gebieten betrachtet werden." (Ebd.: 59) In „Images of the American City" (Strauss 1961) und „The American City. A Sourcebook of Urban Imagery" (Strauss 1968) diskutierte und illustrierte er die Bedeutung der symbolischen Ordnungen des Städtischen, der Bilder, Mythen und Imaginationen, die Menschen mit Orten verbinden.

Der Hinweis auf die symbolische Ordnung der Räume bedeutet keineswegs den Verzicht auf die Analyse von Interessen und deren Rolle in der Raumkonstruktion. Gerade die beispielsweise an Henry Lefebvre anschließende Stadtforschung marxistischer Provenienz hat dies immer wieder unterstrichen. Und dieser Hinweis impliziert auch nicht das Vergessen der Analyse der Materialitäten, die uns in Gestalt von „natürlichen" oder „künstlichen" Räumen gegenübertreten. Um dies zu sehen, bedarf es gar nicht erst der neueren Akteur-Netzwerk-Theorie. Vielmehr hat schon Michel Foucault mit seinem Dispositivbegriff die entsprechenden begrifflichen Werkzeuge zur Berücksichtigung von Symbolischem und Materiellem in der Raumanalyse zur Verfügung gestellt, etwa da, wo er die panoptische Organisation und Rationalität der Gefängnisbauten oder Krankenhäuser untersuchte. Dass Räume symbolische Orte sind, wird vielleicht nirgends deutlicher als in seinen Hinweisen auf die „Anderen Räume", die gesellschaftlichen Heterotopien und die darin aufgehobenen Ängste bzw. Hoffnungen und auch Lüste (Foucault 2004b [1967]).

Im vorliegenden Beitrag will ich jedoch für die Nutzung des Diskursbegriffs zur Untersuchung der symbolischen Ordnung des Raumes (und damit auch des Städtischen) plädieren. Die wesentlichen Vorteile, die damit verbunden sind, liegen meines Erachtens genau darin, die symbolische Ordnung nicht als reine Zeichenpraxis zu thematisieren, sondern ein Analysevokabular anzubieten, das über den Dispositivbegriff auch und gerade die Materialität der symbolischen Ordnungen mit in den Blick zu nehmen weiß. Dazu muss freilich geklärt werden, welches Diskursverständnis zum Einsatz kommt. Tatsächlich kann heute weniger denn je davon ausgegangen werden, es handele sich bei „Diskurs" und „Diskursforschung" um einen eindeutigen Gegenstand und eine klare Forschungsperspektive. Lässt man einmal Habermas' normative Diskursethik oder die „discourse analysis" als Gesprächsanalyse, die sich auf den Ablauf und die Koordination sprachlicher Interaktion konzentriert, beiseite, dann bleiben sowohl im internationalen wie auch im deutschsprachigen Raum der Sozialwissenschaften – d. h. abgesehen von der sehr komplexen Situation der Diskurslinguistik – mit der Kritischen Diskursanalyse/Critical Discourse Analysis, der hegemonietheoretischen Diskursanalyse, dem diskursiven Institutionalismus sowie mehr oder weniger an Foucault angelehnten Vorgehensweisen doch noch einige sehr unterschiedlich akzentuierte Perspektiven im Angebot. Der nachfolgende Beitrag wird keine dieser Ansätze aufgreifen. Vielmehr stellt er eine genuin wissenssoziologische Perspektive der Diskursforschung (die Wissenssoziologische Diskursanalyse, WDA) vor, die vom Autor seit Ende der 1990er Jahre im deutschsprachigen Raum entwickelte wurde und die inzwischen Verbreitung nicht nur in der Soziologie, sondern auch in vielen Nachbardisziplinen gefunden hat (Keller 2010; Keller/Truschkat 2012).

Das Forschungsprogramm der WDA bettet die Diskursperspektive in den Sozialkonstruktivismus ein, der in den 1960er Jahren von Berger und Luckmann begründet wurde (Berger/Luckmann 1980 [1966]). Dadurch werden verschiedene Engführungen und Probleme vermieden, die mit den anderen, vorangehend erwähnten Perspektiven verbunden sind. Diese Probleme können hier nur kurz angesprochen werden: Die Kritische Diskursanalyse bzw. Critical Discourse Analysis entwirft ideologiekritische Projekte, die sich vorwiegend auf den Sprachgebrauch hin orientieren. Sie folgen einem enttarnenden Gestus, der von einer eingenommenen Beobachterposition heraus darauf aufmerksam macht, wo im gesprochenen Wort das verborgene Herrschaftsinteresse (des Kapitals, des Faschismus, des Rassismus etc.) lauert. Hegemonietheoretische Perspektiven der Diskursforschung nutzen ein vergleichsweise schmales begriffliches Repertoire, um die Genese und Strukturierung symbolischer Ordnungen mit Hegemonieanspruch – also mit dem Anspruch, das allgemeine Wohl zu vertreten – zu rekonstruieren. Das schränkt die Perspektive der Diskursforschung sehr stark auf die Analyse von antagonistischen Konstellationen ein, wo alle Parteien beanspruchen, für das Ganze zu stehen. Der diskursive Institutionalismus wiederum neigt dazu, die Bedeutung und Rolle einzelner Akteure in Diskursprozessen überzubetonen, bzw. die Frage nach Wandel oder Veränderung in politischen Prozessen auf die Diskursmacht Einzelner zu reduzieren. Und an Foucault angelehnte Forschungen bleiben in der Regel sehr vage und intransparent im Hinblick auf ihr tatsächliches empirisches Vorgehen.

Die nachfolgend vorgestellte Wissenssoziologische Diskursanalyse vermeidet die erwähnten Einschränkungen. Sie stellt einen theoretisch-begrifflichen Rahmen für sozialwissenschaftliche Diskursforschung vor, der keine starke diskurstheoretische Determinierung impliziert, sondern eine Heuristik der Analyse anbietet, die empfänglich bleibt für die empirisch sehr unterschiedlichen Mechanismen, Dynamiken und Verläufe von Diskursprozessen. Die darin vorgenommene Einbettung der Diskursperspektive in den Sozialkonstruktivismus führt die Diskursforschung zurück zu den Foucaultschen Fragen nach der gesellschaftlichen Funktionsweise von Macht- und Wissensregimen bzw. stellt die Analyse von Wissensprozessen in den Mittelpunkt. Sie erlaubt zudem den Anschluss an Methodenentwicklungen der interpretativen oder qualitativen Sozialforschung, die einerseits die Position des oder der Forschenden reflektieren, und andererseits die Bearbeitung empirischer Datengrundlagen transparent halten. Nachfolgend wird zunächst kurz die Ausgangsposition im Sozialkonstruktivismus verdeutlicht, um dann Foucaults Diskursverständnis und zentrale Begriffe und Vorgehensweisen der WDA zu erläutern. Abschließend erfolgt ein kurzer Ausblick darauf, wie sich die vorgeschlagene Perspektive für die Untersuchung der diskursiven Ordnung des Räumlichen nutzen lässt.

2 Sozialkonstruktivismus

Die klassische soziologische Studie über „Die gesellschaftliche Konstruktion der Wirklichkeit" von Berger und Luckmann führte in den 1960er Jahren mehrere soziologische und philosophische Traditionen (wissenssoziologische Elemente bei Durkheim, Mannheim, Marx, Weber, die philosophische Anthropologie von Plessner und Gehlen, die Sozialphänomenologie von Alfred Schütz und Argumente des Symbolischen Interaktionismus) zu einer grundlegenden Theorie der Wissenssoziologie zusammen, die Gesellschaft in doppelter Weise, nämlich als objektive und als subjektive Wirklichkeit begreift. Sie betont zum einen die interaktive Erzeugung und Etablierung von Wissen und symbolischen Ordnungen, ihre Typisierung, Stabilisierung, Routinisierung, Habitualisierung und Institutionalisieurung. Institutionelle Ordnungen sind zugleich symbolische Ordnungen bzw. gehen einher mit Legitimationstheorien unterschiedlichster Art, die begründen, warum die Wirklichkeit ist, wie sie ist. Jede gesellschaftliche Ordnung, jede institutionelle Ordnung, jede symbolische Ordnung der Materialitäten ist Ergebnis komplexer historischer Produktionsprozesse, in denen insbesondere kommunikative Elemente des Handelns und Interagierens eine zentrale Rolle spielen. Sie lassen sich begreifen als ein komplexes soziohistorisch gefestigtes und veränderliches Gefüge von kollektiven Wissensvorräten, die immer mehr oder weniger stabilisiert, umstritten, in Veränderung begriffen sind. Die hohe Bedeutung der kommunikativen Elemente – in jüngerer Zeit ist auch von „kommunikativem Konstruktivismus" (Keller et al. 2013; vgl. ferner v.a. Knoblauch 2013; 2015) die Rede – ergibt sich im Wesentlichen aus der Bedeutung der zeichenhaften Appräsentation des Wissens und der symbolischen Ordnungen. Zeichen, die wir zur Orientierung in Wirklichkeiten und zum Austausch mit anderen nutzen, sind sozial geronnene, typisierte Bedeutungsträger. Sie werden hier als typisierte Formen begriffen, mittels derer wir wiederum typisierend auf die Wirklichkeit der Welt Bezug nehmen oder zugreifen. Sie entstehen aus komplexen sozialen Interaktionsprozessen und werden vorübergehend in sozialen Diskursuniversen stabilisiert, sodass menschliche Akteure sie nutzen können, um eigenes Erleben in reflexiv zugängliche Erfahrung zu verwandeln, um Handlungspläne zu schmieden, um die Situationen zu deuten, in denen sie sich wiederfinden und um interaktive Verflechtungen von Handlungen herzustellen. Der Begriff des Wissens wiederum bezieht sich auf alles, was als irgendwie vorhanden angenommen wird. Das schließt Glaubensvorstellungen ebenso ein wie Naturgesetze oder die Orientierungsfolien, die wir in unserem Alltag benutzen. „Wissen" bezeichnet also das, was Menschen zur Orientierung in der Welt nutzen, und keineswegs nur das, was sich in komplexen sozialen Prozessen als bewährt, „wahr" oder „bewiesen" etabliert hat. Wissen umfasst auch routinisierte körperliche Fertigkeiten, soziale Institutionen wie die Ehe, Ideen wie Freiheit, politische Ideologien oder große (beispielsweise sozialwissenschaftliche) Theoriegebäude der Welterklärung. Es ist materialisiert in Gestalt von Texten, Ritualen, Dingen: ein Gesetz, eine Beerdigungszeremonie, ein Ring, ein U-Bahn-Netz usw. Die gesellschaftliche Konstruktion der Wirklichkeit ist ein andauernder und fortlaufender Prozess der beständigen performativen Herstellung; es handelt sich keineswegs um das intentionale Ergebnis individueller Anstrengungen, sondern sehr viel eher um einen Nebeneffekt des kollektiven Lebens.

Wir können uns an symbolischen Ordnungen ebenso die Köpfe einrennen, wie an der Materialität einer Wand. Für diejenigen, die neu hinzukommen, erscheinen die gesellschaftlich hervorgebrachten Institutionen und Wirklichkeitsordnungen als etwas, das ihnen mit Ansprüchen auf Geltung und Befolgung gegenübertritt – obwohl es sich doch historisch gesehen um von Menschen hervorgebrachte Gebilde handelt. Bei Dingen ist dies zunächst wohl viel einsichtiger. Der Topf, den jemand entworfen und ein anderer hergestellt hat, kann von mir benutzt werden, soweit ich mich an dem orientiere, was mir der Topf durch seine Form, Größe, materielle Beschaffenheit vorgibt – allerdings „zwingt" er mir keineswegs eine spezifische Nutzung auf (ich kann ihn etwa als Musikinstrument zweckentfremden, darin Milch, Erbsen oder Socken aufwärmen). Doch wenn ich darin kochen will, muss ich seine Eigenschaften in meine Orientierungen und Handlungspläne einbeziehen. Was für Dinge bzw. Artefakte gilt, gilt genauso für die Institutionen und das Wissen, das sie manifestieren:

> „Diese einmal gewonnene Objektivität kultureller Produkte des Menschen ist ihnen eigen, einerlei ob sie materiell oder immateriell sind. Im Falle der materiellen Produkte ist sie nicht schwer zu erkennen. Der Mensch fertigt Werkzeuge an und bereichert durch dieses sein Handeln die Totalität der in der Welt befindlichen materiellen Objekte. Einmal hergestellt, hat das Werkzeug sein Eigenwesen, das sich

nicht einfach verändern lässt durch die, welche es handhaben. Ein Werkzeug (etwa ein landwirtschaftliches Gerät) kann sogar seinen Benutzern seine eigene Logik aufzwingen, und zwar gelegentlich in einer Weise, die ihnen gar nicht angenehm ist. Ein Pflug z. B., obzwar ganz offensichtlich ein menschliches Erzeugnis, ist ein Ding ‚da draußen', über das man stolpern und sich verletzen kann, nicht anders, als wenn es ein Stein, ein Baumstumpf oder irgendein anderes Naturding wäre. Noch interessanter ist jedoch, dass der Pflug den Pflüger zwingen kann, seine Tätigkeit nach ihm zu richten, und nicht einmal nur diese, sondern auch ganz andere Aspekte seines Lebens. Der Mensch muss sich in einer Weise nach dem Pflug richten, der *dessen* Logik entspricht und von den Menschen, die ihn ursprünglich geschaffen haben, weder beabsichtigt noch vorausgesehen worden sein mag. Die gleiche Objektivität charakterisiert auch die immateriellen Elemente der Kultur." (Berger 1973: 10)

Über Sozialisationsprozesse und permanente Kommunikation versorgen Gesellschaften bzw. soziale Kollektive ihre Mitglieder, insbesondere Neuankömmlinge, mit dem „richtigen" Weltwissen, d. h. mit den zentralen Elementen einer Wirklichkeitsordnung, die dann eben als so und so – und nicht als anders – angeeignet wird. Dieses Weltwissen umfasst auch die jeweilige Selbstwahrnehmung, dieses oder jenes Selbst zu haben, hier oder da zugehörig zu sein, so oder so handeln zu können und zu müssen, das so oder so zu begründen, diesen oder jene begehren zu können usw. Sicherlich unterscheiden sich die Elemente und Ebenen dieses Weltwissens bzw. der gesellschaftlichen Wissensvorräte nach ihrem Freiheitsgrad, und manches wird durch die Weltqualität, die wir heute als physisch bezeichnen, zugelassen oder behindert: Sie können nicht ohne Hilfsmittel fliegen. Sie zweifeln selten daran, dass es Züge oder Straßen gibt. Sie sehen, dass in der Politik ganz Unterschiedliches und Gegensätzliches über den Zustand unserer Gesellschaft behauptet wird. Ihr Nachbar glaubt an Ufos, und Sie selbst nur an den Weltuntergang in 2012. Doch das alles sind Spezifikationen innerhalb eines gemeinsamen „Diskursuniversums" – ein Begriff der pragmatistischen Soziologie und Philosophie –, eines Sinnhorizontes geteilter Bedeutungen, innerhalb dessen es unvereinbare Nischen geben mag, die aber auf die gleiche Zeichenwelt zurückgreifen.

Ein wesentlicher Vorzug der von Berger/Luckmann entwickelten „dialektischen" Position besteht darin, dass sie die Entstehung und Wirkung gesellschaftlicher Strukturierungsprozesse nicht einseitig auf entweder Handeln oder aber emergente Effekte hin auflösen, sondern gegen die tradierten Dualismen der Durkheim-Tradition hier, der Weber-Tradition da, und im Einklang mit Karl Marx, die aktive menschliche Tätigkeit in der gesellschaftlichen Produktion hervorheben, ohne Emergenzeffekte zu bestreiten, die gleichwohl in Institutionen und Rollenbeziehungen geronnen, im Handeln verkörpert und ihrerseits

„getätigt" werden müssen, um realitätswirksam zu sein. Ein unschätzbarer Vorteil dieser Grundlegung der Wissenssoziologie besteht zudem darin, dass sie die empirische Forschung auf die Methodologie und Methoden der qualitativen oder interpretativen Sozialforschung hin orientiert. Da, wo die Welt uns als sinnhafte Ordnung gegenüber tritt, die gedeutet werden muss und durch Deutung verändert werden kann, bedarf es einer sozialwissenschaftlichen Hermeneutik (Hitzler/Honer 1997), die sich der Grundlagen ihres eigenen interpretierenden Vorgehens vergewissert.

Berger und Luckmann nahmen in ihrem Grundlagenwerk jedoch eine unnötige und folgenreiche Weichenstellung vor, als sie forderten, die Wissenssoziologie solle sich zunächst und hauptsächlich mit der Wirklichkeit des Alltagsmenschen befassen, also mit der Art und Weise, wie im Alltagsleben gesellschaftliche Wirklichkeit erfahren, gelebt, produziert und verändert wird. Folgenreich war dies deswegen, weil sich die anschließenden Forschungen tatsächlich in erster Linie (und nur mit Ausnahme von Berger und Luckmann selbst sowie des soziologischen Neo-Institutionalismus) für Wissensphänomene auf der Mikroebene (Interaktionen, kleine Gruppen, lebensweltliche Arrangements) interessierten. Unnötig war die Positionierung, weil sie den von den genannten Autoren eröffneten Untersuchungshorizont stark einschränkte, obwohl doch gleichzeitig die Bedeutung meso- oder makrostruktureller Ebenen der Wissensproduktion (etwa durch wissenschaftliches oder religiöses Wissen) auch für das Alltagshandeln kaum zu leugnen war und ist.

3 Diskurse

Foucaults Werk ist sicherlich die hauptsächliche Inspirationsquelle für die aktuelle sozialwissenschaftliche Diskursforschung. So lieferte seine 1966 erschienene wissenschaftsgeschichtliche Studie über „Die Ordnung der Dinge" (Foucault 1974a) im Verbund mit der 1969 veröffentlichten „Archäologie des Wissens" (Foucault 1988 [1969]) die Konzeption einer Diskursforschung, die archivgestützt entlang von Textmaterialien bzw. -korpora die historischen Regeln der Wissensproduktionen analysiert. Die wesentliche Leistung Foucaults bestand hier darin, Diskurse als Praktiken zu bestimmen, welche die Dinge hervorbringen, von denen sie sprechen. Damit ist eine weitere Spielart des Sozialkonstruktivismus benannt, welche die Konstruktion der Welt in den Praktiken des Aussagens über die Welt verankert. In der „Archäologie" werden dazu einige begriffliche Vorschläge entwickelt (z. B. diskursive Formationen, Aussagen), die Foucault selbst später jedoch nicht wirklich nutzte. Da, wo er sich erneut dem Diskursbegriff zuwendet, geschieht dies zum einen, um stärker den Zusammenhang von Wissen und Macht in der Strukturierung des Sagbaren zu betonen („Die Ordnung des Diskurses", Foucault 1974b), und zum anderen, um Diskurse als Einsätze in gesellschaftlichen Deutungskonflikten zu behandeln. Gerade die letztere Perspektive, die sich in dem Buch „Der Fall Rivière" (Foucault 1975) findet, wird in der Foucault-Rezeption häufig ausgeblendet. Foucault analysiert hier zusammen mit einigen Mitarbeiterinnen und Mitarbeitern einen spektakulären Mordfall im frühen 19. Jahrhundert, bei dem eine ausführliche Stellungnahme mit Schuldbekenntnis des Mörders verschiedenen polizeilichen und gerichtlichen Gutachten gegenübersteht, die zu jeweils unterschiedlichen Einschätzungen der Zurechnungsfähigkeit des Angeklagten kommen. Es geht hier also um konkurrierende Situationsdefinitionen und einen Konflikt der Interpretationen, dessen Ausgang durchaus folgenreich ist. Diese Thematisierung von Diskursen als „Kampfeinsätze" in „Wahrheitsspielen" ist insoweit bedeutsam, als sie den Begriff in die Nähe sozialwissenschaftlicher Beschäftigungen mit gesellschaftlichen Konflikten und Problemdefinitionen führt und dabei den beteiligten Akteuren und ihren Aussagen einen stärkeren Stellenwert gibt, als dies die Archäologie des Wissens einige Jahre zuvor nahezulegen schien.

Das so überaus reichhaltige Werk Foucaults lässt dennoch einige Elemente vermissen, die für eine empirische Diskursforschung bedeutsam sind. So entwickelt er keine Theorie des Zeichens oder Zeichengebrauchs, obwohl doch die Aussagen, die er als Kernelemente der Diskurse bestimmt, allesamt in Gestalt von Zeichen vorliegen. Zudem fehlt eine Methodologie der Datenauswertung, also der Rekonstruktion von Aussagen und Diskursen; hier kann die neuere sozialwissenschaftliche Hermeneutik und die darin formulierten Vorstellungen zur Theorie der Interpretation hilfreiche Anleitungen bieten. Schließlich diskutiert Foucault die Rolle sozialer Akteure in den Prozessen der ihn interessierenden Problematisierungen nicht wirklich näher.

4 Wissenssoziologische Diskursanalyse

Die Einbettung einer an Foucault angelehnten Diskursperspektive in die sozialkonstruktivistische Wissenssoziologie vermag zum einen, die gerade erwähnten Leerstellen des Foucaultschen Programms zu beheben. Zum anderen kann sie dazu beitragen, die sozialkonstruktivistische Vernachlässigung von Wissensprozessen auf der gesellschaftlichen Meso- und Makroebene zu beheben. „Wissenssoziologische Diskursanalyse" (WDA) bezeichnet ein sozialwissenschaftliches Forschungsprogramm zur Analyse gesellschaftlicher Wissensverhältnisse und Wissenspolitiken (Keller 2010). In und vermittels von Diskursen wird von gesellschaftlichen Akteuren im Sprach- bzw. Symbolgebrauch die soziokultu relle Bedeutung und Faktizität physischer und sozialer Realitäten konstituiert. Der Wissenssoziologischen Diskursanalyse geht es um die Erforschung dieser Prozesse der sozialen Konstruktion von Deutungs- und Handlungsstrukturen (Wissensregimen, Wissenspolitiken) auf der Ebene von Institutionen, Organisationen bzw. kollektiven Akteuren und um die Untersuchung der gesellschaftlichen Wirkungen dieser Prozesse (z. B. Keller 1998). Diskurse lassen sich als strukturierte und strukturierende Anstrengungen verstehen, Bedeutungen bzw. allgemeiner: mehr oder weniger weit ausgreifende symbolische Ordnungen zu erzeugen, zu stabilisieren und dadurch einen verbindlichen Sinnzusammenhang, eine Wissensordnung für spezifische Praxisfelder in sozialen Kollektiven zu institutionalisieren. Die diskursive Konstruktion von Wirklichkeit bildet einen (eminent wichtigen) Ausschnitt aus dem, was Berger und Luckmann (1980 [1966]) die „gesellschaftliche Konstruktion der Wirklichkeit" genannt haben. Die von der WDA vorgenommene Verankerung der Diskursanalyse in der Wissenssoziologie von Berger und Luckmann zielt darauf, Diskurse nicht als abgehoben semiotisch prozessierendes System zu analysieren, sondern als soziale Praxis. Als gesellschaftlicher „Einsatz" von Diskursen bzw. diskursiven Deutungskämpfen können konkurrierende Wirklichkeitsbestimmungen und daran anschließende institutionelle Ordnungen bzw. gesellschaftliche Infrastrukturen (u. a. Dispositive, Sprecherpositionen, Praktiken, Subjektpositionen, Objekte) gelten. Die in diskursiven Kämpfen und entsprechenden Diskursarenen vorhandenen Sprecherpositionen und die darin involvierten sozialen Akteure sind keine „Meister des Diskursuniversums", sondern durch bestehende Strukturierungen von diskursiven Ordnungen bzw. Formierungen (mit) konstituiert. Dennoch agieren sie keineswegs als Marionetten der Diskurse, sondern als quirlig interessierte Aussageträger, als Artikulateure mit mehr oder weniger starken Ressourcen- und Kreativitätspotenzialen. Die dabei produzierten und sich transformierenden symbolischen Ordnungen stellen aggregierte Effekte ihres Agierens dar; eindeutige temporäre Dominanzen oder Hegemonien sind wohl seltene, freilich empirisch nicht auszuschließende Sonderkonstellationen.

Der Begriff der „gesellschaftlichen Wissensverhältnisse" ist dem von Beck (1986) im Hinblick auf Risikokonflikte und -diskurse formulierten Konzept der „Definitionsverhältnisse" nachempfunden, das selbst wiederum auf Marx bzw. die „Produktionsverhältnisse" anspielt. Gesellschaftliche Wissensverhältnisse sind die sozial erzeugten und historisch situierten Konfigurationen von Wirklichkeits-, d. h. Faktizitäts- und Normativitätsbehauptungen, die den lokalen, nationalen, transnationalen, globalen Horizont dessen aufspannen, was als „gesellschaftliche Wirklichkeit" gilt. Das schließt neben dem Faktischen, dem Wahren und dem Richtigen auch Bestimmungen des Schönen, des Möglichen, des Guten und Bösen, des Übernatürlichen, Transzendentalen usw. ein. Solche

Wissensverhältnisse treten als gleichsam „objektive Wirklichkeit" in Erscheinung. Doch sie sind, ebenso wie die Produktionsverhältnisse, ein externalisiertes Produkt menschlicher und vergesellschafteter Tätigkeit; sie strukturieren dann Sinngebungen und Handlungsweisen, sofern sie von sozialen Akteuren in entsprechenden Übersetzungsleistungen „realisiert" werden. Und sie können durch menschliche, gesellschaftliche Praxis, durch Ereignisse und Problematisierungen verändert werden. Der Begriff der gesellschaftlichen Wissensverhältnisse umfasst also das, was von Foucault als Macht-Wissen-Regime begriffen wird. Von Wissenspolitiken ist die Rede, um zweierlei festzuhalten: erstens den Prozess- und Wandlungscharakter der Wissensverhältnisse (es handelt sich immer nur um temporär und relativ stabile Konstellationen), zweitens die aktive Rolle sozialer Akteure, die im Rahmen von Problematisierungen und der Bearbeitungen von Ereignissen mit der Produktion und der Veränderung von Wissensverhältnissen befasst sind. Wissenspolitiken sind deswegen weder auf den üblicherweise verdächtigten Raum des Politischen begrenzt, noch nur auf Auseinandersetzungen um riskante (technologische) Entwicklungen reduziert. Wissenspolitiken finden vielmehr in den unterschiedlichsten gesellschaftlichen Handlungsfeldern statt; sie sind Ausdruck des konflikthaften und umstrittenen Charakters der gesellschaftlichen Konstruktion der Wirklichkeit.

Gegenstände der Wissenssoziologischen Diskursanalyse sind sowohl öffentliche Diskurse wie auch institutionelle – also in gewissem Sinne teilöffentliche – Spezialdiskurse im Foucaultschen Verständnis. Sie werden im Hinblick auf ihre Träger, auf übereinstimmende oder unterschiedliche Formationsregeln und inhaltliche Positionierungen sowie deren Effekte untersucht. Sowohl bei der Analyse von Spezialdiskursen wie bei der Analyse öffentlicher Diskurse wird von rekonstruierbaren Regeln und Ressourcen, also Diskurs-Strukturen ausgegangen, die einzelnen diskursiven Ereignissen zugrunde liegen. Auch öffentliche Diskurse bestehen aus Aussageereignissen, die an verschiedensten Orten und zu unterschiedlichen Zeiten erscheinen, typisierbare Regelmäßigkeiten aufweisen und – wenn auch nicht als unmittelbare Interaktionen unter Bedingungen der Kopräsenz – als Aushandlungsprozesse über die „Definition der Situation" (William I. Thomas) begriffen werden können. Damit ist freilich kein argumentativer Konsensbildungsprozess im Sinne der Habermasschen Diskursethik behauptet. „Aushandeln" bezeichnet vielmehr Konfliktkonstellationen, einen Streit über die „Wirklichkeit der Wirklichkeit", der im Rückgriff auf unterschiedlichste Ressourcen als symbolischer Kampf ausgetragen wird. Dabei können sich zwar spezifische Diskurskoalitionen und Aussagenträger gegenüber anderen durchsetzen. Dennoch lässt sich die dabei stattfindende diskursive Formierung nicht (oder nur im Grenzfall) als intendierter und kontrollierter Effekt einzelner Akteure verstehen. In solchen Diskursen geht es um die Festlegung der kollektiven symbolischen (Problem-)Ordnung durch die weitestgehende Wiederholung und Stabilisierung gleicher Aussagen in singulären Äußerungen. Beide Diskursformen, also institutionelle Spezialdiskurse und allgemein öffentliche Diskurse, werden von der Wissenssoziologischen Diskursanalyse als diskursive Formationen betrachtet und im Hinblick auf ihre Formationsregeln und Verläufe auf das in ihnen festgeschriebene Wissen und dessen Effekte hin untersucht.

4.1 Analyseheuristik

Die WDA schlägt einige Termini vor, um die angenommene Existenz einer tatsächlichen Formierung von Äußerungen zur analysierbaren Gestalt eines Diskurses zu untersuchen. Der Begriff „Diskurs" selbst bezeichnet einen Strukturierungszusammenhang, der verstreuten diskursiven Ereignissen zugrunde liegt. Darauf zielt ja gerade das Diskurskonzept – einen Begriff für die Typik disparater empirischer und als Ereignisse singulärer Äußerungen zur Verfügung zu stellen. Die Einheit des Strukturierungszusammenhangs, d. h. des Diskurses, ist ein notwendiges Hilfskonstrukt der sozialwissenschaftlichen Beobachtung, eine unumgängliche Forschungshypothese. In der unzähligen, aber endlichen Abfolge tatsächlicher Äußerungen (Kommunikationen) werden durch die Kontingenz der historisch-situativen Bedingungen und des konkreten Handelns hindurch Diskursstrukturen von sozialen Akteuren reproduziert und transformiert, während sie mehr oder weniger aufgeregt, mehr oder weniger konkurrierend ihren jeweiligen Alltagsgeschäften nachgehen. Diskursive Ordnungen sind Ergebnisse einer permanenten kommunikativen Produktion in einzelnen Sprach- und Handlungsereignissen, die aber nicht als spontane und chaotische verstanden werden, sondern als miteinander verflochtene, aufeinander verweisende und strukturierte Praktiken. Mit dieser Definition werden Diskurse als tatsächliche, manifeste, beobachtbare und beschreibbare soziale Praxis in gesellschaftlichen Arenen bestimmt, die ihren Niederschlag in unterschiedlichsten natürlichen Dokumenten, im mündlichen und schriftlichen Sprach-, Bild-, bzw. allgemeiner: Zeichengebrauch findet. Die Realisierung von Diskursen erfolgt zu einem wesentlichen Teil im kommunikativen Handeln sozialer Akteure. Sie liegen diesem Handeln orientierend zugrunde und werden dadurch als Struktur- und Signifikationszusammenhang „wirklich". Ein Flugblatt, ein Zeitungsartikel oder eine Rede im Rahmen einer Demonstration aktualisieren zum Beispiel einen stadtpolitischen Diskurs in unterschiedlicher konkreter Gestalt und mit verschiedener empirischer Reichweite, aber mit dem gleichen Aussagewert. Qualitativ gewichtige Transformationen von Diskursen können in den seltensten Fällen auf ein einzelnes solches Ereignis bezogen werden. Sie entstehen vielmehr aus der Summe von Abweichungen in einer Art Wechsel vom quantitativen zum qualitativen Effekt. *Diskursive Ereignisse, Akteure, Praktiken* und *Dispositive* bilden damit letztlich die Bausteine der Materialität von Diskursen. Sie sollen deswegen hier in aller Kürze erläutert werden.[1]

(a) Diskursive Ereignisse (Aussageereignisse) bilden die typisierbare materiale Gestalt von Äußerungen, in der ein *Diskurs* in Erscheinung tritt. Eine *Äußerung* ist im Sinne Foucaults das konkrete, für sich genommen je einmalige und unwiederholbare Zeichen- bzw. Kommunikationsereignis. Demgegenüber meint *Aussage* eine Ebene des Typischen und Typisierbaren: die gleiche Aussage kann in ganz unterschiedlichen Äußerungen und situativ-singulären Gestalten getroffen werden. Einzelne sprachliche Äußerungen enthalten „Diskursfragmente" (Siegfried Jäger). Ohne Aussageereignisse gibt es keine Diskurse; ohne Diskurse können Aussageereignisse nicht verstanden, typisiert und interpretiert werden, also nicht kollektive Wirklichkeit konstituieren. Wagner (1990) spricht im Anschluss an Giddens von „Diskursstrukturierung", wenn sich aus verstreuten Aussageereignissen nach und nach die empirische, typisierbare Gestalt eines solchen diskursiven Strukturzusammenhangs entwickelt. Eine solche Struktur ist strukturiert – also Ergebnis vergangener Prozesse der Strukturbildung – und strukturierend im Hinblick auf die Spielräume zukünftiger diskursiver Ereignisse. Das tatsächliche Geschehen ist keine direkte Folge der Strukturmuster und Regeln, sondern Ergebnis des aktiv-interpretierenden Umgangs sozialer Akteure mit diesen Orientierungsmustern. Die Regeln sichern die Gemeinsamkeit, den Zusammenhang von Interaktions- und Kommunikationsprozessen. Bei ihrer Aktualisierung handelt es sich um eine (gewiss: mehr oder weniger) kreative und performative Leistung gesellschaftlicher Akteure, die auf Ressourcen zurückgreifen, sie für ihre praktischen Zwecke, Strategien, Taktiken, Kontexte hin nutzen, auslegen und miterzeugen, um ihre Spielzüge durchzuführen. Diskurse, so lässt sich zusammenfassen,

- stellen normative Regeln für die (formale) Art und Weise der Aussageproduktion bereit (z. B. legitime kommunikative Gattungen),
- bieten Signifikationsregeln für die diskursive Konstitution der Bedeutung von Phänomenen an,
- mobilisieren Handlungsressourcen (Akteurspotenziale) und materiale Ressourcen (Dispositive) für die Erzeugung und Verbreitung von Bedeutungen.

---

1 Vgl. zu weiteren theoretischen Grundlegungen, analytischen Begrifflichkeiten und methodischen Umsetzungen Keller (2010; 2011).

(b) Soziale Akteure greifen in ihrer diskursiven Praxis die in Gestalt von Diskursen verfügbaren Regeln und Ressourcen der Deutungsproduktion auf oder reagieren als Adressaten darauf. Erst dann wird verständlich, wie es zur mehr oder weniger kreativen Ausführung von solchen Praktiken kommt. Die Wissenssoziologische Diskursanalyse zielt nicht auf die (sozial-) phänomenologische Rekonstruktion typisierbarer Bewusstseinsleistungen und auch nicht auf „eigentliche" Motivationen oder die (innere) Subjektivität von Aussageproduzenten. Stattdessen verbleibt sie auf der Oberfläche des Ausgesagten. Sie verwechselt jedoch nicht vorschnell die Diskursebene als Möglichkeits- und Begrenzungsbedingung von Äußerungen mit den tatsächlichen Deutungs- und Handlungspraktiken sozialer Akteure. Soziale Akteure sind Adressaten von Wissensbeständen und darin eingelassenen Wertungen, aber auch nach Maßgabe der soziohistorischen und situativen Bedingungen selbstreflexive Subjekte, die in ihrer alltäglichen Be-Deutungsleistung soziale Wissensbestände als Regelbestände mehr oder weniger eigensinnig interpretieren (Hitzler/Reichertz/Schröer 1999: 11ff.).

Soziale Akteure (individueller oder kollektiver Gestalt) sind in mehrerlei Weise auf Diskurse bezogen: als Einnehmer von Sprecherpositionen, d. h. als Aussageproduzenten, die innerhalb eines Diskurses sprechen einerseits, als Adressaten der Aussagepraxis andererseits, und schließlich als implizierte Akteure, über die gesprochen wird bzw. die diskursiv bestimmt werden. Die Unterscheidung von sozialen Akteuren, die zunächst unabhängig von bzw. außerhalb von Diskursen „existieren", und ihrer „diskursspezifischen Konfiguration", die in Gestalt der Einnahme von in Diskursen bereit gestellten oder „eroberten" Sprecherpositionen erfolgt, ist für sozialwissenschaftliche Diskursforschungen hilfreich, da erst damit etwa in Rechnung gestellt werden kann, dass Sprecher im Diskurs nicht aus dem Nichts auftauchen, dass sie andererseits darin aber nie in ihrer „Ganzheit" involviert sind, oder dass nicht jeder beliebige soziale Akteur eine konkrete Sprecherposition übernehmen kann. Das soziologische Vokabular von Institutionen, Organisationen, Rollen, Strategien individueller oder kollektiver, *immer aber sozialer Akteure* kann für eine entsprechende Analyse der Strukturierungen von Sprecherpositionen in Diskursen genutzt werden. Durch ihre reflexiven und praktischen Interpretationen der strukturellen Bedingungen können sie auch deren Transformation herbeiführen.

Bezüglich der in Diskursen auf der Ebene ihrer Wissensstrukturierung vorgenommenen Adressierung von menschlichen Handlungsträgern lässt sich von unterschiedlichen Subjektpositionen sprechen. Hier werden soziale Akteure in unterschiedlicher Weise angesprochen – zum Beispiel als Problemverursacher, Problemträger, Objekte von notwendigen Interventionen oder potenzielle Nachfrager nach spezifischen Leistungen. Die verschiedenen Partizipationsangebote, die im Kontext städtischer Raumpolitik formuliert werden, konstituieren in diesem Sinne Subjektpositionen für Beteiligungen. Ein anderes Beispiel dafür wäre die Rede von Touristen oder Investoren, die in einer Stadt dieses oder jenes attraktiv finden und entsprechend angelockt bzw. in ihrem Begehren befördert werden sollten. In welcher Weise die so Adressierten sich entsprechende Subjektpositionen aneignen, sich also entlang ihrer Elemente und Rationalitäten subjektiv verhalten bzw. „subjektivieren", ist damit nicht vorentschieden, sondern eigener Untersuchungen wert. Zwischen dem diskursiv konstituierten oder implizierten Selbst und den tatsächlichen empirischen Subjektivierungsweisen besteht ein wichtiger Unterschied. Dabei spielen Dispositive eine zentrale Rolle, d. h. institutionelle und organisationelle Infrastrukturen, die in Gestalt von Gebäuden, Trainerinnen, Runden Tischen, Demonstrationswegen, Seminaren, Selbsttechnologien, Praxisanleitungen, Gesetzen, Teilnehmerinnen usw. konkrete situative Settings für entsprechende Programmierungsbemühungen anbieten.

Als Rollenspieler in oder Adressaten der Diskurse verfolgen soziale Akteure dann institutionelle (diskursive) Interessen ebenso wie persönliche Projekte und Bedürfnisse. Sie greifen dabei auf legitime und illegitime Strategien, Taktiken und Ressourcen des Handelns zurück. Doch das, was als Interesse, Motiv, Bedürfnis oder Zweck verfolgt wird, ist im selben Maße Ergebnis von kollektiven Wissensvorräten und diskursiven Konfigurationen, wie die Wahrnehmung und Einschätzung der Wege und Mittel, die dabei zum Einsatz kommen. Das alles ist keineswegs mit der Kontrolle der Handlungsfolgen oder der Diskursproduktion durch die Akteure und ihre Intentionen zu verwechseln. Selbstverständlich finden habituell oder bewusst vollzogene Handlungen unter strukturellen Voraussetzungen statt bzw. greifen darauf zurück, die nicht von ihnen selbst erzeugt wurden oder kontrolliert sind, und ebenso selbstverständlich hat Handeln beabsichtigte und unbeabsichtigte, gesehene und ungesehene Konsequenzen, die als Struktureffekte zu Vorbedingungen von Anschlusshandlungen werden.

Eine empirisch-analytische Erschließung von Diskursen aus der Perspektive der Wissenssoziologischen Diskursanalyse unterscheidet deswegen:

- (individuelle oder kollektive) *soziale Akteure*, die sozial konstituiert sind sowie (vorübergehend) als *Sprecher oder Adressaten* von Diskursen fungieren;
- die in Diskursen bereit gestellten *Sprecherpositionen*;
- das in den Dispositiven eines Diskurses eingesetzte weitere *Personal der Diskursproduktion* und *Weltintervention*;
- die in Diskursen bereit gehaltenen *Subjektpositionen*;

- die konkreten *Subjektivierungsweisen*, mit denen soziale Akteure als Adressaten sich die bereit gehaltenen Subjektpositionen (teilweise und eigensinnig) aneignen.

(c) Der Begriff der *Praktiken* bezeichnet ganz allgemein konventionalisierte Handlungsmuster, die in kollektiven Wissensvorräten als Handlungsrepertoire zur Verfügung gestellt werden, d. h. ein mehr oder weniger explizit gewusstes, häufig inkorporiertes Rezept- oder Skript-Wissen über die „angemessene" Art und Weise von Handlungsvollzügen. Dieses Wissen kann in gesellschaftlichen Praxisbereichen, also in Bezug auf spezifische Handlungsprobleme oder -anlässe durch experimentierendes und erprobendes Handeln, entstehen, sich dort tradieren und (weiter-) entwickeln. Unter modernen Bedingungen gesellschaftlicher Enttraditionalisierung sowie der auf Expertensystemen basierenden Dauerbeobachtung und Reform gesellschaftlicher Praxis wird es in wesentlichen Elementen auch durch die Ausarbeitung theoretischer Modelle des Handelns angeleitet (Giddens 1991). Für Zwecke der wissenssoziologischen Diskursforschung ist es hilfreich, unterschiedliche Formen von Praktiken zu differenzieren:

Als *diskursive Praktiken* bezeichne ich typische realisierte Kommunikationsmuster, die in einen Diskurszusammenhang eingebunden sind. Sie sind nicht nur, wie in der Gattungsforschung, in Bezug auf ihre formale Ablaufstruktur für die Diskursforschung von Interesse, sondern ebenso sehr im Hinblick auf die von Foucault unterschiedenen Formationsregeln, ihren Einsatz durch soziale Akteure und ihre Funktion in der Diskursproduktion. Diskursive Praktiken sind beobachtbare und beschreibbare typische Handlungsweisen der Aussageproduktion (Kommunikation), deren Ausführung als konkrete Handlung – ähnlich wie im Verhältnis zwischen typisierbarer Aussage und konkret-singulärer Äußerung – der interpretativen Kompetenz sozialer Akteure bedarf und von letzteren aktiv gestaltet wird. Im Kontext der hier interessierenden Raum-Ordnung lassen sich das Verfassen von Medienberichten, von Flugblättern, aber auch Gesetzesvorlagen in Kommunalparlamenten, die Frageformulierung bei Anhörungen oder die verschiedenen Textgenres des Web als Beispiele nennen.

Die WDA unterscheidet davon *diskursgenerierte Modellpraktiken*, d. h. exemplarische Muster für Handlungen, die in Diskursen für deren Adressaten konstituiert werden. Dazu zählen beispielsweise, um beim gerade erwähnten Beispiel zu bleiben, Empfehlungen für gute Bürgerbeteiligung, Vorschriften für die „richtige Raumnutzung" (wo darf gegrillt oder Alkohol getrunken werden, wo nicht; wo darf man nackt sein, wo nicht; wie fährt man korrekt Fahrrad; wie verhält man sich im öffentlichen Raum angemessen; welche Partizipation ist zulässig, welche nicht usw.). Ähnlich wie bei den weiter oben erwähnten Subjektpositionen sollte auch hier nicht vorschnell von der Modellpraktik auf ihren tatsächlichen Vollzug kurzgeschlossen werden.

Schließlich wird mitunter ein dritter Typus von Praktiken bedeutsam, der sich – bezogen auf einen jeweils interessierenden Diskurs – als *diskursunabhängig* in unterschiedlichen gesellschaftlichen Praxisfeldern entstandenes, *tradiertes* und *vollzogenes Handlungsmuster* beschreiben lässt. Um dies an einem anderen Beispiel zu verdeutlichen: Wenn Versammlungen (Vorträge, Diskussionen) eine wichtige Form stadtpolitischer diskursiver Praktiken sind, so funktionieren sie doch nur, wenn Personen anwesend sein können. Dies setzt beispielsweise umfangreiche Mobilitätstechnologien und darauf bezogene Praktiken (fliegen, Zug fahren, Fahrkarten kaufen usw.) voraus, die jedoch nur schwerlich als Praktiken eines, zumindest des stadtpolitischen Diskurses beschrieben werden können. Da solche Praxisformen jedoch in bestimmten Fällen wichtig für Fragen der Diskursforschung sein können (etwa im Übergang der Kommunikationsweisen zur Internetkultur), werden sie von der WDA mit im Blick behalten.

(d) Dispositive: Diskurse antworten auf (mehr oder weniger) selbst konstituierte Deutungs- und Handlungsprobleme. Im Rahmen ihres eigenen Prozessierens oder angeregt durch diskursexterne Anlässe erzeugen sie „Definitionen der Situation" und verknüpfen damit Handlungskonzepte. Die sozialen Akteure, die einen Diskurs tragen, schaffen eine entsprechende Infrastruktur der Diskursproduktion und Problembearbeitung, die mit dem Begriff des Dispositivs bezeichnet werden kann. Dispositive sind die tatsächlichen Mittel der Machtwirkungen eines Diskurses. Dispositive *vermitteln als „Instanzen" der Diskurse zwischen Diskursen und Praxisfeldern (Praktiken).* Ein Dispositiv ist der institutionelle Unterbau, das Gesamt der materiellen, handlungspraktischen, personellen, kognitiven und normativen *Infrastruktur* der Produktion eines Diskurses und der *Umsetzung* seiner angebotenen „Problemlösung" in einem spezifischen Praxisfeld. Dazu zählen etwa die rechtliche Fixierung von Zuständigkeiten, formalisierte Vorgehensweisen, spezifische (etwa sakrale) Objekte, Technologien, Sanktionsinstanzen, Ausbildungsgänge u. a. Diese Maßnahmenkomplexe sind einerseits Grundlagen und Bestandteile der (Re-) Produktion eines Diskurses, andererseits die Mittel und Wege, durch die ein Diskurs in der Welt interveniert. Beispielsweise ist das Duale System der Mülltrennung Teil des Dispositivs eines spezifischen Abfalldiskurses (Keller 1998). Bezogen auf die Umsetzung der im Diskurs generierten *Modellpraktiken* gehören dazu die Werbebroschüren, die statistische und prozessbezogene Logistik der Beschreibung und Erfassung des Mülls, die Sammelbehälter, Anweisungen zur Mülltrennung oder Verträge mit den Kommunen. Dazu zählen sowohl die entsprechenden juristischen Ver-

ordnungen, die Mitarbeiter des Unternehmens Duales System Deutschland GmbH, die zahllosen Grünen Punkte, letztlich auch die Praktiken der Mülltrennung und -säuberung, denen sich die Menschen unterwerfen. Mit Bezug auf die Ebene der Diskurs(re)produktion wären die diskursiven Interventionen der verschiedenen Vorstands-, Sprecher- und Pressegremien sowie der Forschungsstellen zu nennen, die mit ihren Stellungnahmen, Broschüren usw. eine bestimmte Konstruktion des Abfallproblems verbreiten und legitimieren. Gerade die Berücksichtigung von Dispositiven verweist darauf, dass Wissenssoziologische Diskursanalyse nicht nur Kommunikations-, Text- oder Bildforschung ist, sondern ganz im Sinne der neueren Entwicklungen der Akteur-Netzwerk-Theorie und ähnlicher Positionen die heterogenen Materialitäten, welche der Diskursproduktion zugrunde liegen, ebenso wie diejenigen, die als Effekte aus ihr Hervorgehen (z. B. „Schlichtungsverfahren"), in Rechnung stellt. Sie ist deswegen gleichzeitig Fallstudie, Beobachtung, sogar ethnographische Verdichtung, die den Zusammenhang von Aussageereignissen, Praktiken, Akteuren, organisatorischen Arrangements und Objekten als mehr oder weniger weit historisch und sozial-räumlich ausgreifende Prozesse in den Blick nimmt. Dispositive werden von sozialen Akteuren in dem Maße geschaffen, wie sie einen Diskurs institutionalisieren. Es handelt sich dabei um Ordnungen der Praxis bzw. entsprechende Ordnungsprozesse und -bemühungen, deren tatsächliche Reichweite vermutlich selten dem diskursiv projektierten Modell entspricht und die alle mehr oder weniger transitorischer Natur sind. Erst im Anschluss an die Untersuchung der diskursiven Konstruktion und Vermittlung von Wissensbeständen lassen sich dann Fragen nach dem Zusammenhang von subjektiver Rezeption bzw. Aneignung und gesellschaftlichen Wissensvorräten angemessen stellen. Die Bearbeitung entsprechender Fragestellungen kann deswegen auch in Gestalt einer Ethnographie der Diskurse erfolgen.

4.2 Methodologie

Die WDA insistiert darauf, dass Diskursforschung unweigerlich und unvermeidlich eine Form der Interpretationsarbeit darstellt. Sie ist, wie alle Diskursforschung, ein Diskurs über Diskurse und bedarf (ebenso wie alle Diskursforschung) einer Hermeneutik, d. h. einer Theorie der Auslegung, die sich darüber im Klaren ist, dass Daten (und damit eben auch Texte) nicht von sich heraus sprechen, sondern Antworten auf Fragen liefern, die man an sie stellt. Dazu schließt die WDA an grundlegende Theorien des Sinnverstehens und des menschlichen Symbolgebrauchs an. „Hermeneutik" ist keineswegs ein auf den Nachvollzug subjektiv gemeinten Sinns reduziertes Unternehmen. Sicherlich gibt es solche Positionen im breiten Feld der Hermeneutik. Doch schon seit Mitte der 1990er Jahre bezeichnet die *Sozialwissenschaftliche Hermeneutik* (Hitzler/Honer 1997) ganz allgemein das Vorhaben, wissenschaftliche Interpretationsprozesse von Daten zu reflektieren und als Interpretations- sowie Konstruktionsarbeit deutlich zu machen. Das gilt auch für Formen der Datenanalyse, die sich auf die Oberfläche des Ausgesagten richten; und das umfasst Analyseprogramme, denen – wie in der Objektiven Hermeneutik oder der Konversationsanalyse in je sehr unterschiedlicher Weise – nichts ferner liegt als die Untersuchung „subjektiv gemeinten Sinns" (in der Weber-Tradition).

Versteht man sozialwissenschaftliche Diskursforschung in der Foucault-Tradition als ein Untersuchungsvorhaben, das sich auf die historische Entfaltung, Stabilisierung und Veränderung von Diskursen und deren Machteffekten richtet, dann beinhaltet ein solches Vorhaben unweigerlich ein starkes Moment der Rekonstruktion – denn wie anders sollte man das Bemühen bezeichnen, zu analysieren, wie etwas zu dem geworden ist, als was es uns heute gegenübertritt? Jede genealogische Perspektive verfährt deswegen rekonstruktiv. Darin sind natürlich Momente der Dekonstruktion eingebaut: Daten werden aufgesplittet, Zusammenhänge gelöst und neu hergestellt, das Selbstverständliche seiner Selbstverständlichkeit entkleidet, in neue Begriffe und Perspektiven eingebettet. Eine rekonstruktive Diskursforschung entspricht ganz und gar dem, was Foucault als seine Haltung und Aufgabe der Kritik bezeichnet hatte – die Analyse der historischen Kontingenz von immer nur scheinbar objektiven und unweigerlichen Wirklichkeitskonstruktionen und damit Aufklärung in seinem sehr traditionellen Sinne –, um das Handlungsrepertoire von Gesellschaften zu erweitern. Dekonstruktion und Rekonstruktion sind analytische Prozesse, die in der wissenssoziologischen Diskursforschung Hand in Hand gehen.

Die WDA plädiert für einen Anschluss der Diskursforschung an einige Analysestrategien des interpretativen Paradigmas bzw. der qualitativen Methoden. Die Interpretationsschritte können sich auf die sich in Praktiken, Akteuren und Dispositiven ausdrückende Materialität der Diskurse einerseits, auf die verschiedenen inhaltlichen Momente der wissensbezogenen (symbolischen) Strukturierung von Aussagen und Ordnungen der Welt andererseits richten. Von interpretativer Analytik spreche ich, um zu betonen, dass Diskursforschung unterschiedliche Datenformate und Auswertungsschritte zueinander in Beziehung setzt, indem sie zum Beispiel eher klassische soziologische Strategien der Einzelfallanalyse oder Fallstudie mit detaillierten Feinanalysen textförmiger Daten kombiniert. Von interpretativer Analytik spreche ich auch deswegen, weil sich die Wissenssoziologische Diskursanalyse im Unterschied zu anderen Ansätzen qualitativer Sozialforschung nicht per se für die Bedeutungs*einheit* eines einzelnen Dokuments (etwa eines Textes) interessiert, sondern davon ausgeht, dass ein solches Datum nur Bruchstücke oder Fragmente eines oder mehrerer Diskurse artikuliert. Deswegen bricht sie die materiale Oberflächeneinheit der Texte und Äußerungen auf und rechnet die Ergebnisse der analytischen Zergliederung und interpretierenden Feinanalyse mitunter verschiedenen Diskursen zu. Daraus entsteht stufenweise das Mosaik des untersuchten Diskurses oder der untersuchten Diskurse – gewiss eine der wichtigsten Modifikationen der üblichen qualitativen Sozialforschung.

Bezogen auf die Analyse der inhaltlich-symbolischen Strukturierung von Diskursen bietet sich die Unterscheidung von *Deutungsmustern, Klassifikationen, Phänomenstrukturen und narrativen Strukturen* an, die als Teile diskursiver Interpretationsrepertoires verstanden werden können. Dabei handelt es sich um allgemeine Konzepte, die aus der wissenssoziologischen Tradition stammen bzw. darin eingepasst werden können und die sich gleichzeitig in besonderer Weise als Brückenkonzepte eignen, wenn es darum geht, die Auseinandersetzung mit diskursiv erzeugtem Wissen in handlungspraktischen bzw. lebensweltlichen Kontexten zu untersuchen.

- *Deutungsmuster* sind Interpretationsschemata für weltliche Phänomene, Situationen, Ereignisse und Handlungen. So kann der menschliche Körper als robuste Maschine interpretiert werden, oder als fragiler organischer Zusammenhang. „Mutterliebe" (Schütze 1992) kann sich entfalten zwischen einer behütenden, emotionalen Fürsorge und Schutzräumen oder der Verpflichtung zur Förderung frühkindlichen Kompetenzerwerbs (um nur zwei unterschiedliche Deutungsmuster zu erwähnen). Technologien können als sicher oder als (prinzipiell) riskant interpretiert werden. Stadtviertel erscheinen als „Ghetto" oder „Bohème", ein Infrastrukturprojekt als „Ausdruck von Gigantonomie" oder als „verantwortliche Zukunftsinvestition". Deutungsmuster verknüpfen Faktisches mit Normativem, Argumentationen mit Beispielen und moralischen Schlussfolgerungen. Das Element des Musters verweist auf den Aspekt des Typischen – es handelt sich um allgemeine Deutungsfiguren nicht nur für Sachverhalte, sondern zum Beispiel auch für Subjektpositionen, die in konkreten Deutungsakten und Handlungen zum Einsatz kommen und dabei in unterschiedlicher symbolisch-materialer Gestalt manifest werden: Als Cartoon, als Satz oder Satzzusammenhang, als Fotografie, als Verkettung von Praktiken. Bedeutungen liegen in den Diskursen nicht als lose und isolierte Zeichenpartikel, sondern in Gestalt solcher Deutungsmuster vor. Deutungsmuster werden in der wissenssoziologischen Tradition als kollektive Produkte, als Elemente des gesellschaftlichen Wissensvorrats vorgestellt. Diskurse beinhalten häufig mehrere miteinander verbundene Deutungsmuster; sie bieten zugleich Orte zur Generierung neuer bzw. zur Transformation bestehender Muster.

- Eine zweite, das Konzept der *Deutungsmusteranalyse* ergänzende, inhaltliche Erschließung von Diskursen besteht in der Untersuchung der *Klassifikationen* (und dadurch: der Qualifikationen) von Phänomenen, die in ihnen und durch sie vorgenommen werden. Klassifikationen sind mehr oder weniger ausgearbeitete, formalisierte und institutionell stabilisierte Formen sozialer Typisierungsprozesse. Sie ordnen nicht – im Sinne einer Repräsentationsperspektive – vorgefundene Wirklichkeit in adäquate Kategorien ein, sondern sie schaffen die Erfahrung dieser Wirklichkeit. Der normale Vollzug unserer Alltagsroutinen besteht in einem ununterbrochenen Prozess des Klassifizierens im Rückgriff auf angeeignete Elemente kollektiver Wissensvorräte. Wie jeder Sprachgebrauch klassifiziert also auch die Sprachverwendung in Diskursen die Welt, teilt sie in bestimmte Kategorien auf, die ihrer Erfahrung, Deutung und Behandlung zugrunde liegen. Zwischen Diskursen finden Wettstreite um solche Klassifikationen statt, beispielsweise darüber, wie Stadtviertel im Hinblick auf Erhaltungssatzungen zu interpretieren sind, was als Grünfläche zählt, welcher Verschmutzungsgrad der Luft tolerierbar ist, was korrektes und verwerfliches Verhalten ist, welche Trennungen des Mülls vorzunehmen sind usw. Damit sind je spezifische handlungspraktische Konsequenzen verbunden. Deren Wirkung hängt letztlich davon ab, ob sie in Gestalt entsprechender Dispositive institutionalisiert werden und dadurch Handlungspraxis anleiten. Die Analyse von diskursiv prozessierten Klassifikationen ist erst ansatzweise in der Diskursforschung realisiert.
- Neben Deutungsmustern und Klassifikationen ermöglicht das Konzept der *Phänomenstruktur* einen dritten und komplementären Zugang zur Ebene der inhaltlichen Strukturierung von Diskursen. Die Idee der Phänomenstruktur bezieht sich darauf, dass Diskurse in der Konstitution ihres referenziellen Bezuges (also ihres Themas) unterschiedliche Elemente oder Dimensionen ihres Gegenstandes benennen und zu einer spezifischen Gestalt, einer Phänomenkonstellation verbinden. Damit sind keineswegs Wesensqualitäten eines Diskurs-Gegenstandes bezeichnet, sondern die entsprechenden diskursiven Zuschreibungen. Die analytische Rekonstruktion der Phänomenstruktur richtet sich auf zwei Aspekte: Die dimensionale Erschließung bezieht sich auf die allgemeine Zusammensetzung der Phänomengestalt. Die Dimensionen, aus denen ein Phänomen diskursiv konstituiert wird, können sich in einem diskursiven Feld zwischen verschiedenen, miteinander konkurrierenden Diskursen mehr oder weniger stark gleichen bzw. unterscheiden. Die inhaltliche Ausführung der im ersten Schritt rekonstruierten Dimensionen kann nach dem situativ-kontextuellen Anlass eines diskursiven Ereignisses und auch zwischen Diskursen erheblich vari-

ieren. Die Wissenssoziologische Diskursanalyse zielt hier auf eine Typisierung der Gehalte, auf die Regeln oder Prinzipien dessen, was als Inhalt in Frage kommt und wie dies geschieht, nicht auf die summarische Zusammenstellung all dessen, was in Originalzitaten – die durchaus für Darstellungs- und Illustrationszwecke benutzt werden können – gesagt wurde. Phänomenstrukturen verändern sich im Zeitverlauf. Entsprechende Suchstrategien können sich deswegen nicht nur auf das „Einfrieren" einer spezifischen Phänomenstruktur zu einem Zeitpunkt X richten, sondern die Entwicklung, den Wandel und den Vergleich von Phänomenstrukturen zum Gegenstand der Forschung machen. D. h., Phänomenstrukturen erlauben eine Darstellung des Aussagezusammenhangs eines Diskurses, von der aus dann zahlreiche weitere Fragen (nach ihrer Genese, Gegnerkonstellationen, den dispositiven Folgen) erschlossen werden können.

- Ein letztes Moment der inhaltlichen Gestalt von Diskursen ist an dieser Stelle zu benennen: Als *narrative Strukturen* können diejenigen strukturierenden Momente von Aussagen und Diskursen bezeichnet werden, durch die verschiedene Deutungsmuster, Klassifikationen und Dimensionen der Phänomenstruktur zueinander in spezifischer Weise in Beziehung gesetzt werden. Die Erschließung der narrativen Strukturen (plots, story lines, rote Fäden) von Diskursen kann Haupt- von Nebenerzählungen, allgemeine oder generalisierende Narrationen von illustrierenden Beleg- oder Beweisgeschichten unterscheiden. Narrative Strukturen sind nicht einfach nur Techniken der Verknüpfung sprachlicher Elemente, sondern als „mise en intrigue" (Paul Ricœur), als konfigurativer Akt der Verknüpfung disparater Zeichen und Aussagen in Gestalt von Erzählungen, ein Grundmodus der menschlichen Ordnung von Welterfahrung. Sie konstituieren (bestreitbare) Weltzustände als Erzählungen, in denen es handelnde Akteure und Aktanten, Ereignisse, Herausforderungen, Erfolge und Niederlagen, Gute und Böse etc. gibt.

Bezogen auf das Anlegen und Bearbeiten eines Datenkorpus' im Rahmen empirischer Diskursforschung bieten schließlich die von der *Grounded Theory* vorgeschlagenen Arbeitsstrategien (wie „theoretical sampling", „minimale" und „maximale Kontrastierung", „coding" u. a. mehr) hilfreiche Anleitungen. Diese beziehen sich auf die Auswahl von Daten für die Feinanalyse ebenso wie auf die analytische Kombinatorik von Einzelergebnissen (vgl. Strauss 1998; Keller 2011; 2012; Keller/Truschkat 2012; Clarke 2012).

5 Zum Schluss: Die diskursive Konstruktion der Räume

Raum, Wissen und Macht sind vielfach miteinander verflochten. Foucault (2004a) verweist in einem Interview auf die im 18. Jahrhundert ansetzende spezifische neuzeitliche Reflexion zum Bau der Städte, in der Fragen der Architektur mit solchen der Regierung verknüpft werden:

> „Es entsteht eine politische Literatur, die danach fragt, wie die Ordnung einer Gesellschaft oder wie eine Stadt im Blick auf die Erhaltung der Ordnung beschaffen sein muss. Oder auch im Blick auf die Verhinderung von Seuchen, die Vermeidung von Revolten oder die Förderung eines moralischen und der Moral zuträglichen Familienlebens. Wie muss man im Blick auf diese Zielsetzungen eine Stadt und die kollektive Infrastruktur gestalten? Und wie müssen Häuser gebaut sein?" (Ebd.: 324)

Symbolische und materielle Ordnungen des Räumlichen sind in ganz unterschiedlicher und vielfacher Weise in Diskursprozesse einbezogen, die mit dem Instrumentarium der Wissenssoziologischen Diskursanalyse analysiert werden können. Die Rede von der „diskursiven Konstruktion" schließt keineswegs aus, auch die materiellen (dispositiven) Grundlagen und Folgen bzw. Effekte solcher Konstruktionen in die sozialwissenschaftliche Analyse mit einzubeziehen. Wenn es etwa aus Sicht eines Stadtrates als notwendig erscheint, eine Stadt „besser" im Ökotourismus oder in der „Wissensökonomie" zu positionieren, so sind damit zum einen sicherlich Anschlüsse an Diskurse bezeichnet; zum anderen schließen jedoch auch materielle Effekte an, wenn z. B. dazu Plätze angelegt, Flüsse „naturalisiert" oder „Gewerbegebiete" erschlossen werden. Politisch-ökonomische Diskurse über die Konkurrenz um Investoren können zu maroden Infrastrukturen führen, weil Gewerbesteuern abgeschafft werden. Aus einer weltweiten politischen Diskussion um nachhaltige Entwicklung entstehen Versammlungs- und Abstimmungsdispositive einer Lokalen Agenda 21, die dann in die städtischen Infrastrukturen einwirkt. Im Namen der christlichen Werte und abendländischer „Leitkulturen" mobilisieren Bürgerinnen und Bürger gegen den Bau von Moscheen. Stadtviertel werden gegen Gentrifizierung verteidigt oder durch Investoren „erschlossen". Im Räumlichen, sei es nun „Natur" oder „Kultur", verschmelzen symbolische Ordnungen und Materialitäten unterschiedlichster Art. Die diskursiven Produktionen des Imaginären eines Ortes stellen sicherlich einen zentralen Gegenstand diskursanalytischer Untersuchungen dar. Zu diesem Phänomenbereich gehören politisch-administrative Initiativen des Stadtmarketing ebenso wie Politiken der symbolischen Auf- und Abwertung von Stadtvierteln oder Kämpfe um Standorte von Industrien, Gebäuden, Infrastrukturen. Räume, Orte, Städte können aber auch sehr viel allgemeiner als Ausdruck von Wissensverhältnissen und Wissenspolitiken begriffen werden (vgl. z. B. Christmann 2004; 2010; 2013; 2015). „Natürliche" und „gebaute" Räume sind beispielsweise in vielfacher Weise von Experten- und Laienwissen überzogen, wobei insbesondere ersteres in Formen diskursiver Strukturierung in Erscheinung tritt. Ob es um die Renaturierung von Landschaften, architektonische Konzepte guten Familienlebens, das Verkehrs- oder Lichtdesign im öffentlichen Raum oder die einschränkende Haushaltslage von Städten und Gemeinden geht – immer handelt es sich um Wissenspolitiken und Wissensverhältnisse, in denen unterschiedliche Deutungsmuster, Rechtfertigungen, Wissenselemente aufeinander treffen. Das Potenzial diskursanalytischer Zugänge zur Untersuchung entsprechender Prozesse und Phänomene ist bei weitem nicht ausgeschöpft.

Literatur

Beck, Ulrich (1986): Risikogesellschaft. Auf dem Weg in eine andere Moderne. Frankfurt/Main: Suhrkamp
Berger, Peter L. (1973, [1]1967): Zur Dialektik von Religion und Gesellschaft. Elemente einer soziologischen Theorie. Frankfurt/Main: Fischer
Berger, Peter L./Luckmann, Thomas (1980, [1]1966): Die gesellschaftliche Konstruktion der Wirklichkeit. Eine Theorie der Wissenssoziologie. Frankfurt/Main: Fischer
Bücher Karl et al. (Hrsg.): Die Großstadt. Vorträge und Aufsätze zur Städteausstellung (Jahrbuch der Gehe-Stiftung zu Dresden. Band 10). Dresden: von Zahn und Jaensch
Christmann, Gabriela B. (2004): Dresdens Glanz, Stolz der Dresdner. Lokale Kommunikation, Stadtkultur und städtische Identität. Wiesbaden: Deutscher Universitäts-Verlag
Christmann, Gabriela B. (2010): Kommunikative Raumkonstruktionen als (Proto-) Governance. In: Kilper (2010): 27-48
Christmann, Gabriela B. (2013): Raumpioniere in Stadtquartieren und die kommunikative (Re-)Konstruktion von Räumen. In: Keller et al. (2013): 153-184
Christmann, Gabriela B. (2015): Das theoretische Konzept der kommunikativen Raum(re)konstruktion. Eine Synthese. In: Christmann (2015), 89-108
Christmann, Gabriela B. (Hrsg.) (2015): Zur kommunikativen Konstruktion von Räumen. Theoretische Konzepte und empirische Analysen. Wiesbaden: Springer VS
Clarke, Adele (2012): Situationsanalyse. Grounded Theory nach dem Postmodern Turn. Wiesbaden: VS
Foucault, Michel (1974a, [1]1966): Die Ordnung der Dinge. Eine Archäologie der Humanwissenschaften. Frankfurt/Main: Suhrkamp
Foucault, Michel (1974b, [1]1972): Die Ordnung des Diskurses. München: Hanser
Foucault, Michel (1988, [1]1969): Archäologie des Wissens. Frankfurt/Main: Suhrkamp
Foucault, Michel (Hrsg.) (1975, [1]1973): Der Fall Rivière. Materialien zum Verhältnis von Psychiatrie und Strafjustiz. Frankfurt/Main: Suhrkamp

Foucault, Michel (2004a, ¹1982): Raum, Wissen und Macht. In: Foucault (2004c): 324-340
Foucault, Michel (2004b, ¹1967): Von anderen Räumen. In: Foucault (2004c): 931-942
Foucault, Michel (2004c): Schriften. Bd. IV. Frankfurt/Main: Suhrkamp
Giddens, Anthony (1991): Modernity and Self-Identity. Self and Society in the Late Modern Age. Cambridge: Cambridge University Press
Hitzler, Ronald/Honer, Anne (Hrsg.) (1997): Sozialwissenschaftliche Hermeneutik. Eine Einführung. Opladen: Leske und Burdrich
Hitzler, Ronald/Reichertz, Jo/Schröer, Norbert (Hrsg.) (1999): Hermeneutische Wissenssoziologie. Standpunkte zur Theorie der Interpretation. Konstanz: UVK
Keller, Reiner (1998): Müll – Die gesellschaftliche Konstruktion des Wertvollen. Opladen: Westdeutscher Verlag
Keller, Reiner (2010, ¹2005): Wissenssoziologische Diskursanalyse. Grundlegung eines Forschungsprogramms. 3. Aufl. Wiesbaden: VS
Keller, Reiner (2011, ¹2003): Diskursforschung. Eine Einführung für SozialwissenschaftlerInnen. 4. Aufl. Wiesbaden: VS
Keller, Reiner (2012): Das Interpretative Paradigma. Eine Einführung. Wiesbaden: Springer VS
Keller, Reiner (2013): Kommunikative Konstruktion und diskursive Konstruktion. In: Keller et al. (2013): 69-94
Keller, Reiner/Truschkat, Inga (Hrsg.) (2012): Methodologie und Praxis der Wissenssoziologischen Diskursanalyse. Bd.1: Interdisziplinäre Perspektiven Wiesbaden: VS
Keller, Reiner/Knoblauch, Hubert/Reichertz, Jo (Hrsg.) (2013): Kommunikativer Konstruktivismus. Theoretische und empirische Arbeiten zu einem neuen wissenssoziologischen Ansatz. Wiesbaden: Springer VS
Kilper, Heiderose (Hrsg.) (2010): Governance und Raum. Baden-Baden: Nomos
Knoblauch, Hubert (2013): Grundbegriffe und Aufgaben des kommunikativen Konstruktivismus. In: Keller et al. (2013): 25-47
Knoblauch, Hubert (2015): Über die kommunikative Konstruktion der Wirklichkeit. In: Christmann (2015): 29-53
Meuser, Michael/Sackmann, Reinhold (Hrsg.) (1992): Analyse sozialer Deutungsmuster. Beiträge zur empirischen Wissenssoziologie. Pfaffenhagen: Centaurus
Park, Robert E. (1968, ¹1925): The City: Suggestions for the Investigation of Human Behavior in the Urban Environment. In: Park et al. (1968): 1-46
Park, Robert E. et al. (Hrsg.) (1968): The City. Chicago: University of Chicago Press
Schütze, Yvonne (1992): Das Deutungsmuster "Mutterliebe" im historischen Wandel. In: Meuser/Sackmann (1992): 39-48
Simmel, Georg (1903): Die Großstädte und das Geistesleben. In: Bücher (1903): 185-206
Strauss, Anselm L. (1961): Images of the American City. New York: Free Press
Strauss, Anselm L. (1968): The American City. A Sourcebook of Urban Imagery. Chicago: Aldine
Strauss, Anselm L. (1998): Grundlagen qualitativer Sozialforschung. München: Fink
Wagner, Peter (1990): Sozialwissenschaften und Staat. Frankreich, Italien, Deutschland 1870-1980. Frankfurt/Main und New York: Campus

Kommunikation über Raum. Methodologische Überlegungen zur Analyse der Konstitution von Räumen

Martina Löw

1 Einführung

Jeder, der einmal versucht hat, in Interviews Menschen zu Bedeutungen, die sie Räumen zuweisen, zu befragen, wird wahrscheinlich ähnliche Erfahrungen gemacht haben wie wir in verschiedenen Forschungsprojekten. Menschen sind kaum in der Lage, über Räume auf Nachfrage Auskunft zu geben. Die Frage nach Räumen knüpft viel zu stark an die im Alltagsverständnis gebräuchliche absolutistische Variante von Raum an und scheint nach materiell umgebenden Hüllen zu fragen. Wie Räume Körper in Bahnen leiten, wie Körper in Raumarrangements integriert werden, das scheint kaum jemand ad hoc erzählen zu können. Selbst über die Fähigkeit der genauen Beschreibung der materiellen Umwelt verfügen nur wenige, vor allem wenn man diese in Interviews aus der Erinnerung liefern soll. Ob Manager oder Reisende, Kulturentrepreneur oder Friseurin – Räume scheinen ein Erfahrungsbereich zu sein, über den wir praktisch viel wissen – nur ist dieses Wissen dem diskursiven Bewusstsein kaum zugänglich. Das gilt nicht im gleichen Maße für konkret benennbare Orte. Greg Myers (2006) z.B. analysierte 40 Mitschriften von Fokusgruppen, durchgeführt in England zwischen 1994 und 2003, unter der Frage, wie Menschen sich eingangs vorstellen. Der Moderator schlägt in der Regel vor, einmal die Runde durchzugehen, indem jeder seinen Namen nennt. Die Teilnehmer antworten meistens mit zwei Informationen gleichzeitig: I'm Nick from Kirkham" oder „Mike Hannah, and I'm from Preston". Das Paaren von Name und Ort wird als sozial akzeptierte Form einer Antwort angenommen. Das Erwähnen der Stadt, aus der man kommt, gilt neben dem Namen als Basisinformation für Kommunikation. Ähnliche Befunde existieren durch Interaktionsanalysen von Mobilfunkkommunikationen, und zwar nicht nur auf der Ebene, dass man sich selbst lokalisiert, um ein Gespräch aufbauen zu können, sondern auch – das fanden Ilkka Arminen und Alexandra Weilenmann (2009) in einer Studie heraus – dass oft verführerische Raumformationen beschrieben werden, bevor man eine Einladung ausspricht. „For instance, mentioning that one is at the beach can open a discussion about what to do next, or presenting the nightclub as having a very long queue, configures that place as popular, and a potential place to go to" (Arminen/Weilenmann 2009: 1920). Ihre These ist, dass das Beschreiben von Orten in der Mobilfunkkommunikation emotionale Intensität steigert. Ortsbeschreibungen sehen die Autorinnen als eine Ressource in der Kommunikation, gerade wenn Einladungen ausgesprochen oder Angebote gemacht werden. Nimmt man diese drei Befunde, das „von wo" als Standardinformation zum „wer", das Beschreiben von Orten als emotionaler Verstärker in der Kommunikation und das Unverständnis, Informationen über Raum an und für sich geben zu sollen, zusammen, dann lässt sich als These, die ich im Folgenden entwickele und begründen möchte, formulieren: Das Sprechen ist als Routineaspekt des Handelns der Dynamik von Spacing und Syntheseleistung regelmäßig (heißt: nicht immer aber oft) inhärent, wobei der Sprechakt selbst dem Sprechenden bewusst ist, nicht aber die Effekte der Raumbildung. Das bedeutet methodologisch, dass Sprechakte einen reichen Schatz bilden, auch um Raumkonstitution zu verstehen, sofern man nicht nach Raum fragt.

2 Vom Raum sprechen

Heute gilt als sozialwissenschaftliche Selbstverständlichkeit, den Räumen einen relationalen Charakter zuzusprechen (Malpas 2012). Das bedeutet, dass diese nicht als eine absolute Große, sondern als Strukturen gefasst werden. Raum wird als ein Komplex von Relationen zwischen möglichen Gegenstands- und Ereignisklassen definiert, welcher als institutionalisiertes Gefüge sowohl Praxis festlegt als auch durch Praxis verändert wird.

Folgt man dieser Grundidee, so sind mit dem Raum zumeist zwei Basiskategorien verbunden: Struktur und Handeln. Nun gehört es – zumindest in interaktionistisch-interpretativen Sozialwissenschaften – zu den Grundeinsichten, dass eine Dualität von Strukturphänomenen angenommen wird (Matthiesen 1994: 80). Man arbeitet mit einem doppelten Strukturbegriff, dem zufolge Strukturen sowohl durch Handeln konstituiert werden als auch und gleichzeitig Medien der Konstitution sind. Auch räumliche Strukturen sind demnach an Handeln gebunden, wie das Handeln durch Räume seine Fassung bekommt. Versteht man soziologisch die Konstitution von Räumen als Ergebnis von Handlungsroutinen im Sinne der empirischen Spezifikationen eines „nexus of doings and sayings" (Schatzki 1996: 89; Hirschauer 2004: 73), so ist Kommunikation oft Teil jenes in der Regel repetitiven Herstellens räumlich-sozialer Wirklichkeit (Reckwitz 2000; Bourdieu 1976: 139 ff.; Giddens 1988, insbesondere: 263 ff.). Man sagt wer man ist und woher man kommt, man malt einen

Ort in buntesten Farben aus, um eine Einladung effektiver zu platzieren. Die soziale Dimension von Räumen findet sich gleichermaßen in regelmäßigen Verhaltens- und Sprechakten sowie im praktischen Verstehen der und Verständigen über die Kontextbedingungen. Sinnvoll ist es, Spacing und Syntheseleistung (Löw 2001) als zwei analytisch zu trennende Aspekte der Konstitution von Raum zu unterscheiden. Raum entsteht durch jene Verknüpfungsleistung, durch die Elemente als gemeinsame Struktur wahrgenommen werden (Syntheseleistung), sowie durch Platzierung eben dieser Elemente. Diese Platzierung (Spacing) kann ein Stellen, ein Erbauen oder auch ein Wachsen sein.

Beide Prozesse, Spacing und Syntheseleistung, können mit Sprechakten einhergehen. Bei den Syntheseleistungen ist dies besonders offensichtlich, wie man aus psycholinguistischen Studien mittlerweile weiß. Stephen C. Levinson (2003, siehe auch Levinson/Wilkins 2006) kann zeigen, dass räumliche Relationen in unterschiedlichen Kulturen sprachlich sehr unterschiedlich abgebildet werden. Ob z.B. eine Platzierung durch ein eigenes Wort für die Form des Kontaktes markiert wird (in, an, auf, unter) oder ob das Anzeigen der räumlichen Relationen über das Verb und damit als Bewegungsformation gedacht ist, verweist sowohl darauf, dass räumliche Gefüge kulturell sehr unterschiedlich konstruiert werden als auch darauf, dass typische Raumrelationen prinzipiell über Sprache strukturiert werden (Levinson/Wilkins 2006: 4ff.). In Mittelamerika, in Neu-Guinea, in Australien und auch im Nepal findet man Sprachen, deren Sprecher nur ein starres System von Norden, Süden, Osten, Westen kennen, um Platzierungen zu denken und zum Ausdruck zu bringen, weshalb – wie Clifford Geertz (1987; orig. 1973) schreibt – auf Bali wiederum derjenige schlicht als verrückt gilt, der nicht sagen kann, wo Norden ist. Westliche Sprachen kennen durchweg relationale und absolute Referenzsysteme, um räumliche Anordnungen zu beschreiben. Im Ausnahmefall nutzen wir im Alltag, z.B. wenn wir uns gerade in USA befinden und beschreiben sollen, wo Frankfurt liegt, ein absolutes Relevanzsystem und sagen: Frankfurt liegt im Westen von Deutschland. In den meisten Alltagssituationen jedoch greifen wir auf relationale Konstruktionen zurück, um Raum in Worte zu fassen. So sagen wir z.B. „der Ball liegt vor dem Auto".

Wichtig ist an dieser Stelle, dass es in germanischen und romanischen Sprachen stets eine alternative Sprechweise und Kommunikationsform gibt und die wäre: „Der Ball liegt links vom Auto" (Levinson 2003: 24ff.). Raumtheoretisch und methodologisch ist an dieser Stelle wichtig, dass im ersten Sprechakt (der Ball liegt vor dem Auto) nur die Syntheseleistung zum Ausdruck gebracht wird, die räumliche Relation von Ball und Auto. Im zweiten Sprechakt dagegen wird die Platzierung des Sprechers in die Kommunikation integriert. Der Satz macht nur dann Sinn, wenn ich anerkenne, dass ich auf ein Gefüge schaue, in dem links ein Ball liegt und rechts ein Auto steht. Das heißt, schaue ich auf einen Ball sowie ein Auto und sage in germanischen und romanischen Sprachen „der Ball liegt westlich" wird mein räumliches Bezugssystem als zu abstrakt erfahren. Sage ich „der Ball liegt vor dem Auto" z.b. in einer Gefahrensituation, wo man damit rechnen muss, dass das Auto anfährt und ein Kind den Ball zu retten versucht, so konstruiere ich im Sprechen mit anderen ein räumliches Gefüge, dass klar von den beiden Elementen Ball und Auto bestimmt ist. Sage ich schließlich, der Ball liegt links vom Auto, so bringe ich sehr viel stärker zum Ausdruck, dass ich hier als Betrachterin stehe, die eine Ordnung beschreibt. Niemand würde in einer Gefahrensituation rufen: „Vorsicht, der Ball liegt links vom Auto!" Hier wird Raum als über den Betrachter erfahrene Ordnung hergestellt.

Man muss sich die methodologischen Konsequenzen verdeutlichen: Da der Gegenstand der Soziologie die Gesellschaft ist, ein permanent in Bewegung sich befindendes soziales Gefüge, benötigt sie einen relationalen Raumbegriff, um die institutionalisierten Muster der Anordnung zu beschreiben. Ein absolutistischer Raumbegriff würde hier nicht weiterhelfen. Mit diesem Raumbegriff arbeitend, kann man in der Alltagssprache allerdings unterschiedliche Referenzsysteme für Kommunikation über Räume unterscheiden: absolute, relationale Synthesen von sozialen Gütern oder relationale Synthesen von sozialen Gütern bei gleichzeitiger sprachlicher Markierung des eigenen Spacings. Dies zu unterscheiden hilft, in der Analyse von Kommunikation die Rolle des Sprechers bei der Konstitution von Raum zu verstehen.

Dies bedeutet aber gleichzeitig nicht, dass Menschen, weil sie so sprechen, über die Prozesse der Raumkonstitution Auskunft geben könnten. Fragt man gezielt nach der Bedeutung von Räumen, so eben verstummen die Sprecher weitgehend. Räumliches Handeln, hergestellte Verknüpfungen oder schlicht eigene Platzierungen sind nicht oder nur rudimentär Teil des diskursiven Bewusstseins. Für kaum einen anderen sozialwissenschaftlichen Gegenstand gilt in gleichem Maße, dass Wissensformen körperlich-materiell verankert sind (Reckwitz 2000), d.h. sie sind uns praktisch (meint auch *nur* praktisch) bewusst. Viele raumrelevante Handlungen verlaufen im Alltag extrem selbstverständlich und reibungslos, weil das Wissen um Platzierungen und Syntheseleistungen habitualisiert ist. Genau diese Einschreibung von Wissen in die Körper und die Materialität führt jedoch dazu, dass das Wissen über Räume häufig nicht explizierbar ist, noch als benennungsbedürftig erscheint – und zwar obwohl wir im Handeln ständig sprechen. Der wesentliche Aspekt des Sprechens im Prozess der Raumkonstitution ist eben nicht die wohlüberlegte Erzählung über eine Landschaft oder die Kreation einer Imagekampagne über eine Stadt, sondern das alltägliche Sprechen. Dieses kann im Sinne von z.B. Judith Butler (1991) als strukturierte und strukturierende Handlung verstanden werden. Im Sprechen entstehen räumliche Formationen, deren implizite Strategien und vor allem deren Effekte selten bewusst werden. Wobei zwischen „Sprache" als Strukturierung des räumlichen Denkens und „Sprechen" als Handlungsform bzw. Kommunikation als kontextualisierte Handlungsform zu unterscheiden ist. Methodologisch folgt daraus, dass man die Konstitution von Raum vorrangig im Sprechen über vermeintlich andere Themen oder *nicht* im Sprechen untersuchen kann, also z.B. in Beobachtungsverfahren, in der Analyse von Bildprodukten etc.

3   Das Zippelsche zum Beispiel

Die Raumkonstitution im Sprechen über vermeintlich andere Themen lässt sich an der Herstellung vergeschlechtlichter Räume gut illustrieren. In der prostitutiven Sexualität beginnt an vielen Orten die sexuelle Dienstleistung mit dem Waschen des Mannes als ein »selbstverständlicher Bestandteil einer Handlungsabfolge« (Ahlemeyer 2002, S. 155; Löw/Ruhne 2011). Das Waschen kann sehr positiv besetzt sein, interpretiert als Übergangsritual und Zeitgewinn, es kann aber auch eine schnelle hoch selbstverständliche Handlung sein. Heinrich W. Ahlemeyer (2000) bemerkt in seiner Studie zur »prostitutiven Intimkommunikation«, dass die Waschung der Genitalien in den meisten Sprechakten in der Prostitution so selbstverständlich eingeflochten wird, dass der Verweis oft im Kontext einer anderen Geschichte geschieht. Dies lässt sich am folgenden Zitat aus einem Interview mit einer Bordellbetreiberin (siehe Löw/Ruhne 2011) gut verdeutlichen. Die Sprecherin versucht in der folgenden Sequenz zu vermitteln, wie selbstverständlich eine Kollegin mit ihren Kunden umgeht: »Zum Beispiel letzten Samstag war ich kurz hier. Sie werden es mir nicht glauben, aber ich saß hier und habe kurz zugehört. Ist sie mit dem ins Bad und hat gesagt: Komm zeig mal dein Zippelche [lacht]. Sehr charmant ist sie. Sie geht so natürlich mit den Männern um« (Prostituierte).

Wir wissen bereits aus der Krankenhauskommunikation, dass nackte Genitalien stets das Peinliche drohend hervor scheinen lassen. Die Situation ist in der Regel mit Spannung aufgeladen, lange bevor möglicherweise eine Krankenschwester durch fehlendes Geschick und Abweichung von der Routine sich und alle anderen beschämt. Birgit Heimerl (2006) hat die Choreografie der Entblößung in der Klinik sehr präzise nachgezeichnet. Nun liegt die Brisanz nicht nur im Berühren eines nackten kranken Körpers vor bekleideten gesunden Menschen, sondern auch in der Geschlechterkonstellation von Krankenschwester und männlichem Patient.

„Für kranke Männer im Kontakt mit weiblichem Personal ist es nicht leicht ‚männlich' zu sein, setzen doch geschlechtliche Stereotype Mannsein mit Stärke, Macht, Souveränität und Emotionskontrolle gleich. (...) Männer ‚sind' demzufolge gerade nicht zaghaft, nicht schüchtern, nicht schamhaft, sondern dürfen sich voyeuristisch, direkt und zupackend geben" (379).

Im Krankenhaus gilt: Schämen sich Männer vor Krankenschwestern zu viel, gelten sie als verweiblicht, schämen sie sich zu wenig, gelten sie schnell als lüstern.

Im Bordell, so könnte man annehmen, droht die zweite Gefahr nicht. Tatsächlich ermöglicht der Satz „zeig mal dein Zippelche", als Sprechakt begleitend zum Waschakt, eine Machtverschiebung. Die Frau übernimmt mit dem Waschen ein Stück Kontrolle über die Situation. Die Prostituierte nutzt die Gelegenheit, um den Penis nach Merkmalen einer Erkrankung zu überprüfen und um somit eine mögliche kontaminierende Auswirkung des Geschlechtsverkehrs zu reduzieren. Die Verniedlichung des Penis als Zippelche liest sich vor dem Hintergrund der Kontrollaktivität als aktive Entdramatisierung der Praxis der Kontrolle. In unseren Interviews betonen Prostituierte immer wieder, wie wichtig ihnen die Kontrolle über das Waschen ist. Sie wollen wissen, dass ihre Kunden ausreichend gewaschen sind.

Das Implementieren einer Reinigungspraxis vor den Sexualakt ist sozial keineswegs selbstverständlich. Wird doch im Alltag eine körperliche Begegnung zwischen zwei Menschen als »intim« konstruiert, indem das Duschen/Waschen vor dem Sexualverkehr zwar möglich, aber nicht notwendig ist. In der Prostitution wird der Akt des Waschens routiniert vor den Geschlechtsverkehr gesetzt. Die Prostituierte nutzt diese Gelegenheit – durchaus an unser Wissen um Krankenpflege anknüpfend – um Kontrolle zu demonstrieren und zu gewinnen. Durch Sprechen gleichzeitig gewinnt sie die Möglichkeit, ihr Handeln zu entdramatisieren und in den Alltag wieder einzubetten. Sie gehe natürlich mit Männern um, kommentiert entsprechend ihre Kollegin.

Nun kommt der Raum ins Spiel. Als Frage bleibt ja, warum sich für das Geschehen bezahlende Männer den auferlegten Waschakt gefallen lassen. Entscheidend ist hierbei, dass die Prostitution, das hat Renate Ruhne sehr nachvollziehbar hergeleitet (in Löw/Ruhne 2011), in jeder Hinsicht als „andere Welt" konstruiert wird. Wenn nun draußen die eigentliche Welt herrscht und drinnen die Prostitution wartet, dann bedarf es eine Form des Übertritts. Das Reinigungsritual wird von Männern in den Interviews als entspannend, als Übergang, als Abschütteln des Draußen beschrieben. Mit der Reinigung konstruiert das prostitutive Paar ein duales Raummuster, indem es einen Außenraum „Welt" und einen Innenraum „Prostitution" gibt. Eben diese Konstruktion ermöglicht es, im Innenraum Handlungen legitim erscheinen zu lassen, die im Außenraum sanktioniert werden – und die Konsequenzen dieser Konstruktion betreffen nicht nur die Praktiken der Sexualität, sondern auch und vor allem die Rechts- und Arbeitsbedingungen der Sexarbeiterinnen.

Verallgemeinert man dieses Beispiel unter methodologischen Gesichtspunkten, so gibt es ein doing (Waschen) und ein saying (Zippelche), das im Zusammenwirken wirklichkeitskonstitutiv ist, obwohl faktisch unterschiedliche Ebenen angesprochen werden: Reinigen und Verniedlichen. Die beiden beteiligten Personen willigen harmonisch in eine Handlungspraxis ein, verbinden damit jedoch geschlechtsspezifisch sehr unterschiedliche Anliegen. Als Resultat entsteht ein räumliches Gefüge, die Herstellung einer Zwei-Welten-Konstruktion, die nur praktisch bewusst, aber diskursiv selten verfügbar ist.

Raum entsteht durch jene Verknüpfungsleistung, durch die Elemente als gemeinsame Struktur wahrgenommen werden sowie durch Platzierung eben dieser Elemente. In dem Fall entsteht Raum in einer Innen-Außen-Konstruktion, die nicht einfach dem Innen eine weibliche und dem Außen eine männliche Komponente zuweist. Vielmehr führt die Existenz des Innen dazu, dass dort andere Regeln gelten als außen: z.b. dass in einer Gesellschaft, die nahezu alle gewerblichen Tätigkeiten in Ausbildungsformate bringt, Sexarbeit für intuitiv ausführbar erachtet. Die handelnden Subjekte platzieren sich in Relation zu dieser Syntheseleistung. Raum und Ort können nicht länger als „bereits gegeben" aufgefasst werden, wenn eine Interaktion beginnt, sondern die Leistung Räume herzustellen sollte als Anteil von Sprech- und Handlungssituationen betrachtet werden (Broth 2008; Mondada 2009). Dies geschieht bislang nur selten und wenn dann nur als erfolgreiches Ineinandergreifen von Sprechen, Körperbewegung und Raumarrangement. Ein Beispiel hierfür ist Lorenza Mondadas (2009) Studie darüber, wie Menschen handeln müssen, um im öffentlichen Raum jemanden dazu zu bewegen zu stoppen (z.B. weil man nach der Uhrzeit fragen will). Sie zeigt, dass das Handeln sequenziell organisiert ist. Körperliche Platzierung und Sprechhandeln bauen sukzessive aufeinander auf und lassen so in Sequenzen gegliedert aufeinander aufbauende Raumgefüge folgen.

Solche Analysen helfen zu verstehen, wie Syntheseleistung und Spacing sprachlich und körperlich aufeinander abgestimmt erfolgen und Räume durch komplexe Sinnkonstruktionen vermittelt synthetisiert werden. Nun gibt es aber ebenso regelmäßig den Fall, dass die Herstellung von Räumen im Sprechen nicht mit der Platzierung koordiniert ist. Wie oben am Beispiel ausgeführt können im Sprechen und Tun auch räumliche Relationen hergestellt werden, die über die Präsenz hinausreichen. Dies gilt vor allem dann, wenn man den Bereich des unmittelbaren Erlebens verlässt und Medienpräsenz sich in Wirklichkeitserfahrung mischt.

4 Sprechen an anderen Orten

Alfred Lameli (2009) untersucht den spontanen Wissensumfang linguistischer Laien in Bezug auf die Lokalisierungsfähigkeit von Dialekten. Es stellt sich heraus, dass die meisten Menschen, obwohl sie nicht Dialekt sprechen, Dialekte relativ korrekt auf einer Landkarte lokalisieren können. Dies gilt sowohl für die untersuchte Gruppe der gerade mal 16-jährigen wie für die Erwachsenen-Kontrollgruppe. Dass also Jugendliche mit wenig Reiseerfahrung und geringer Dialektidentifikation über ein sprachlich abrufbares Wissen verfügen, wer wo wie spricht, liegt – so der Autor – daran, dass Jugendliche, Dialekte über aus dem Fernsehen bekannte Persönlichkeiten wie Helmut Kohl, Franz Beckenbauer, Angela Merkel, Papst Ratzinger, Udo Lindenberg etc. mit Regionen verbinden und über Dialekt-Comedys Sprachraumvorstellungen entwickeln. Hinzukommt, dass Dialekträume um Städte herum verortet werden. Wenn z.B. eine Sprachprobe in einer Kleinstadt in Nordhessen, 60 km von Kassel entfernt, aufgenommen wurde, markieren die Befragten vor allem Kassel als Zentrum dieser Sprechweise.

In diesem Fall verhindert weder die Abnahme der Dialektsprachkompetenz noch die wahrnehmbare räumliche Dissonanz (der Papst spricht in Rom, Helmut Kohl erlebte man in Bonn etc.), dass Raum über die imaginäre Platzierung von Figuren in Verknüpfung mit Städten handlungsrelevant als Konstruktionsleistung aufgespannt wird. Auch hier wird ein relatives Relevanzsystem zum Einsatz gebracht (es verdichten sich mittels Syntheseleistungen Positionen zu Räumen), aber weder die Beobachterperspektive wie in der Konstruktion „der Ball liegt links vom Auto" noch die Aktualität der Handlungssituation „der Ball liegt vor dem Auto" tritt offen zutage. Entscheidend ist: Unter Bedingungen von Abwesenheit ist das komplexe Zusammenspiel von Syntheseleistung und Spacing auf die Medien Sprache und Bild zur Reproduktion der räumlichen Struktur angewiesen. Das bedeutet keineswegs, dass das Spacing für die Syntheseleistung irrelevant ist. In dem Satz „I am Nick from Kirham", in der Mobilfunkkommunikation über den idyllischen Strand und wenn Jugendliche angeben können, wie man in Bayern spricht, weil sie den Papst im Fernsehen haben sprechen hören, in allen drei Handlungs-Sprechakten ist die körperliche Präsenz des Sprechers nicht irrelevant. Nick mag sich seiner Herkunft versichern, um die verunsichernde Vorstellungsrunde besser bewältigen zu können. Die Telefonierende adressiert Emotionen durch Raumbeschreibungen und die Jugendlichen gliedern sich in ein System regionaler Differenzierung ein. Wichtig ist hier, dass ein Raum an Fassung gewinnt, welcher wirkungsmächtig ist (z.B. Region), der mit der aktuellen Platzierung nicht deckungsgleich ist, obwohl aber der Sprechakt die Handlungssituation figuriert.

5 Fazit

Die Soziologie hat sich bislang in der empirischen Forschung auf Textinterpretation konzentriert. Interpretiert werden in qualitativen Verfahren vor allem verschriftlichte Daten (wie z.b. transkribierte Interviews). Bild, Raum, Karte, Sound etc. gehören noch kaum zu den üblichen Quellen für die Deutung der Umwelt. Mit der gleichzeitigen Erhebung und Auswertung von Sprach- und Körperhandeln gewinnt die Raumanalyse einen Zugang zu Wissens- und Erfahrungsstrukturen der Akteure, wie sie im Sprechen zum Ausdruck kommen. Zeitgleich lassen sich aus der Analyse der Platzierungen Detailaufnahmen der situativen Konstruktion von Wirklichkeit herleiten.

Auch die Kommunikationsanalysen können an Komplexität gewinnen. Bislang arbeiten Sozialwissenschaftler/-innen arbeitsteilig: Interaktionstheoretiker/-innen wollen wissen, warum Nick „Kirham" anführt, wenn er eine Vorstellungsrunde meistern will, Raumtheoretiker/-innen wollen erkunden, wie Stadt in einer urbanisierten Welt semantisch konfiguriert wird. Diese Arbeitsteilung trennt Wissensbestände auf unproduktive Weise. Sprechen ist eine regelmäßig zu beobachtende Handlungsweise. In diesen Sprechakten werden wiederum häufig Bezüge zu Räumen integriert oder gar Raumbeschreibungen platziert. Das Sprechen über Raum zeigt Effekte für die Handlungssituation sowie für die räumlichen Vorstellungen, räumliche Verteilungen und Raumfiguren und resultiert aus der Erfahrung mit den kulturell spezifischen Formationen. „Nick from Kirham" ist gleichzeitig Identitäts- und Raummanagement. Beides ist Praxis und beides ist Struktur. Im Sprechen wird Anwesendes benannt, strukturiert und kommentiert, aber auch Abwesendes mit Namen versehen, konstruiert und angerufen. Anwesend-Abwesend wiederum ist eine grundlegende räumliche Formation.

Literaturverzeichnis

Ahlemeyer, Heinrich W. (2002): Geldgesteuerte Intimkommunikation. Zur Mikrosoziologie heterosexueller Prostitution. Gießen: Psychosozial-Verlag

Arminen, Ilkka/Weilenmann, Alexandra (2009): Mobile presence and intimacy. Reshaping social actions in mobile contextual configuration. In: Journal of Pragmatics 41, 10, 2009. 1905-1923

Bourdieu, Pierre (1976, [1]1972): Entwurf einer Theorie der Praxis auf der ethnologischen Grundlage der kabylischen Gesellschaft. Frankfurt am Main: Suhrkamp

Broth, Mathias (2008): Seeing through screens, hearing through speakers: Managing distant studio space in television control room interaction. In: Journal of Pragmatics 41, 10, 2008. 1998-2016

Butler, Judith (1991): Das Unbehagen der Geschlechter. Frankfurt a. M.: Suhrkamp

Geertz, Clifford (1987, ¹1973): "Deep Play": Bemerkungen zum balinesischen Hahnenkampf. In: Clifford (1987): 202-260
Geertz, Clifford (1987): Dichte Beschreibung. Beiträge zum Verstehen kultureller Systeme. Frankfurt am Main: Suhrkamp
Giddens, Anthony (1988): Die Konstitution der Gesellschaft. Grundzüge einer Theorie. Frankfurt a. M./New York: Campus Verlag
Garz, Detlef/Kraimer, Klaus (Hrsg.) (1994): Die Welt als Text. Theorie, Kritik und Praxis der objektiven Hermeneutik. Frankfurt am Main: Suhrkamp
Heimerl, Birgit (2006): Choreographie der Entblößung: Geschlechterdifferenz und Personalität in der klinischen Praxis. In: Zeitschrift für Soziologie 35, 5, 2006. 372-39
Hirschauer, Stefan (2004): Praktiken und ihre Körper. Über materielle Partizipanden des Tuns. In: Hörning et al. (2004): 73-91
Hörning, Karl H./Reuter, Julia (Hrsg.) (2004): Doing Culture. Zum Begriff der Praxis in der gegenwärtigen soziologischen Theorie. Bielefeld: Transcript
Lameli, Alfred (2009): Die Konzeptualisierung des Sprachraums als Teil des regionalspezifischen Wissens. In: Zeitschrift für Germanistische Linguistik 37, 1, 2009. 125-156
Levinson, Stephen C. (2003): Space in Language and Cognition. Explorations in Cognitive Diversity. Cambridge: CambridgeUniversity Press.
Levinson, Stephen C./Wilkins, David P. (2006): The background to the study of the language of space. In: Levinson/Wilkins (2006): 1-23
Levinson, Stephen C./Wilkins, David P. (Hrsg.) (2006): Grammars of Space. Explorations in Cognitive Diverstity. Cambridge: Cambridge University Press.
Löw, Martina (2001): Raumsoziologie. Frankfurt am Main: Suhrkamp
Löw, Martina/Ruhne, Renate (2011): Prostitution – Herstellungsweisen einer anderen Welt. Frankfurt am Main: Suhrkamp
Malpas, Jeff (2012): Putting space in place: philosophical topography and relational geography. In: Environment and Planning D: Society and Space 30, 2. 226-242.
Matthiesen, Ulf (1994): Standbein – Spielbein. Deutungsmusteranalysen im Spannungsfeld von objektiver Hermeneutik und Sozialphänomenologie. In: Garz/Kraimer (1994): 73-113
Mondada, Lorenza (2009): Emergent focused interactions in public places: A systematic analysis of the multimodal achievement of a common interactional space. In: Journal of Pragmatics 41, 10, 2009. 1977-1997
Myers, Greg (2006): „Where are you from?": Identifying place. In: Journal of Sociolinguistics 10, 3, 2006. 320-343
Reckwitz, Andreas (2000): Die Transformation der Kulturtheorien. Zur Entwicklung eines Theorieprogramms. Weilerswist: Velbrück
Schatzki, Theodore (1996): Social Practices. A Wittgensteinian approach to human activity and the social. Cambridge: CUP

Das theoretische Konzept der kommunikativen Raum(re)konstruktion

Gabriela B. Christmann

1 Einleitung

In der sozialwissenschaftlichen Raumforschung ist im Verlauf des so genannten „cultural turn" die Überlegung selbstverständlich geworden, dass Räume erst vor dem Hintergrund menschlicher Bedeutungszuschreibungen gesellschaftliche Wirklichkeit werden, dass sie kulturell geprägt sind und folglich als „soziale Konstruktionen" verstanden werden müssen. Die theoretische Prämisse der sozialen Konstruktion von Raum ist seither weithin anerkannt.

Bei Versuchen der theoretischen Ausarbeitung dieser Prämisse kamen hauptsächlich Faktoren wie Wissen (Bedeutungsgenerierungen) und Handeln in den Blick (vgl. z.B. Lefebvre 1991, Giddens 1993, Werlen 1997, Löw 2001, Thrift 2007).[1] Nur langsam entwickelte sich ein Bewusstsein davon, dass auch Kommunikation bzw. kommunikatives Handeln als ein Faktor anzusehen ist (vgl. Paasi 1989, Healey 1992, Hastings 1999, Lees 2004, Schlottmann 2005, Pott 2007). Zumindest in der *empirischen* Raumforschung ist seit Längerem offensichtlich, dass mit räumlichen Transformationen (z.B. in der Stadtentwicklung) oft ausgedehnte (öffentliche) Kommunikationsprozesse einhergehen. Dennoch ist die *theoretische* Konzeptualisierung von solchen Vorgängen bis heute schwach ausgeprägt. Es existieren nur wenige theoretische Ansätze, die Kommunikationen als einen Faktor in Raumkonstruktionsprozessen behandeln. Und die wenigen, die es dazu gibt, sind entweder von der Theorie autopoietischer Systeme Luhmanns (vgl. Pott 2007, Kuhm 2000) oder der poststrukturalistischen Diskursanalyse Foucaults (vgl. Glasze/Mattissek 2009) inspiriert. Das heißt, sie berücksichtigen zwar Kommunikationen, sehen diese aber als Medien einer systemischen oder strukturellen Erzeugung von Sinn an. Das Handeln von Subjekten hat in diesem Prozess nur einen geringen Stellenwert.

Der hier vorgeschlagene theoretische Ansatz der kommunikativen Raum(re)konstruktion ist demgegenüber kommunikations- *und* handlungsorientiert sowie wissenssoziologisch ausgerichtet. Grundlegend ist der Gedanke, dass

---

[1] Für eine Übersicht zu Raumtheorien siehe Schroer (2006), Dünne/Günzel (2006), Heuner (2010), Rau (2013) sowie Christmann (2015 in diesem Band).

Raum(re)konstruktionen nicht ohne Sinnzuschreibungen und *kommunikatives Handeln* von Subjekten bzw. Akteuren gefasst werden können. Im Ansatz wird außerdem berücksichtigt, dass Materialitäten etwa in Form von Körpern oder physischen Objekten im Handeln mitwirken und Raum(re)konstruktionen prägen. Auch der Prozesshaftigkeit von Raum(re)konstruktionen wird Rechnung getragen. Räume werden als dynamische, mehr oder weniger im Fluss befindliche Konstrukte konzeptualisiert. Daher wird im Ansatz nicht nur betrachtet, wie Raumkonstruktionen entstehen und sich verfestigen bzw. institutionalisieren, sondern auch – wie der Begriff der „Raum(*re*)konstruktion" andeutet – wie bestehende Raumkonstruktionen modifiziert bzw. neustrukturiert werden. Nicht zuletzt wird die potenzielle Gleichzeitigkeit unterschiedlicher sozialer Raumkonstruktionen für ein und dieselbe räumliche Einheit bedacht, da Bedeutungszuschreibungen, kommunikatives Handeln und materielle Anordnungen in Bezug auf eine räumliche Einheit je nach sozialer Gruppe verschieden sein können. Dieses Phänomen wird auch unter dem Begriff des relationalen Raums diskutiert (vgl. v.a. Löw 2001).

Um es zusammenzufassen: Als zentrale Dimensionen in Raum(re)konstruktionsprozessen werden hier *Kommunikationen, Handeln, Wissen* und *Materialität* angesehen. Raum(re)konstruktionen werden außerdem in ihrer *Prozessualität* und *Relationalität* betrachtet.

Um den Gedanken der kommunikativen Konstruktion und fortwährenden Rekonstruktion von Räumen theoretisch-konzeptionell entfalten zu können, bedient sich der hier vorgeschlagene Ansatz universaler – konstruktivistisch angelegter – Sozial- und Gesellschaftstheorien, die möglichst viele der oben genannten Dimensionen adressieren können. Dennoch versteht sich der Ansatz als Theorie mittlerer Reichweite, weil er nicht universale, sondern *spezielle* – nämlich auf Räume (bzw. Orte) bezogene – soziale Prozesse fokussieren will.[2] Die Übertragung der Theorien auf und die konzeptionelle Weiterentwicklung derselben für Räume soll zunächst der Einfachheit halber, für den Zweck einer verständlichen Darstellung, exemplarisch am Beispiel von Orten erfolgen, die als kleinste räumliche Einheiten verstanden werden sollen.[3] Das heißt nicht, dass der vorgeschlagene raumtheoretische Ansatz auf Orte beschränkt ist. Ziel ist es vielmehr, den Ansatz so generisch zu fassen, dass auch Konstruktionen größerer räumlicher Einheiten damit abgebildet werden können.

---

[2] Im Ansatz werden demzufolge nicht Tiefendimensionen universaler Theorien entfaltet, sondern zentrale Annahmen derselben aufgegriffen, miteinander verbunden und auf raumbezogene Prozesse übertragen.

[3] Allerdings ist die physisch-räumliche Ausdehnung eines Ortes nicht objektiv festgelegt (z.B. durch einen Umkreis von einer bestimmten Zahl von Kilometern). Was in einem jeweils konkreten Fall als Ort angesehen wird, wird von einer Gesellschaft jeweils im Rahmen ihrer räumlichen Praktiken und Bedeutungszuschreibungen definiert.

Konkret werden dem Ansatz Überlegungen der folgenden Sozial- und Gesellschaftstheorien[4] zugrunde gelegt: Annahmen des Sozialkonstruktivismus' (Berger/Luckmann 1987), des Kommunikativen Konstruktivismus' (Knoblauch 1995, 2001a, 2001b, 2005, 2013a, 2013b, 2015 in diesem Band, Reichertz 2013, Reichertz o.J.) und des Wissenssoziologischen Diskurskonzepts (Keller et al. 2005, Keller 2013b, 2015 in diesem Band). Während die Stärke des Sozialkonstruktivismus' darin liegt, dass er Verfestigungen von Wirklichkeitskonstruktionen in Face-to-Face-Handlungssituationen aufzeigen kann, liegt die Bedeutung des Kommunikativen Konstruktivismus darin, dass er über das Element des (körperlich verwirklichten) kommunikativen Handelns Dynamisierungen in (Re-)Konstruktionsprozessen fassen kann. Mit dem Wissenssoziologischen Diskurskonzept können Verschränkungen von Kommunikationen sowie diskursive Aushandlungsprozesse in hochgradig institutionalisierten, öffentlichen Kontexten betrachtet werden. Das im Konzept enthaltene Element der Dispositive erlaubt es darüber hinaus, Instrumente in den Blick zu nehmen, mit denen diskursiv konstruierte Wissensordnungen gesellschaftlich etabliert und materielle Gestaltungen bewerkstelligt werden.

Der Beitrag hat folgende Dramaturgie: In Kapitel 2 werden zunächst Eckpunkte der genannten universalen Theorien vorgestellt, um in den darauffolgenden Kapiteln 3 und 4 basale Theoreme dieser Ansätze aufgreifen, auf Raum(re)-konstruktionsprozesse übertragen und gegenstandsbezogen weiterentwickeln zu können. Die raumtheoretische Konzeptualisierung soll in zwei Teilen erfolgen: Im ersten Teil (Kap. 3) wird ausgehend von subjektiven Raumdeutungen „historischer" Subjekte modellhaft der Prozess der gesellschaftlichen „Erstkonstruktion" eines Raumes, d.h. die historische Entstehung und Verfestigung eines sozial geteilten Kulturraums, entwickelt. Im zweiten Teil (Kap. 4) werden Raum*re*konstruktionen in den Blick genommen, die auch als Raumtransformationen bezeichnet werden sollen. Ausgangspunkt ist dort das Modell des historisch entstandenen, institutionell verfestigten Kulturraums. Am Beispiel von Einzelakteuren, Akteursgruppen, Netzwerken, Governance-Arrangements wie auch von kleinen und großen Öffentlichkeiten wird dort modellhaft verfolgt, wie Raumkonstruktionen in welchen Prozessen ausgehandelt, umkämpft, modifiziert bzw. neustrukturiert werden. Im fünften Kapitel wird untersucht, welche Impli-

---

[4] Sozialtheorien werden als Ansätze begriffen, die Grundlagen subjektiven und gesellschaftlichen Wissens sowie des Handelns, einschließlich des wechselseitig aufeinander bezogenen sozialen Handelns, in der Regel vorwiegend am Bespiel von Face-to-Face-Beziehungen in den Fokus der Betrachtung rücken (z.B. Handlungstheorien, Sozialkonstruktivismus, kommunikativer Konstruktivismus). Gesellschaftstheorien (z.B. Diskurs- und Dispositivkonzepte, Systemtheorien) befassen sich mit hochgradig institutionalisierten Formen des Handelns (kollektiver) gesellschaftlicher Akteure, mit Diskursordnungen und ihren gesellschaftlichen Implikationen oder aber mit systemischen Strukturbildungen etc.

kationen die theoretisch-konzeptionellen Überlegungen in methodischer Hinsicht für empirische Analysen haben.

2 Theoretische Eckpunkte für einen Ansatz der kommunikativen Raum(re)konstruktion

Ziel dieses Kapitels ist es, wie zuvor angedeutet, die Grundannahmen der oben genannten Theorieansätze fokussiert für den Zweck des anvisierten theoretischen Vorhabens zu skizzieren. Nacheinander werden der Sozialkonstruktivismus, der Ansatz des Kommunikativen Konstruktivismus und das Wissenssoziologische Diskurskonzept betrachtet.

Im *Sozialkonstruktivismus* Bergers und Luckmanns steht die Frage im Zentrum der theoretischen Bemühungen, wie es möglich ist, „dass subjektiv gemeinter Sinn zu objektiver Faktizität wird" oder „menschliches Handeln (...) eine Welt von Sachen hervorbringt" (Berger/Luckmann 1987, 20). Auf diese Frage – die in raumtheoretischer Hinsicht insofern interessant ist, als sie nicht nur auf immaterielle, sondern auch auf *materielle Objektivierungen* anspielt – bieten die Autoren in ihrer Theorie der gesellschaftlichen Konstruktion der Wirklichkeit folgende Antwort: Intersubjektiv geteilte Wirklichkeitsdeutungen (ein Begriff, der synonym zum *Wissens*-Begriff verwendet wird) sind das Ergebnis eines dialektischen *Handlungs*prozesses von Externalisierung, Objektivierung und Internalisierung.

Theoretischer Ausgangspunkt sind Externalisierungen von subjektivem Sinn, das heißt, am Anfang des Prozesses stehen Subjekte, die ihre Sichtweise oder Reaktion im Hinblick auf ein bestimmtes Phänomen im Handeln entäußern. Dies geschieht in sprachlicher Form. *Sprache* hat im theoretischen Modell Bergers und Luckmanns (1987, 69) einen zentralen Stellenwert inne. Die Autoren schreiben ihr eine objektivierende Funktion zu. Nur über Sprache können subjektive Entäußerungen für andere Subjekte zugänglich gemacht, nur über sie können bestimmten Gegenständen gemeinsam geteilte Bedeutungen dauerhaft zugeschrieben werden. Zwar sind sich die Autoren auch der Bedeutung von non-verbaler Kommunikation und von materiellen Objekten in Konstruktionsprozessen bewusst, allerdings schenken sie ihnen in der Folge keine systematische Aufmerksamkeit (vgl. Berger/Luckmann 1987, 38). Wesentlich bedeutender im Prozess der Objektivierung sind in ihren Augen Institutionalisierungen und Legitimationen (vgl. Berger/Luckmann 1987, 66). Sie führen zu einer Verstetigung und Absicherung. Ausdrücklich weisen die Autoren darauf hin, dass Wirklichkeitskonstruktionen – sobald sie stabile Gebilde geworden und legitimatorisch abgesichert sind – dem Individuum in verdinglichter Form gegenüberstehen. Im Rahmen von Sozialisationsprozessen werden die gesellschaftlichen Wirklichkeitskonstruktionen von Individuen schließlich internalisiert und nehmen Einfluss auf diese (vgl. Berger/Luckmann 1987, 65). Gesellschaftliche Wirklichkeitskonstruktionen sind es auch, die den Hintergrund für die Entwicklung personaler Identitäten bilden (vgl. Berger/Luckmann 1987, 185). In kommunikationstheoretischer Hinsicht ist es im Rahmen des Sozialkonstruktivismus indes in erster Linie die Sprache, auf die im Prozess der gesellschaftlichen Konstruktion von Wirklichkeit angesichts ihrer objektivierenden Kraft gesetzt wird.

In dem von Knoblauch (1995, 2001a, 2001b, 2005, 2013a, 2013b, 2015 in diesem Band) angeregten *Kommunikativen Konstruktivismus* ist dies anders. Dort wird der Begriff der Kommunikation bzw. des *kommunikativen Handelns* in den Mittelpunkt der Betrachtung gerückt. Kommunikatives Handeln verstehen Keller, Knoblauch und Reichertz als reziprok aufeinander bezogenes Handeln, das sich Zeichen unterschiedlicher Art bedient, das heißt also nicht nur sprachlicher, sondern auch nicht-sprachlicher Zeichen und sogar materieller Objekte in Form von Körpern, Gegenständen, Medien, technischen oder kulturellen Artefakten (vgl. Keller/Knoblauch/Reichertz 2013, 14). „Kommunikation wird dabei nicht allein als das Mittel verstanden, mit dem sich Menschen absichtsvoll Botschaften zukommen lassen und versuchen, andere zu steuern, sondern Kommunikation ist immer auch die menschliche Praktik, mit der zugleich Identität, Beziehung, Gesellschaft und Wirklichkeit festgestellt werden." (Keller/Knoblauch/Reichertz 2013, 13) Während das Konzept der Sprache (als semantisches System) im Sozialkonstruktivismus eine relativ starre Struktur bzw. Dauerhaftigkeit in sich birgt, hat der übergreifende Begriff des kommunikativen Handelns im Kommunikativen Konstruktivismus den Vorteil, dass er Handlungsdynamiken, Umgestaltungen bzw. Aushandlungen von Wirklichkeitskonstruktionen besser fassbar machen kann. Zugrunde gelegt wird zudem die Annahme, dass in kommunikativem Handeln *Wissen* produziert und vermittelt wird und dass „zugleich soziale Strukturen erzeugt und reproduziert" werden (Knoblauch 1995, 5). Interessant ist auch, dass im Kommunikativen Konstruktivismus Knoblauchs *Materialität in Form von Körpern und Dingen* als integraler Bestandteil kommunikativen Handelns betrachtet wird. Insbesondere der Körper findet Beachtung, weil erst durch ihn Sinn sozial sichtbar gemacht werden kann (vgl. Knoblauch 2013a, 29).[5] Mit dieser Ausrichtung kommt der Ansatz zentralen Überlegungen von Praxistheorien und der Akteur-Netzwerk-Theorie nahe.

---

[5] Knoblauchs Annahmen basieren auf Schütz' Überlegungen zur Intersubjektivität und auf dessen Hinweis, dass der Leib in der Rolle eines sozialen Mediums des Subjekts gesehen werde müsse (vgl. Knoblauch 2013a, 26f.).

Darüber hinaus sind – wie gesagt – diskurstheoretische Überlegungen, die Keller (Keller et al. 2005, Keller 2004, 2013a, 2013b, 2015 in diesem Band) im Rahmen der *Wissenssoziologischen Diskursanalyse (WDA)* vorgelegt hat, für den hier vorgeschlagenen Ansatz von Bedeutung. Die WDA ist inzwischen zu einem Bestandteil des insgesamt noch fragmentarischen Ansatzes des Kommunikativen Konstruktivismus geworden. Einerseits ist die Wissenssoziologische Diskursanalyse zwar durch Foucault (1974, 1981) inspiriert: Foucaultianisch ist dabei das strukturtheoretische Interesse daran, wie im Rahmen von Diskursen intersubjektiv geteilte Wissens- und Machtordnungen entstehen. Andererseits unterscheidet sich die WDA jedoch deutlich von Foucaults Ansatz, da sie nicht ausschließlich die von Akteuren losgelösten, nicht-intendierten Dynamiken der Wissensgenese in den Vordergrund der Betrachtung rückt, sondern eine *handlungstheoretische Perspektive* zugrunde legt. Keller verfolgte mit seinem Ansatz von Anfang an das Ziel, den sozialkonstruktivistischen Ansatz an dem Punkt weiterzuentwickeln, wo es um die Objektivierung von Wirklichkeitsdeutungen (Wissen) geht. Im Unterschied zum Sozialkonstruktivismus stehen dabei nicht Face-to-Face Situationen, sondern institutionell formalisierte Prozesse der diskursiven Wirklichkeitskonstruktion im Vordergrund: Systematisch wird das Handeln von kollektiven Akteuren, einschließlich Medienakteuren, in komplexen, institutionalisierten gesellschaftlichen Gefügen betrachtet (vgl. Keller 2001, 126). Diskurse werden in dieser Perspektive als ein Ensemble verschiedener kommunikativer Handlungen gefasst, die thematisch in Beziehung zueinander stehen und in der Folge zu thematischen Bündelungen von Wissenselementen bzw. zu Verknüpfungen von Wirklichkeitsdeutungen führen. Sie werden zudem als dynamische – potenziell umkämpfte – Aushandlungsprozesse in kleinen und großen Öffentlichkeiten konzipiert.

Keller geht nicht nur davon aus, dass in *diskursiven* Prozessen *Wissensordnungen* hergestellt werden, sondern dass Diskurse mit ihren Wissensordnungen Einfluss auf gesellschaftliche Prozesse – bis in *physisch-materielle Gestaltungen* hinein – nehmen können. Zentral ist in diesem Zusammenhang das ursprünglich von Foucault stammende Konzept des Dispositivs, das eine Brücke zwischen Wissensordnungen und Materialität schlagen kann (Foucault 1977, 35; Foucault 1978; vgl. ferner Bührmann/Schneider 2008). Ähnlich wie Foucault versteht Keller (2008, 258) Dispositive als Instrumente, z.B. in Form von personellen Ausstattungen, spezifischen institutionellen Maßnahmen und/oder materiellen Dingen, mit denen in einer Gesellschaft spezifische Wissensordnungen durchgesetzt bzw. umgesetzt werden können. Mit ihrer Hilfe wird an der Überführung von Wissensordnungen in manifeste gesellschaftliche Ordnungen gearbeitet. Über Dispositive als einem Ensemble von Ideellem und Materiellem werden also nicht nur Wissensformen, sondern auch soziale Beziehungen und materiale Objektwelten strukturiert.

In der Frage nach dem Wie der sozialen Konstruktion von Wirklichkeit bemüht sich also auch Keller darum, den Zusammenhang von kommunikativem Handeln, Wissen(sordnungen) und Materialität theoretisch zu fassen. Während aber Knoblauch im Rahmen seines Ansatzes der kommunikativen Wirklichkeitskonstruktion Materialität im Zusammenhang mit der Körperlichkeit von Subjekten und der Mitwirkung materieller Objekte im wechselseitig aufeinander bezogenen Handeln betrachtet (und dies grundsätzlich in unmittelbaren wie auch in medial vermittelten Handlungssituationen tut), weist Keller in seinem Konzept der diskursiven Konstruktion von Wirklichkeit auf Dispositive hin, die eine Art (materielle) Handlungsressource von kollektiven Akteuren in mehr oder weniger hochgradig institutionalisierten gesellschaftlichen Kontexten sind und instrumentell zur gesellschaftlichen Manifestation von Wissensordnungen eingesetzt werden.

In allen drei Ansätzen zeigt sich im Übrigen, dass die *Relationalität*, d.h. die Idee einer potenziellen Gleichzeitigkeit unterschiedlicher Wirklichkeitskonstruktionen bezüglich eines Gegenstandes, jeweils grundsätzlich angelegt ist. Im Sozialkonstruktivismus ist dies zumindest – implizit – der Fall. Dort bilden unterschiedlich ausfallende subjektive Wirklichkeitsdeutungen den Ausgangspunkt des Ansatzes. Wie Poferl (2009, 242) bemerkt ist „(d)amit (…) der Weg zu einer prinzipiellen Anerkennung der Definitionsabhängigkeit sozialer Wirklichkeit (…) und ihrer (Multi-)Perspektivität beschritten." Auch im Kommunikativen Konstruktivismus ist der Gedanke eher implizit enthalten. Im Wissenssoziologischen Diskurskonzept kommt die Gleichzeitigkeit unterschiedlicher Perspektiven auf einen Gegenstand insofern klarer zum Ausdruck, als dort die Annahme eine Rolle spielt, dass Diskurse umkämpft sind und dass unterschiedliche Wirklichkeitsdeutungen um eine Deutungsmacht und gesellschaftliche Etablierung ringen.

Auch die Dimension der *Prozessualität* ist in allen Ansätzen enthalten. Während im Sozialkonstruktivismus eher Prozesse der Etablierung und Verfestigung einer gesellschaftlichen Wirklichkeitskonstruktion im Vordergrund stehen, sind es im Kommunikativen Konstruktivismus außerdem Dynamiken und Modifikationen bestehender physisch-sozialer Arrangements. Auch Diskurskonzepte sind ‚dynamisch diachron' (Knoblauch 2001a, 212) angelegt. Schon in Foucaults Arbeiten zielte die Analyse von Diskursen auf die Rekonstruktion kulturhistorischer Prozesse, was die historische Genese von Wissensordnungen wie auch deren Veränderungen im historischen Prozess einschließt.

3 Kommunikative Raumkonstruktionen: Von subjektiven Raumdeutungen zum sozial geteilten Kulturraum[6]

Das folgende Kapitel zielt darauf – am Beispiel eines gedachten Ortes, der als „Raum A" bezeichnet werden soll – den Weg von subjektiven Raumdeutungen hin zu einem Kulturraum theoretisch-konzeptionell nachzuzeichnen. Ein Kulturraum soll verstanden werden als ein in einem historischen Verlauf in sozialen Prozessen entstandenes untrennbares Ensemble immaterieller und materieller Raumkonstruktionen, die in einem Sozialzusammenhang weithin geteilt werden und in institutioneller Hinsicht Verfestigungen erfahren haben. Eine Grundlage für das Konzept von Kulturraum ist die empirische Evidenz, dass konkret vorfindbare, geografisch verortbare Räume in der Regel durch eine gesellschaftlich geteilte spezifische Geschichte und spezifische sozio-räumliche Strukturen gekennzeichnet sind.

Im Folgenden soll theoretisch gefasst werden, in welchen sozialen Prozessen die Entstehung eines solch verfestigten kulturellen Konstrukts gedacht werden muss. Das entstandene kulturelle Konstrukt soll dabei hypothetisch als eine „Erstkonstruktion" begriffen werden, d.h. als ein von einer *tabula rasa* ausgehender sozialer Prozess, der Schritt für Schritt zu Institutionalisierungen und am hypothetisch angenommenen „Ende" zu einer weithin gesellschaftlich geteilten Wirklichkeitskonstruktion führt. Dies geschieht freilich im Wissen, dass anfängliche Verfestigungen von Wirklichkeitskonstruktionen im Grunde jederzeit auch wieder geändert, also transformiert bzw. re-konstruiert, werden können. Davon soll jedoch erst der zweite Teil dieses theoretischen Ansatzes (vgl. Kap. 4) systematisch handeln.

Beginnend mit (1) dem raumbezogenen Handeln und Deuten von Einzelsubjekten wird die (2) kommunikative Herstellung intersubjektiver Raumkonstruktionen in einem Sozialzusammenhang geklärt, um anschließend deren Objektivierungen in Form von Handlungsroutinen, sprachlichen Festlegungen, Institutionalisierungen und Legitimierungen zu betrachten. Als Elemente für die Herausbildung eines *Kultur*raumes werden (3) kommunikative Praktiken des Erinnerns, vor allem diskursive Prozesse und Dispositive fokussiert.

---

[6] Die Kapitel 3 und 4 lehnen sich in der Grundstruktur an Christmann (2010) an, wo erste Überlegungen zum Ansatz der kommunikativen Raum(re)konstruktion entwickelt wurden. Jene Überlegungen sind hier im Lichte des neu entstandenen Kommunikativen Konstruktivismus wesentlich modifiziert und erweitert worden. Vgl. ferner Christmann (2014), wo der Ansatz für die empirische Raumforschung fruchtbar gemacht wurde.

(1) Raumbezogenes Handeln und Deuten von Subjekten
Ausgangspunkt sind – wie bereits angedeutet – historische Subjekte, die als „Erstkonstrukteure" gedacht werden. Ein historisches Subjekt 1 handelt in einem räumlichen Umfeld, das es auf der Grundlage seiner Körperlichkeit und seiner Sinnesausstattung erschließt und als einen es umgebenden Raum wahrnimmt. Dieser Raum wird im Folgenden „Raum A" genannt. Das Subjekt fasst dort im Rahmen seines Handelns von ihm wahrgenommene Flächen, Gegenstände, Pflanzen, Tiere, aber auch andere Subjekte sowie deren Handlungsweisen und soziale Ordnungen auf eine bestimmte Weise zusammen; es ordnet sie dem Raum A zu, schreibt ihm so bestimmte Bedeutungen zu und entwickelt auf dieser Grundlage bestimmte raumbezogene Wirklichkeitsdeutungen und zugleich Handlungsweisen. Erst durch diese subjektiven Leistungen, die mit Löw (2001, 159) auch als „Syntheseleistungen" bezeichnet werden können, erlangt dieser Raum für das Subjekt seine Existenz. Das historische Subjekt 1 gewinnt also aus seiner subjektiven Perspektive eine spezifische Vorstellung von dem ihm umgebenden Raum. Dieser Raum soll als Raum A des Subjekts 1 (= Raum A-Subjekt 1) bezeichnet werden.

Subjekt 1 ist jedoch nicht allein. Das sich in dem gleichen räumlichen Umfeld befindliche historische Subjekt 2 erlangt im Rahmen seines Handelns und Deutens ebenfalls spezifische Erfahrungen, entwickelt seine raumbezogenen Handlungsweisen und Deutungen (= Wirklichkeit Raum A-Subjekt 2). Gleiches gilt für weitere Subjekte (= Wirklichkeit Raum A-Subjekt 3 bzw. Raum A-Subjekt 4 etc.). Jedes Subjekt hat zunächst seine eigenen raumbezogenen Handlungsweisen und Wirklichkeitsdeutungen. ‚Der' Raum existiert somit nicht objektiv, sondern für die Subjekte in jeweils spezifischer Weise. Die subjektiven Wirklichkeitskonstruktionen[7] ‚des' Raumes können sich unterscheiden.[8]

Indem Subjekte, ggf. zusammen mit anderen Subjekten, in einer bestimmten Weise kommunikativ handeln, d.h., indem sie non-verbal handeln, in den Raum hineinwirken, ihn zum Beispiel in einer bestimmten Weise nutzen, ihn ‚besetzen' oder (sofern äußere Bedingungen dies zulassen) materiell verändern bzw. gestalten, aber auch indem sie (dabei) über den Raum verbal kommunizieren,[9] externalisieren sie (im Falle non-verbalen kommunikativen Handelns)

---

[7] Der Begriff der Wirklichkeitskonstruktion wird hier nicht nur als eine reine Wirklichkeitsdeutung aufgefasst. Im Sinne des Kommunikativen Konstruktivismus beinhaltet er vielmehr auch in Handlungen hergestellte materiale Anordnungen.

[8] Aufgrund unterschiedlicher subjektiver (aber auch kollektiver) Perspektiven – so lautet die Grundidee relationaler Raumkonzepte – gibt es nicht ‚den' Raum, sondern Variationen eines Raumes, die allerdings bis zu einem gewissen Grad gemeinsam geteilt werden können.

[9] Es ist davon auszugehen, dass raumbezogenes Handeln häufig durch sprachliche Kommunikationen begleitet wird, die dieses Handeln für andere explizieren. Non-verbales und verbales raumbezogenes Handeln kann aber auch getrennt voneinander auftreten.

implizit und/oder (im Falle verbalen kommunikativen Handelns, also des Sprechens über den Raum) explizit ihre subjektiven Wirklichkeitsdeutungen von Raum. Das, was man als räumliches Wirken von handelnden Subjekten ansehen könnte, bezeichnet Löw (2001, 158) als „Spacing". Bei Spacing kann es sich beispielsweise um ein „Errichten, Bauen oder Positionieren" (Löw 2001, 158) handeln. (Soziale) Güter, Menschen bzw. Lebewesen werden im Raum platziert und angeordnet. Zu Recht formuliert Löw (2001, 159), dass im „alltäglichen Handeln der Konstitution von Raum (...) eine Gleichzeitigkeit der Syntheseleistungen und des Spacing (existiert; Hinzufügung G.C.) (...). Tatsächlich ist das Bauen, Errichten oder Platzieren, also das Spacing, ohne Syntheseleistung, das heißt ohne die gleichzeitige Verknüpfung der umgebenden sozialen Güter und Menschen zu Räumen, nicht möglich." Vorgänge des Spacing und der Syntheseleistungen sollen hier als raumbezogenes kommunikatives Handeln betrachtet werden, das sich zu Raumkonstruktionen verdichtet. Diese Konstruktionen haben allerdings auf der hier erläuterten Ebene der Subjekte zunächst nur den Status von auf den Raum bezogenen Externalisierungen *subjektiver* Raumkonstruktionen. Mit diesen Externalisierungen werden jeweils andere Subjekte konfrontiert, mit ihnen haben sich die anderen auseinanderzusetzen – vorausgesetzt, dass sie in einem Raum zusammen leben (wollen).

(2) Kommunikative Herstellung intersubjektiver Raumkonstruktionen und deren Objektivierung im Sozialzusammenhang
Die Subjekte sind nicht isoliert, sondern in einen Sozialzusammenhang eingebunden. Dieser Sozialzusammenhang entsteht in regelmäßigen, wechselseitig aufeinander bezogenen (materialen) Handlungen (unter Einbeziehung der Körperlichkeit der Subjekte und materieller Dinge) und in dichten sprachlichen Binnenkommunikationen. Der Sozialzusammenhang (= Sozialzusammenhang 1) besteht somit aus dichten Kommunikationsbeziehungen zwischen den Subjekten. In diesem Rahmen setzen sich die Subjekte mit dem Handeln und mit dem über das Handeln implizit oder explizit kommunizierten Wirklichkeitsdeutungen der anderen auseinander. Die externalisierten raumbezogenen Handlungen und Deutungen der anderen werden beobachtet, sie werden abgestimmt, verhandelt und – in einem gewissen Grad – zu gemeinsam geteilten raumbezogenen Handlungsweisen und Wirklichkeitsdeutungen verarbeitet, die bis auf Weiteres für den Sozialzusammenhang Gültigkeit haben. Das so entstandene kollektive Wissen ist die Wirklichkeit des Raums A-Sozialzusammenhang 1.

Im Rahmen des (materialen) Handelns und der sprachlichen Binnenkommunikationen vollziehen sich Objektivierungen. Dies geschieht z.B. in Form von gemeinsamen Handlungsroutinen, materialen Raumgestaltungen (z.B. Roden, Bauen etc.) und durch die Entwicklung einer gemeinsamen raumbezogenen

Sprache. Über letztere werden die spezifischen gemeinsam geteilten Bedeutungszuschreibungen dauerhaft festgelegt. D.h., es werden z.B. Begriffe gefunden, mit denen die Raumdeutungen im Sozialzusammenhang typischerweise thematisiert werden. Die Wirkung der sprachlichen Festlegungen darf dabei nicht unterschätzt werden.[10] Das auf diese Weise hergestellte Wissen erhält den Charakter einer objektivierten und verfestigten Wirklichkeitskonstruktion des Raums A in diesem Sozialzusammenhang.

Die gemeinsame Sprache in Bezug auf den Raum ist allerdings nur ein Aspekt des Objektivierungsprozesses. Andere Aspekte sind Institutionalisierungen und Legitimierungen. Im Zeitverlauf wird die auf „den" Raum bezogene Wirklichkeitskonstruktion des Sozialzusammenhangs insofern institutionalisiert, als das gemeinsam geteilte Wissen weiter gefestigt, entsprechende raumbezogene Handlungsroutinen entwickelt und soziale Strukturen, einschließlich physisch-materieller Strukturen, ausgebildet werden. Im Sinne Läpples (1991, 196f.) entsteht ein institutionalisiertes und normatives Regulationssystem, das zwischen dem materiellem Substrat ‚des' Raumes und der Gruppenpraxis seiner Aneignung und Nutzung vermittelt. Die entstandenen Strukturen werden im weiteren Handeln der Subjekte reproduziert.[11] Das heißt, soziale Strukturen treten den Handelnden demnach – analytisch gesehen – nicht einfach polar gegenüber, sie werden vielmehr von den Handelnden in regelmäßig ablaufenden Handlungsvollzügen hergestellt, bestätigt und verfestigt und bilden als solche den Orientierungsrahmen für das weitere Handeln.

Dies täuscht nicht darüber hinweg, dass Institutionalisierungen bzw. Strukturen in der Perspektive von Handelnden durchaus als Verdinglichungen wahrgenommen werden können, d.h. als Phänomene, die objektiv gegeben sind und den Handelnden gegenüber stehen. Dies ist vor allem bei Mitgliedern eines Sozialzusammenhanges der Fall, die am ursprünglichen Konstruktionsprozess nicht beteiligt waren, z.B. wenn es sich um nachfolgende Generationen oder Fremde handelt. Gesellschaften haben hierfür Strategien der Legitimierung entwickelt. Im Rahmen von Legitimationen werden Begründungs- und Recht-

---

[10] „Aus oder mit der Standardisierung der Sprache erwächst (…) eine Standardisierung der Wahrnehmung und des Denkens, die Sprach- bzw. Kommunikationsgemeinschaft wird zur Erkenntnis-, Denk- und Wissensgemeinschaft." (Weber 2001, 53).

[11] Hierbei handelt es sich um einen Prozess, der auch mit Giddens (1993) Strukturationstheorie beschrieben werden kann. Der Begriff der ‚Strukturation', bestehend aus den begrifflichen Komponenten ‚Struktur' und ‚A(k)tion', soll darauf hinweisen, dass Handeln und Struktur nicht als sich polar gegenüberstehende Phänomene gesehen werden sollten, sondern vielmehr als wechselseitig aufeinander bezogene Elemente eines Handlungsprozesses. Zu Recht weist Miebach (2008, 376) darauf hin, dass dieser Gedanke in der sozialkonstruktivistischen Theorie Bergers und Luckmanns enthalten ist. Allerdings wurde er von Berger/Luckmann nicht so zentral gestellt wie von Giddens.

fertigungsmuster für die spezifischen Raumkonstruktionen geschaffen, mit denen neue Gesellschaftsmitglieder in die spezifischen Wissensordnungen, Handlungsweisen, sozialen und physisch-materiellen Strukturen eingeführt werden. Über Prozesse der Objektivierung in Form von Handlungsroutinen, sprachlichen Festlegungen, Institutionalisierungen, Legitimierungen und damit auch in Form von Tradierungen kommt es zu zunehmenden Verfestigungen der Raumkonstruktionen in einem Sozialzusammenhang.

(3) Zur kommunikativen Konstruktion von Kulturraum: Kommunikative Praktiken des Erinnerns, Diskurse und Dispositive
Konstitutiv für die Herausbildung eines Kulturraums – der wie oben erwähnt als ein historisch entstandenes Ensemble immaterieller und materieller Raumkonstruktionen verstanden wird – sind vor allem kommunikative Praktiken eines gemeinsamen Erinnerns, denn Erinnerung ist „Ursprung und Fundament einer Kultur" (Assmann/Assmann 1993, 267). Gemeint sind Praktiken, in denen Angehörige des Sozialzusammenhanges sich regelmäßig kommunikativ vergewissern, was für „ihren" Raum von Bedeutung ist: die physisch-materielle Struktur dessen, was sie als typisch für „ihren" Raum wahrnehmen (z.B. eine bestimmte Landschaft), die materiellen Gestaltungen, mit denen sie im Laufe der Geschichte „ihren" Raum verändert haben (z.B. Veränderungen der Landschaft, Errichtung von Bauwerken, ggf. mit spezifischen Architekturen), die wichtigen Ereignisse, die dort stattgefunden haben, die Menschen, die dort gewirkt haben, die Dinge, die dort geschaffen wurden, die Handlungsweisen, Gewohnheiten und Bräuche, die sich herausgebildet haben etc. Das Erinnern vollzieht sich in non-verbalen und/oder verbalen kommunikativen Formen, etwa in Form von Symbolen (durchaus materieller Art, z.B. durch Denkmäler), von mündlichen oder schriftlichen Erzählungen, von visuellen Kommunikationen (z.B. in Bildern) oder in anderen Formen (medialer) Kommunikation.

Ein kleiner Baustein der Theorie der kommunikativen Raum(re)konstruktion ist daher das Konzept des kommunikativen Gedächtnisses (Knoblauch 1999), das die stabilisierende Reproduktion von Raumkonstruktionen in Prozessen des kommunikativen Erinnerns beleuchten kann. Das Konzept besagt, dass subjektive Erinnerungen nur durch Kommunikation objektiviert werden können. Und nur durch Kommunikation können objektivierte Erinnerungen anderen Subjekten des Sozialzusammenhangs zugänglich gemacht werden.[12]

Über in dem Sozialzusammenhang regelmäßig wiederkehrende, thematisch aufeinander bezogene (memorierende) Kommunikationen bezüglich des Rau-

---

[12] In Praktiken kommunikativen Erinnerns werden im Übrigen nicht nur Kulturräume konstruiert und stabilisiert, gleichzeitig werden Erinnerungskulturen geschaffen, die machtvoll Einfluss darauf nehmen, was weiterhin erinnert oder nicht erinnert wird.

mes A, die in der Regel medial unterstützt und pointiert werden (z.b. durch Lokalmedien), entsteht ein spezifischer raumbezogener Diskurs mit einer Dispositivstruktur: Im Diskurs bilden sich Wissensordnungen heraus, die sich in den wiederkehrenden thematisch orientierten Kommunikationen innerhalb des diskursiven Prozesses weiter verfestigen. Mittels – der von den Subjekten geschaffenen – Dispositivstrukturen, d.h. zum Beispiel in Form von bestimmten Regelungen, Institutionen und/oder materiellen Objekten, werden die geschaffenen kulturellen Wissensordnungen sozial und physisch umgesetzt. Auf diese Weise gerinnen die gemeinsam geteilten Deutungsweisen, Handlungsformen und materielle Anordnungen der Subjekte zur Wirklichkeit des Kulturraums A des Sozialzusammenhangs 1. Wendet man das wissenssoziologische Diskurs- und Dispositivkonzept auf diese Weise auf Räumliches an, ist ein Raum (bzw. ein Ort) somit – historisch gesehen – das Ergebnis vorangegangener raumbezogener Diskurse und Dispositivstrukturen der beteiligten Subjekte, die nunmehr manifest geworden sind.

4 Kommunikative Raum*re*konstruktionen: Zur Transformation von Kulturräumen

Raumbezogene Wirklichkeitskonstruktionen dürfen jedoch nicht als etwas Statisches betrachtet werden, selbst wenn sie hochgradig institutionalisiert sind und sich physisch, z.B. in Form von baulichen Gestaltungen, materialisiert haben. Im Rahmen von allgemeinem gesellschaftlichen Wandel, z.b. aufgrund von demographischen, wirtschaftlichen oder technischen Entwicklungen, veränderten Umwelt- und Klimabedingungen, veränderten Gewohnheiten und Lebensstilen oder aber aufgrund von (neuen) Bedürfnislagen, sozialen Problemlagen bis hin zu krisenhaften Erscheinungen, die durchaus räumliche Implikationen haben können, können Raumkonstruktionen hinterfragt, modifiziert bzw. angepasst werden. Faktisch unterliegen Raumkonstruktionen in modernen Gesellschaften aus verschiedenen Gründen ständig *Re*konstruktions- bzw. Transformationsprozessen. Selbst physisch-materielle Gestaltungen können verlassen, umgenutzt, verändert oder abgerissen werden. Im Folgenden wird konzeptionell entwickelt, wie sich entsprechende Raumrekonstruktionen in kommunikativem Handeln vollziehen.

Ausgangspunkt dieses theoretischen Abschnitts ist keine *tabula rasa*, sondern ein bestehender Kulturraum, in unserem Fall – abstrakt gesprochen – Kulturraum A. Es handelt sich, wie zuvor dargestellt, um einen historisch, in kommunikativen Handlungsprozessen entstandener Raum, der nunmehr als Raum (bzw. Ort) einer funktional und sozial ausdifferenzierten Gesellschaft gedacht werden muss, einer Gesellschaft, die unterschiedliche gesellschaftliche Felder (z.b. Politik, Verwaltung, Wirtschaft, Zivilgesellschaft etc.) sowie komplexe Sozial-, Institutionen-, Organisations- und Machtgefüge aufweist. Der Raum ist zudem in einem Gefüge verschiedener anderer (z.b. politisch-administrativer, kultureller, globaler) Raumkonstruktionen zu sehen, die ihn umgeben, ggf. sogar durchdringen oder überlagern können.

Kulturraum A könnte – wenn man wie hier aus pragmatischen Gründen von kleinen räumlichen Einheiten wie Orten ausgeht – im konkreten Fall zum Beispiel ein Dorf sein oder aber ein Platz, eine Wohnstraße bzw. ein Quartier in einer Stadt, es könnte auch eine ganze Stadt sein etc. Wie gesagt ist Kulturraum A außerdem Teil von umfassenderen Raumkonstruktionen, die ebenfalls historisch in Prozessen kommunikativen Handelns im Rahmen entsprechender Sozialzusammenhänge entstanden sind (z.b. Teil einer Region, eines Landkreises, einer Nation, einer Supranation, einer Weltgesellschaft). Zu ihnen wird er im Rahmen des kommunikativen Handelns gesellschaftlicher Akteure in ein – wie auch immer geartetes – Verhältnis gebracht.

So wie in Kapitel 3 einzelne Subjekte als Ausgangspunkt für die Konstruktion von Raum gesetzt wurden, werden sie auch in den folgenden Überlegungen zunächst als Basis für kommunikative *Re*konstruktionsprozesse konzipiert, auch wenn der Kulturraum als ein komplexes gesellschaftliches Gefüge betrachtet werden muss. Diese Subjekte werden – im Sinne der verstehenden Soziologie – als handelnde Subjekte gefasst, die dadurch gekennzeichnet sind, dass sie ihrem eigenen Handeln (Selbstverstehen), dem Handeln anderer Subjekte (Fremdverstehen)[13] wie auch Dingen Sinn zuschreiben und Bedeutungen generieren. Freilich sind Subjekte als Gesellschaftsmitglieder immer schon vergesellschaftet, das bedeutet jedoch nicht, dass sie ausschließlich als gesellschaftliche Produkte aufgefasst werden müssen. Da sie typischerweise Sinn generieren und durchaus Dinge materiell gestalten, sind sie vor allem Produzenten von Gesellschaft (vgl. Berger/Luckmann 1987, 94f.). Schon früh haben Luckmann/Berger (1964) in einem Beitrag zur sozialen Mobilität darauf hingewiesen, dass das Subjekt einerseits in hohem Maße durch die spezifische Geschichte und Kultur einer Gesellschaft bestimmt wird. Andererseits betonen sie aber, dass sich aufgrund von Prozessen der Mobilität, der massenmedialen Wirklichkeitsangebote und der Pluralisierung von Weltauffassungen in modernen Gesellschaften auch neue Möglichkeiten für die Entwicklung des Subjekts ergeben. Es wählt aus dem „Markt" verschiedener Deutungen aus, stellt sich diese neu zusammen, schafft damit Neues. In heutigen soziologischen Ansätzen wird diese Kreativität mit Begriffen wie etwa dem der „Bastelmentalität" zum Ausdruck gebracht (Beck

---

[13] Vgl. Schütz (1981, Dritter Abschnitt) zu den Grundzügen einer Theorie des Fremdverstehens.

1994). Das Subjekt kann mit seiner „Bastelmentalität" also zum Ausgangspunkt für neue Deutungen und Handlungsweisen werden; es kann potenziell Neues entwickeln und darüber zu Transformationen beitragen. Angesichts vielfältiger funktionaler und sozialer Ausdifferenzierungen in komplexen Gesellschaften ist gleichzeitig zu berücksichtigen, dass das Subjekt im Rahmen von gesellschaftlichen Institutionen agiert, dass es sich institutionell-spezifische gesellschaftliche Erwartungen einverleibt hat, also in sozialen Rollen[14] handelt und ggf. über rollenspezifische – symbolische oder materielle – Ressourcen verfügt. Dieses sozialisierte Rollensubjekt soll im Folgenden als (gesellschaftlicher) „Akteur" bezeichnet werden.

Es wird deutlich, dass in diesem Teil des theoretischen Ansatzes im Unterschied zu jenem im vorigen Kapitel stärker gesellschaftstheoretische Annahmen eine Rolle spielen. Gleichwohl werden wie gesagt – analog zur historisch gedachten „Erstkonstruktion" von Raum – zuerst Raum*re*konstruktionsprozesse von (1) Einzelakteuren und Akteursgruppen betrachtet, dann aber auch von (2) Netzwerken und Governance-Arrangements, also von komplexeren gesellschaftlichen Akteurskonstellationen, wobei Governance-Arrangements als Netzwerke verstanden werden, in denen Akteure aus unterschiedlichen gesellschaftlichen Feldern (z.B. aus Politik, Verwaltung, Wirtschaft, Zivilgesellschaft etc.) zusammenkommen, um räumliche Transformationen (gezielt) zu koordinieren (vgl. Christmann 2010). Schließlich werden (3) kommunikative Raum*re*konstruktionen in der Öffentlichkeit in den Blick genommen, nicht zuletzt im Rahmen von (medialen) raumbezogenen Diskursen.

(1) Räumliche Transformationen als kommunikative Raumrekonstruktionen: Einzelakteure und Akteursgruppen
Im Zusammenhang mit räumlichen Transformationen sollen hier – wie gesagt – zunächst Einzelakteure betrachtet werden. Diese Einzelakteure (hier: z.B. Einzelakteur 1, 2 und 3) zeigen Handlungsweisen und/oder externalisieren Deutungsweisen bezüglich des Raumes, die im Vergleich zu etablierten Handlungsroutinen und Deutungen Modifikationen beinhalten, etwas Neuartiges oder sogar einen Bruch mit Bisherigem aufweisen. Die Akteure treten in der Regel nicht isoliert auf, sondern sind in einen Sozialzusammenhang, wie z.B. eine Akteursgruppe, eingebunden, stehen also in einem Interaktionszusammenhang mit anderen – zum Teil ähnlich handelnden und denkenden – Einzelakteuren. Einige Einzelakteure können im Rahmen von Akteursgruppen eine besonders

---

[14] Vgl. dazu Berger/Luckmann (1987, 78), die „Rollen" wie folgt verstehen: „Dass die Bildung einer Rollentypologie die notwendige Ergänzung zur Institutionalisierung des Verhaltens ist, wird jetzt deutlich. Es sind die Rollen, mittels deren Institutionen der individuellen Erfahrung einverleibt werden."

aktive Rolle spielen und eine herausgehobene soziale Position erhalten bzw. zugeschrieben bekommen. Sie können aufgrund von bestimmten Wissensformen, Handlungsstrategien, Kommunikationsfähigkeiten, institutionellen Verankerungen und/oder Ressourcenausstattungen als Schlüsselfiguren wirken, die die Entwicklung und Durchsetzung neuer Handlungs- und Deutungsweisen in Akteursgruppen (und ggf. darüber hinaus) in besonderem Maße vorantreiben können (vgl. z.B. Keller 2012).

Als Mitglieder eines Kulturraums müssen sich Akteure und Akteursgruppen auch mit den bestehenden dominanten räumlichen Handlungs- und Deutungsweisen, die den Kulturraum konstituieren, auseinandersetzen, da der Kulturraum auf der Basis der objektivierten, institutionalisierten wie auch legitimatorisch abgesicherten Wissensordnungen und aufgrund der damit verbundenen Handlungsroutinen eine Deutungsmacht entfaltet hat. Innerhalb des Handelns und der Binnenkommunikationen der Akteursgruppe (hier: Akteursgruppe 1) werden neue raumbezogene Handlungsweisen und Deutungen der Einzelakteure – mehr oder weniger bewusst in Auseinandersetzung mit bislang bestehenden Raumpraktiken – ausgetauscht, abgestimmt und zu gemeinsamen Deutungen und Handlungsweisen umgebildet, die bis auf Weiteres für die Angehörigen dieser Gruppe Gültigkeit haben. Das auf diese Weise entstandene gemeinsam geteilte neue Handeln und Wissen bezüglich Raum A ist die Wirklichkeit von Raum $A^{transformiert}$ der Akteursgruppe 1.

Die in der Gruppe entwickelte gemeinsame Wirklichkeit bildet die Grundlage für ihr weiteres raumbezogenes Handeln und Wissen, das sich im Zeitverlauf institutionalisiert. Die Gruppe externalisiert ihre neuen Handlungs- und Deutungsweisen, denn auch sie ist nicht isoliert. Sie steht in einem Sozialzusammenhang und im Austausch mit anderen Akteursgruppen, die sich dem räumlichen Umfeld zuordnen. Die anderen Akteursgruppen (hier: z.B. Akteursgruppe 2 und 3) durchlaufen die gleichen Prozesse, was jedoch nicht bedeutet, dass sie die gleichen veränderten Raumwirklichkeiten von Raum A entwickeln. Es ist wahrscheinlich, dass in den jeweiligen Gruppen spezifische Wirklichkeiten entstehen (z.B. Wirklichkeit Raum $A^{transformiert}$-Akteursgruppe 2, Raum $A^{transformiert}$-Akteursgruppe 3). Es ist aber gleichzeitig möglich, dass zumindest in Teilen gemeinsame Wirklichkeiten im Hinblick auf Raum A hergestellt werden.

Wie schon oben gesagt worden ist, existiert Raum A nicht einfach objektiv als solcher. Vielmehr muss man mit Löw (2001) von einem relationalen Raum ausgehen. Während aber Löw den relationalen Raum vor allem im physischen Sinn definiert: als eine zeitlich sich konstituierende „relationale (An)Ordnung von Körpern, welche unaufhörlich in Bewegung sind, wodurch sich die (An)Ordnung selbst ständig verändert" (Löw 2001, 131), soll Raum hier zusätzlich als relationales *Wissenskonstrukt* betrachtet werden: Denn seine Existenz verdankt er nicht zuletzt auch den Bedeutungszuschreibungen von Handelnden, die sich je nach Gruppe unterscheiden können. Dies kann insofern Konsequenzen für deren raumbezogenes Handeln haben, als die Handelnden „den" Raum – vor dem Hintergrund unterschiedlicher Bedeutungszuschreibungen – durch unterschiedliche (An)Ordnungen von Lebewesen und Gütern gestalten (wollen), was Anlass für Konflikte sein kann.

(2) Räumliche Transformationen als kommunikative Raumrekonstruktionen: Netzwerke und Governance-Arrangements
Akteursgruppen, die über Vertreter (d.h. über delegierte Akteure) oder die als Ganzes regelmäßige soziale Beziehungen zu anderen Akteursgruppen (bzw. deren Mitgliedern) unterhalten, bilden ein Netzwerk (hier: Netzwerk 1). Beispiel für ein solches Netzwerk könnte ein Zusammenschluss von zivilgesellschaftlichen Akteursgruppen eines Ortes sein, die zusammenkommen, um gemeinsam Qualitäten „ihres" Ortes zu verändern. Es könnte auch ein Zusammenschluss von Vertretern verschiedener Verwaltungsbereiche eines Ortes sein, die an einem Raumentwicklungskonzept arbeiten. Netzwerke zeichnen sich durch regelmäßige Handlungs- und Kommunikationsbeziehungen – in der Regel im Rahmen von gemeinsamen Treffen, also in unmittelbaren Kommunikationssituationen – aus.[15] Dort werden alte und neue raumbezogene Handlungs- und Deutungsweisen der verschiedenen beteiligten Akteursgruppen verhandelt. Die Gruppenvertreter werden jeweils mit Handlungen und Deutungen anderer Akteursgruppen konfrontiert, verarbeiten sie, lehnen manche ab und stellen sich dezidiert gegen sie, nehmen manche auf, tragen sie in ihre Gruppe, modifizieren mit ihren Gruppenmitgliedern die bisher für die Akteursgruppe typischen Handlungen und Deutungen, bzw. entwickeln gemeinsam neue und tragen sie wiederum in das Netzwerk etc. Über derartige Prozesse des kommunikativen Austauschs zwischen Akteursgruppen eines Netzwerks entsteht eine – zu einem gewissen Grad – gemeinsam geteilte neue Raumkonstruktion auf der Ebene des Netzwerks (Wirklichkeit Raum $A^{transformiert}$-Netzwerk 1).

Allerdings können verschiedene Akteursgruppen des Netzwerks aufgrund von zu einem gewissen Grad immer noch unterschiedlichen raumbezogenen Deutungs- und Handlungsweisen und aufgrund von unterschiedlich ausgeprägten kommunikativen Beziehungen auf unterschiedliche Weise kompatibel sein: Beispielsweise kann es sein, dass Deutungen und Handlungen der Akteursgruppe 1 leicht mit denen der Gruppe 2, aber nur schwer mit denen der Gruppe 3 vereinbar sind. Es kann demzufolge – neben der zu einem gewissen Grad ge-

---

[15] Darüber hinaus können zu Netzwerken auch Einzelakteure gehören, die nicht (regelmäßig) an den unmittelbaren Kommunikationssituationen teilhaben, die aber von Netzwerkakteuren über andere Handlungs- bzw. Kommunikationsformen in das Handeln eingebunden werden.

meinsam geteilten neuen Raumkonstruktion – zusätzlich zu unterschiedlichen Verteilungen bestimmter Wissens- und Handlungsformen innerhalb des Netzwerks kommen.

Noch komplexer ist dies im Rahmen von Netzwerken, die als Governance-Arrangements bezeichnet werden. Dort versuchen Akteure aus von vornherein sehr unterschiedlichen gesellschaftlichen Funktionsbereichen, räumliche Transformationsprozesse intendiert bzw. reflexiv gemeinsam voranzubringen (vgl. Kilper 2010, Christmann 2010).

Funktional differenzierte Gesellschaften zeichnen sich, wie schon gesagt, dadurch aus, dass sie sich in gesellschaftliche Funktionsbereiche wie z.b. Politik, Verwaltung, Planung, Wirtschaft, Zivilgesellschaft etc. aufgliedern, um hier nur die wichtigsten zu nennen. Jeder dieser Funktionsbereiche weist gewisse strukturelle Spezifika auf.[16] Akteurskonstellationen in Governance-Arrangements bilden dies zu einem gewissen Grad ab: Ihre Akteure können somit je nach Zugehörigkeit zu einem gesellschaftlichen Funktionsbereich und zu einer dort zugehörigen spezifischen Organisation – vor dem Hintergrund der dort jeweils etablierten Handlungs-, Kommunikations-, Wissens- und Rollenstrukturen – jeweils spezifische raumbezogene Wissenshintergründe, Problemdefinitionen, Aufgabenverständnisse wie auch Handlungsweisen mitbringen. Sie können jeweils spezifische Rationalitäten, Interessen und Zielvorstellungen vertreten und jeweils spezifische Macht- und Ressourcenausstattungen aktivieren.

Trotz dieser Heterogenität und der dadurch entstehenden Komplexität werden für angestrebte Raumtransformationen vielfach gezielt raumbezogene Governance-Arrangements geschaffen (in unserem theoretischen Fall z.B. Governance Arrangement 1). Sie sind darauf angelegt, über Koordinierungsleistungen und Aushandlungsprozesse ausgewählter Stellvertreter für bestimmte gesellschaftliche Funktionsbereiche, gesellschaftlich verbindliche gemeinsame Deutungsweisen und Handlungsstrategien bezüglich konkreter zukünftiger Raumtransformationen zu entwickeln. Dies wird von gesellschaftlichen Akteuren als notwendig erachtet, da weitreichende raumtransformierende Handlungen, insbesondere wenn es um physisch-materielle, infrastrukturelle, aber auch um soziale Aspekte geht, typischerweise vor Ort als von hoher gesellschaftlicher Relevanz angesehen werden: Dritte können davon in hohem Maße betroffen

---

[16] Die Funktionsbereiche an sich können zudem in vielfältiger Weise weiter untergliedert sein. Sie können beispielsweise segmentäre Strukturen aufweisen (im Bereich der Raumplanung können z.B. Kommunal-, Regional-, Landesplanungen unterschieden werden) und/oder hierarchische Strukturen (z.B. in Form von über- und untergeordneten Behörden); ferner gibt es ideologische oder milieuspezifische Differenzierungen (z.B. im Parteisystem, in der Zivilgesellschaft).

sein. Weitreichende raumtransformierende Handlungen (sei es z.b. von einem Bürgermeister, einer kommunalen Planungsbehörde, einem Industrieunternehmen oder von zivilgesellschaftlichen Akteuren) können daher nicht einfach beliebig umgesetzt werden. Es besteht also die Erwartung, dass ein solches Handeln zusammen mit anderen Akteuren geplant und abgestimmt wird, bevor es realisiert wird. Für bestimmte Arten des raumtransformierenden Handelns (z.b. für das Bauen) sind im Rahmen langwieriger gesellschaftlicher Prozesse sogar institutionelle Regelungen geschaffen worden (z.b. Baugesetze), die Abläufe des Planens und Abstimmens mehr oder weniger genau vorgeben.

Governance-Arrangements zeichnen sich nun ähnlich wie die zuvor genannten Netzwerke durch regelmäßige Handlungs- und Kommunikationsbeziehungen – in der Regel im Rahmen von Treffen, also in unmittelbaren Kommunikationssituationen – aus. Ergänzend können derartige Abstimmungsprozesse durch mediale Kommunikationsformen der E-Governance und der E-Partizipation unterstützt werden. In den direkten und medial vermittelten Kommunikationen werden alte und neue raumbezogene Handlungs- und Deutungsweisen der beteiligten Akteure aus den verschiedenen gesellschaftlichen Funktionsbereichen verhandelt. Die Akteure werden jeweils mit Handlungen und Deutungen anderer Akteure (die aus anderen gesellschaftlichen Funktionsbereichen stammen) konfrontiert, verarbeiten diese, lehnen manche ab und stellen sich dezidiert gegen sie, nehmen manche auf, tragen sie in ihren Funktionsbereich, modifizieren dort für den Bereich typische Handlungen und Deutungen, bzw. entwickeln dort neue und tragen sie wiederum in das Governance-Arrangement etc. Über derartige Prozesse des kommunikativen Austauschs zwischen den Akteuren des Governance-Arrangements entsteht auch hier eine – zu einem gewissen Grad – gemeinsam geteilte veränderte Raumkonstruktion auf der Ebene des Governance-Arrangements (Wirklichkeit Raum $A^{transformiert}$-Governance-Arrangement 1), die für das weitere raumbezogene Handeln leitend wird, institutionalisiert und legitimiert wird.

Wie bereits angedeutet, täuscht dies jedoch nicht darüber hinweg, dass die Entwicklung gemeinsam geteilter Handlungsziele und -strategien für eine Raumtransformation in Governance-Arrangements in struktureller Hinsicht schwieriger ist als in den zuvor beschriebenen – vergleichsweise homogeneren – Netzwerken oder Akteursgruppen. Tiefliegende Unterschiede zwischen raumbezogenen Interessen, Deutungs- und/oder Handlungsweisen der aus verschiedenen gesellschaftlichen Funktionsbereichen stammenden Akteure können – bereits allein wegen einer relativ geringen Kommunikationsdichte innerhalb der Governance-Arrangements und/oder wegen einer geringen Zeitdauer des Verhandelns – nicht einfach überbrückt, neu ausgehandelt bzw. transformiert werden. Konflikte sind daher strukturell angelegt. Sie können latent bleiben; sie können aber auch offen ausgetragen werden. Im letzteren Fall können sie in mehr oder weniger langwierigen Aushandlungsprozessen zumindest für einige Beteiligte konstruktiv gewendet werden und zu Kompromissen führen; oder sie können eskalieren und im äußersten Fall zum Scheitern eines Governance-Arrangements führen. Vor allem haben nicht alle vertretenen Deutungsweisen und Handlungsstrategien innerhalb eines Governance-Arrangements gleiche Durchsetzungschancen. Vielmehr spielen Machtkonstellationen und Ressourcenausstattungen eine Rolle. Aufgrund von gesellschaftlich festgelegten institutionellen Regelungen haben politische und administrative Akteure kraft ihres Amtes eine formal-legitimierte Entscheidungsmacht. Demgegenüber verfügen beispielsweise zivilgesellschaftliche Akteure nicht über Entscheidungsmacht, sie können aber politischen und administrativen Akteuren das Vertrauen entziehen und Legitimation symbolisch absprechen. Grundsätzlich können sich somit Machtkonstellationen und damit verbundene symbolische Ressourcen im Aushandlungsprozess verschieben. Entgegen verschiedener Machttheorien, die davon ausgehen, dass Macht eine Art Substanz ist, die ein Akteurstyp oder eine Institution entweder hat oder nicht hat und die außerdem eine gewisse Statik besitzt, ist es sinnvoll, mit Elias (2004) davon auszugehen, dass Macht immer als in Beziehungen verortet, als fluktuierend und somit als ein Balanceakt begriffen werden muss.[17]

In den vorangegangenen Überlegungen wurden Einzelakteure, Akteursgruppen, Netzwerke und Governance-Arrangements als soziale Einheiten für sich betrachtet, um jeweils für diese Einheiten – aus analytischer Perspektive – Prozesse kommunikativer Raumrekonstruktionen beschreiben zu können. Es wurde bereits deutlich, dass die sozialen Einheiten miteinander verbunden sein können: Ein Einzelakteur kann einer oder sogar mehreren Akteursgruppen angehören; eine Akteursgruppe kann Teil eines oder mehrerer Netzwerke sein; Vertreter aus Akteursgruppen und/oder Netzwerken können Mitglied eines Governance-Arrangements sein. Räumliche Transformationen müssen jedoch zusätzlich in noch komplexeren sozialen Gefügen gedacht werden, die hier nur kurz angedeutet werden sollen: (i) Einzelakteure, Akteursgruppen und Netzwerke können unabhängig voneinander, zeitlich parallel laufend oder zeitlich ver-

---

[17] „Nicht nur der Begriff der Macht, sondern auch sehr viele andere Begriffe unserer Sprache zwingen uns dazu, die Eigenheiten von beweglichen Beziehungen als ruhende Substanzen vorzustellen. Man wird noch sehen, wie viel sachgerechter es ist, von vornherein in Balancebegriffen zu denken. Sie sind dem, was man tatsächlich beobachten kann, wenn man menschliche Beziehungen, menschliche Interdependenzen und Funktionszusammenhänge untersucht, weit angemessener als die an ruhenden Objekten modellierten Begriffe, die bei der Erschließung solcher Phänomene noch weitgehend vorherrschen." (Elias 2004, 77f.)

setzt als einzelne soziale Einheiten raumtransformierend wirken, indem sie in unterschiedlichen Intentionalitätsgraden jeweils eigene neue Handlungs- und Deutungsweisen bezüglich des Raumes A entwickeln und umsetzen, vorausgesetzt dass ihre Ziele für räumliche Transformationen nicht so weitreichend sind, dass größere gesellschaftliche Abstimmungsprozesse und formal-legitimierte Prozesse für die Umsetzung erforderlich sind. (ii) Einzelakteure, Akteursgruppen und Netzwerke können entweder gleichzeitig zu ihren eigenen „kleinen" Raumtransformationen oder aber (iii) ausschließlich in Form eines aufeinander bezogenen sozialen Handelns mit anderen sozialen Einheiten neue raumbezogene Handlungs- und Deutungsweisen entwickeln bzw. umsetzen. Dabei können Akteure in ein Governance-Arrangement eingebunden sein. (iv) Governance-Arrangements, die sich dadurch auszeichnen, dass sie Raumtransformationen größerer Reichweite koordinieren, können in einer engeren Kerngruppe arbeiten; (v) sie können aber auch ihren Fokus über die engere Kerngruppe hinaus ausweiten und breiteren kommunikativen Austausch mit weiteren Akteuren pflegen (z.b. mit Vertretern aus anderen Akteursgruppen und/oder Netzwerken). In diesem mehr oder weniger aufeinander bezogenen Handeln verschiedener sozialer Einheiten entstehen komplexe – prozesshafte und interdependente – Verflechtungszusammenhänge, die mit Hepp (2013, 84-89) und im Anschluss an Elias (2004, 141f.) als „kommunikative Figurationen" bezeichnet werden können, da sie wesentlich über ineinander greifende (direkte und mediale) kommunikative Formen realisiert werden.

Ähnlich wie *innerhalb* von sozialen Einheiten (z.B. in Netzwerken) Konflikte wahrscheinlich sind, wenn es um die Entwicklung gemeinsam geteilter neuer Handlungs- und Deutungsweisen bezüglich eines Raumes bzw. Ortes geht, ist dies auch *zwischen* verschiedenen sozialen Einheiten, d.h. in den Verflechtungszusammenhängen der kommunikativen Figurationen, der Fall. Neue raumbezogene Handlungs- und Deutungsweisen verschiedener sozialer Einheiten eines Ortes können also konflikthaft aufeinandertreffen. Einige soziale Einheiten können zusammen mit ausgewählten anderen sozialen Einheiten um Durchsetzung ihrer jeweiligen Raumkonstruktionen in der Öffentlichkeit ringen. Dabei können sie sich ggf. gegen andere soziale Einheiten stellen.

(3) Räumliche Transformationen als kommunikative Raumrekonstruktionen: Öffentlichkeiten und (mediale) Diskurse
Akteursgruppen, Netzwerke und Governance-Arrangements, die im Rahmen ihrer Binnenkommunikationen zunächst in kleinen Öffentlichkeiten agieren, wenden sich mit ihren raumbezogenen Handlungs- und Deutungsweisen in der Regel auch nach außen an andere Akteure bzw. an Bewohner des Ortes, worüber sie eine größere Öffentlichkeit adressieren. Dies geschieht je nach Ak-

teursgruppe, Netzwerk oder Governance-Arrangement über jeweils spezifische Ensembles von – direkten und medialen – Kommunikationsformen,[18] die im Verständnis solcher Akteure auch als Öffentlichkeitsarbeit bezeichnet werden. Derartige Kommunikationsformen können zum Beispiel von einem öffentlichen Vortrag, einer Bürgerversammlung, einer Podiumsdiskussion, einem Fest, einem künstlerischen Event, einer kollektiven Raumbegehung oder einer kulturellen Veranstaltung über Poster-Aushänge, Ausstellungen, Flyer, Broschüren und eigene Stadtteilzeitungen sowie über Online-, E-Governance- oder E-Partizipationsforen bis hin zu diversen Social Media-Auftritten und zu einer klassischen Pressearbeit reichen. Über die nach außen, an andere Akteure und Bewohner gerichteten Kommunikationsformen entsteht eine Öffentlichkeit (hier: Öffentlichkeit Raum A), in der ein öffentlicher Diskurs zu Raum A konstituiert wird.

Dieser raumbezogene Diskurs ist im Hinblick auf seine Themen ein umkämpftes Feld. Sowohl frühere Themen (bzw. raumbezogene Deutungsweisen), die im Rahmen früherer kommunikativer Figurationen und Aushandlungsprozesse im Kulturraum dominant geworden sind, als auch neu aufkommende Themen (bzw. raumbezogene Deutungsweisen) werden hinterfragt und neu verhandelt. Akteursgruppen, Netzwerke und Governance-Arrangements und die daraus erwachsenden kommunikativen Figurationen versuchen im Rahmen ihrer Außenkommunikationen mehr oder weniger strategisch, den Diskurs zu Raum A thematisch – gemäß ihrer raumbezogenen Deutungsweisen – zu prägen, entsprechende Wissensordnungen zu etablieren und auf deren Umsetzung im Handeln und in materiellen Anordnungen zu dringen. Sie können zusätzlich Dispositivstrukturen aufbauen, die aus ihrer Perspektive für die weitere Etablierung „ihrer" raumbezogenen Diskursthemen und für die praktische Durchsetzung der von ihnen präferierten raumbezogenen Handlungsweisen und/oder materiellen Gestaltungen hilfreich sein können. Der Aufbau einer solchen Dispositivstruktur kann zum Beispiel die Bestellung einer Person für Öffentlichkeitsarbeit, die Rekrutierung weiterer unterstützender Akteure und Netzwerke, die Schaffung von spezifischen Institutionen, das Erwirken von bestimmten gesetzlichen Regelungen, eine spezielle Anordnung von materiellen Dingen etc. beinhalten. Sofern mehrere verschiedene Akteursgruppen, Netzwerke und Governance-Arrangements als kommunikative Figurationen parallel wirken, kann es mehrere verschiedene und durchaus aufeinander bezogene Diskursthemen und Dispositivstrukturen geben, die den Raum zu konstituieren und gestalten suchen: sol-

---

[18] Gemäß Hepp (2013, 89) hat jede kommunikative Figuration (z.B. in Form eines Netzwerkes) 1. ihre spezifischen Kommunikationsformen und -muster, darunter auch 2. ihre spezifischen medialen Kommunikationsformen, 3. ihre typischen Akteurskonstellationen und 4. ihre typische thematische Rahmungen. Durch sie werden sie konstituiert.

che, die gegeneinander aufgestellt sind, also konkurrieren, und solche, die sich stützen, also koalieren.

In diesem Prozess spielen auch lokale Massenmedien eine Rolle. Sie fungieren nicht einfach als Diskursarenen oder Nachrichtenübermittlungsinstanzen, die an die Öffentlichkeit gerichtete raumbezogene Außenkommunikationen von Akteursgruppen, Netzwerken oder Governance-Arrangements aufnehmen und an ihr Publikum weiterleiten. Vielmehr treten sie aufgrund eines journalistischen Handelns wie dem der Nachrichtenselektion und der Nachrichteninszenierung als spezifische – machtvolle – Akteure auf. Sie können einen erheblichen Einfluss auf die weitere öffentliche Verhandlung von spezifischen Diskursthemen nehmen. Durch lokale Massenmedien werden zwar die verschiedenen Diskursthemen in eine lokale Öffentlichkeit gebracht, nicht alle (Diskurs-)Akteure und -themen finden dort jedoch Gehör. Kurzum: Auch hier prägen Machtkonstellationen den Prozess kommunikativer Raumrekonstruktionen.

Im Rahmen der öffentlichen Kommunikationen und der diskursiven Verhandlungen der verschiedenen raumbezogenen Themen – sowohl von Akteursgruppen, Netzwerken und/oder Governance-Arrangements als auch von lokalen Massenmedien – konkurrieren auf der Ebene der lokalen Öffentlichkeit des Raums A multiple kollektive Raumrekonstruktionen, die jedoch teilweise miteinander verschränkt sein und im Überschneidungsbereich zu einem gewissen Grad zwischen verschiedenen kommunikativen Figurationen gemeinsam geteilt werden können (multiple Wirklichkeiten Raum $A^{transformiert}$-Öffentlichkeit A).

Auch überregionale, nationale oder internationale Medien und deren Inhalte können für kommunikative Konstruktions- und Rekonstruktionsprozesse von Raum A von Bedeutung sein. Entsprechende Medien und deren Nachrichten konstituieren im Vergleich zu der lokalen Öffentlichkeit von Raum A eine große überregionale Öffentlichkeit. Diese überregionale Öffentlichkeit soll hier auch als entgrenzte Öffentlichkeit bezeichnet werden. Überregionale, nationale und internationale Medien bieten Akteuren und Bewohnern, die sich (unter anderem) Raum A zuordnen, Wissen von anderen Räumen an (z.B. von Dörfern, Städten, Regionen, Ländern, Supra-Nationen, der Welt als Ganzes bis hin zum Weltraum), ein Wissen, das die Akteure und Bewohner nicht vollumfänglich aus eigenen, unmittelbaren Erfahrungen haben (können), das aber gleichwohl unmittelbar relevant für Raum A sein kann. Diese Medien können in diesem Zusammenhang regionale, nationale oder globale Prozesse aufzeigen, die für Raum A eine Rolle spielen können. Dies können etwa wirtschaftliche, kulturelle, soziale, religiöse Prozesse etc. sein. Freilich existieren solche anderen Räume oder Prozesse nicht objektiv als solche. Die Medien liefern vielmehr multiple mediale Konstruktionen von anderen Räumen und überregionalen Prozessen, die unter anderem von dem Wissen von Fachexperten gespeist sind. Akteure und Bewohner des Raums A verarbeiten diese Konstruktionen. Zusammen mit einem lokal verfügbaren, eigenen Erfahrungswissen über solche Räume, das – wie gesagt – nur bedingt vorhanden ist, werden solche Räume zu Räumen mit bestimmten Qualitäten, Ausdehnungen und Positionen im Verhältnis zu Raum A gemacht; sie werden zu Räumen, die in einer bestimmten Weise charakterisiert sind, sie werden zu zugehörigen oder aber zu fremden Räumen, zu kleinen oder großen Räumen, zu nahen oder fernen Räumen, zu umgebenden oder angrenzenden Räumen oder aber zu Räumen, von denen man sich abgrenzt etc. Regionale, nationale oder globale Prozesse werden zu Prozessen gemacht, die Raum A in bestimmter Weise beeinflussen, bzw. die in bestimmter Weise Interdependenzen mit Prozessen des Raums A aufweisen können etc. Über mediale Konstruktionen von anderen Räumen können Akteure und Bewohner des Raums A ihren Raum in einem neuen Licht sehen. Über sie können sie zu neuen Deutungs-, Handlungsweisen und materiellen Anordnungen angeregt werden (z.B. zum Errichten oder aber zum Abbauen von Grenzen, zu Kooperationen mit dem Umland oder zu Abschottungen). Freilich sind auch hier für spezifische Akteursgruppen, Netzwerke oder Governance-Arrangements jeweils spezifische – aber zu einem gewissen Grad auch gemeinsam geteilte – neue Raumkonstruktionen möglich.

Medien (aber auch Fremde, die – temporär oder dauerhaft – in Raum A gekommen sind) können nicht zuletzt Fremdbilder von Raum A, d.h. raumbezogene Deutungsweisen Außenstehender aus anderen Räumen, an Akteure und Bewohner von Raum A kommunizieren. Auch dies sind Raumkonstruktionen, zu denen sich Akteure und Bewohner in Bezug setzen, die sie kommunikativ weiterverarbeiten und denen sie einen wie auch immer gearteten Platz in ihren eigenen Raumkonstruktionen einräumen.

Auf der Ebene der entgrenzten Öffentlichkeit wird Raum A somit im Rahmen von kommunikativem Handeln ins Verhältnis zu anderen Räumen gesetzt, positioniert und qualifiziert. Da sich andere Räume, ebenso wie Raum A, in ständigen Transformationsprozessen befinden, über die öffentlich kommuniziert wird, können entsprechende Kommunikationen darüber bei Akteursgruppen, Netzwerken und Goverance-Arrangements in Raum A – zusätzlich zu den oben ausführlich beschriebenen internen Transformationsimpulsen – als externe Impulse für neue raumbezogene Deutungs- und Handlungsweisen sowie für veränderte materielle Anordnungen wirken.

5 Schlussbemerkungen. Methodische Implikationen des Ansatzes der kommunikativen Raum(re)konstruktionen

Zieht man die oben entfalteten theoretisch-konzeptionellen Überlegungen, insbesondere diejenigen des 4. Kapitels, für die Analyse von räumlichen Transformationen in Betracht, so stellt sich die inhaltliche Frage,
- wie Dynamiken raumbezogenen kommunikativen Handelns in (heterogenen) Akteurskonstellationen,
- wie kommunikative Aushandlungen raumbezogener Wissensordnungen in Diskursen, und
- wie die Entwicklung von Dispositiven und die Einbeziehung materieller Dinge in das Handeln,

im Einzelfall empirisch tatsächlich vor sich gehen, welche Muster sich beispielsweise zeigen, insbesondere: in welchen Akteurskonstellationen und kommunikativen Figurationen welche kommunikativen Formen und Muster charakteristisch sind, wie Konflikte ablaufen und wie sich räumliche Transformationen vor diesem Hintergrund vollziehen – um hier nur eine Forschungsfrage hervorzuheben, die sich aus dem theoretisch-konzeptionellen Ansatz ergeben könnte.

Damit ist die methodische Frage verbunden, wie derartige kommunikative Prozesse räumlicher Transformationen, oder mit anderen Worten: wie kommunikative Raumen(re)konstruktionen, empirisch untersucht werden können (vgl. Christmann 2013, 2014).

Es wird argumentiert, dass ein solch dynamischer und umfassender Forschungsgegenstand in methodischer Hinsicht ein komplexes Forschungsdesign erfordert und dass es vor allem eine „ethnographische Diskursanalyse" (Christmann 2014) ist, die den Erfordernissen gerecht werden kann. Es wird demzufolge eine Kombination von zwei umfassenden methodischen Konzepten – dem ethnographischen und dem diskursanalytischen – für notwendig erachtet. Mittels des ethnographischen Ansatzes können Formen und Inhalte raumbezogenen kommunikativen Handelns in Gruppen, Netzwerken, Governance-Arrangements und kommunikativen Figurationen nachvollzogen werden. Die diskursanalytische Herangehensweise erlaubt eine Analyse von raumbezogenen Diskursthemen, deren diskursiven Aushandlungen und der sich entwickelnden Wissensordnungen in kleinen und großen Öffentlichkeiten. Der Gegenstand einer Dispositivanalyse erfordert mehr als die Untersuchung öffentlicher Diskurse, da es hier um die Betrachtung der vielfältigen Instrumente und Strategien geht, mit denen bestimmte Wissensordnungen etabliert und praktisch durchgesetzt werden (sollen). Für diesen Zweck ist ebenfalls ein ethnographisches Vorgehen mit teilnehmenden Beobachtungen und zusätzlich mit qualitativen Netzwerkanalysen hilfreich, wenn es zum Beispiel um die Analyse von Akteurskonstellationen, Unterstützungsnetzwerken und Handlungsweisen geht, die auf die Umsetzung neuer raumbezogener Deutungs- und Handlungsweisen hinarbeiten. Auch materielle Veränderungen können über Formen der Beobachtung nachvollzogen werden. Im Rahmen von Interviews kann außerdem erfragt werden, mit welchen spezifischen Handlungs- und Kommunikationsstrategien Akteure ihre Ziele räumlicher Transformationen verfolgen, vor allem welche weiteren Instrumente sie einsetzen und welche Rolle materielle Dinge für sie spielen etc. Kurzum: Der Ansatz der kommunikativen Raum(re)konstruktion impliziert unter Gesichtspunkten der empirischen Sozialforschung ein Vorgehen, das multimethodisch angelegt ist.

Literatur

Assmann, Aleida/Assmann, Jan (1993): Schrift und Gedächtnis (Nachwort). In: Assmann/Assmann (1993): 265-284
Assmann, Aleida/Assmann, Jan (Hrsg.) (1993): Schrift und Gedächtnis. Beiträge zur Archäologie der literarischen Kommunikation. München: Fink
Baur, Nina/Korte, Hermann/Löw, Martina/Schroer, Markus (Hrsg.) (2008): Handbuch Soziologie. Wiesbaden: VS Verlag
Beck, Ulrich (1994): Riskante Freiheiten. Individualisierung in modernen Gesellschaften. Frankfurt am Main: Suhrkamp
Berger, Peter L./Luckmann, Thomas (1987): Die gesellschaftliche Konstruktion der Wirklichkeit. Eine Theorie der Wissenssoziologie. Frankfurt a.M.: Fischer
Böhle, Fritz/Weihrich, Margit (Hrsg.) (2009): Handeln unter Unsicherheit. Wiesbaden: VS Verlag
Bührmann, Andrea D./Schneider, Werner (2008): Vom Diskurs zum Dispositiv. Eine Einführung in die Dispositivanalyse. Bielefeld: transcript
Christmann, Gabriela B. (2010): Kommunikative Raumkonstruktionen als (Proto-) Governance. In: Kilper (2010): 27-48
Christmann, Gabriela B. (2013): Raumpioniere in Stadtquartieren und die kommunikative (Re-)Konstruktion von Räumen. In: Keller et. al. (2013): 153-184
Christmann, Gabriela B. (2014): Investigating Spatial Transformation Processes. An Ethnographic Discourse Analysis in Disadvantaged Neighbourhoods. In: Historical Social Research 39. 2014. 235-256.
Christmann, Gabriela B. (2015): Einleitung. Zur kommunikativen Konstruktion von Räumen. In: Christmann (2015): 7-25
Christmann, Gabriela B. (Hrsg.) (2015): Zur kommunikativen Konstruktion von Räumen. Theoretische Konzepte und empirische Analysen. Wiesbaden: Springer VS
Di Luzio, Aldo/Günthner, Susanne/Orsetti, Franca (Hrsg.) (2001): Culture in Communication. Analyses of Intercultural Situations. Amsterdam/Philadelphia: Benjamins

Dünne, Jörg/Günzel, Stephan (2006): Raumtheorie. Grundlagentexte aus Philosophie und Kulturwissenschaften. Frankfurt a.m.: Suhrkamp
Elias, Norbert (2004): Was ist Soziologie? Weinheim/München: Juventa
Foucault, Michel (1974): Die Ordnung des Diskurses. München: Hanser
Foucault, Michel (1977): Der Wille zum Wissen. Frankfurt a.M.: Suhrkamp
Foucault, Michel (1978): Dispositive der Macht. Über Sexualität, Wissen und Wahrheit. Berlin: Merve Verlag
Foucault, Michel (1981): Archäologie des Wissens. Frankfurt a.M.: Suhrkamp
Giddens, Anthony (1993): The Constitution of Society. Cambridge: Polity Press
Glasze, Georg/Mattissek, Annika (Hrsg.) (2009): Handbuch Diskurs und Raum. Theorien und Methoden für die Humangeographie sowie die sozial- und kulturwissenschaftliche Raumforschung. Bielefeld: transcript
Hastings, Annette (1999): Discourse and Urban Change: Introduction to the Special Issue. In: Urban Studies 36. 1999. 7-12
Häußermann, Hartmut/Ipsen, Detlef/Krämer-Badoni, Thomas/Läpple, Dieter/Rodenstein, Marianne/Siebel, Walter (Hrsg.) (1991): Stadt und Raum. Soziologische Analysen. Pfaffenweiler: Centaurus
Healey, Patsy (1992): Planning through Debate. The Communicative Turn in Planning Theory and its Implications for Spatial Strategy Formation. In: Town Planning Review 63. 1992. 143-162
Hepp, Andreas (2013): Medienkultur. Die Kultur mediatisierter Welten. Wiesbaden: Springer VS.
Heuner, Ulf (2010): Klassische Texte zum Raum. Berlin: Parodos
Hoffmann, Carl A./Kießling, Rolf (Hrsg.) (2001): Kommunikation und Raum. Konstanz: UVK
Honegger, Claudia/Hradil, Stefan/Traxler, Franz (Hrsg.) (1999): Grenzenlose Gesellschaft? Verhandlungen des 29. Kongresses der Deutschen Gesellschaft für Soziologie, des 16. Kongresses der Österreichischen Gesellschaft für Soziologie, des 11. Kongresses der Schweizerischen Gesellschaft für Soziologie in Freiburg i. Br. 1998. Teil 1. Opladen: Leske und Budrich
Keller, Reiner (2001): Wissenssoziologische Diskursanalyse. In: Keller et. al. (2001): 113-144
Keller, Reiner (2004): Diskursforschung. Eine Einführung für SozialwissenschaftlerInnen. Opladen: Leske und Budrich
Keller, Reiner/Hirseland, Andreas/Schneider, Werner/Viehöver, Willy (2005): Die diskursive Konstruktion von Wirklichkeit. Einleitende Bemerkungen zum Verhältnis von Wissenssoziologie und Diskursforschung. In: Keller et. al. (2005): 7-22
Keller, Reiner (2008): Wissenssoziologische Diskursanalyse. Grundlegung eines Forschungsprogramms. Wiesbaden: VS Verlag
Keller, Reiner (2012): Der menschliche Faktor. Über Akteur(inn)en, Sprecher(inn)en, Subjektpositionen, Subjektivierungsweisen in der Wissenssoziologischen Diskursanalyse. In: Keller et. al. (2012): 69-107
Keller, Reiner (2013a): Doing Discourse Research. An Introduction for Social Scientists. London: Sage

Keller, Reiner (2013b): Kommunikative Konstruktion und diskursive Konstruktion. In: Keller et. al. (2013): 69-94
Keller, Reiner (2015): Die symbolische Konstruktion von Räumen. Sozialkonstruktivistisch-diskursanalytische Perspektiven. In: Christmann (2015): 55-78
Keller, Reiner/Knoblauch, Hubert/Reichertz, Jo (2013): Der Kommunikative Konstruktivismus als Weiterführung des Sozialkonstruktivismus – eine Einführung in den Band. In: Keller et. al. (2013): 9-21
Keller, Reiner/Hirseland, Andreas/Schneider, Werner/Viehöver, Willy (Hrsg.) (2001): Handbuch Sozialwissenschaftliche Diskursanalyse. Band 1: Theorien und Methoden. Opladen: Leske und Budrich
Keller, Reiner/Hirseland, Andreas/Schneider, Werner/Viehöver, Willy (Hrsg.) (2005): Die diskursive Konstruktion von Wirklichkeit. Konstanz: UVK
Keller, Reiner/Schneider, Werner/Viehöver, Willy (Hrsg.) (2012): Diskurs – Macht – Subjekt. Theorie und Empirie von Subjektivierung in der Diskursforschung. Wiesbaden: VS Verlag
Keller, Reiner/Knoblauch, Hubert, Reichertz, Jo (Hrsg.) (2013): Kommunikativer Konstruktivismus. Theoretische und empirische Arbeiten zu einem neuen wissenssoziologischen Ansatz. Wiesbaden: Springer VS
Kilper, Heiderose (2010): Governance und die soziale Konstruktion von Räumen. Eine Einführung. In: Kilper (2010): 9-24
Kilper, Heiderose (Hrsg.) (2010): Governance und Raum. Baden-Baden: Nomos
Knoblauch, Hubert (1995): Kommunikationskultur. Die kommunikative Konstruktion kultureller Kontexte. Berlin, New York: de Gruyter
Knoblauch, Hubert (1999): Das kommunikative Gedächtnis. In: Honegger et. al. (1999): 733-749
Knoblauch, Hubert (2001a): Diskurs, Kommunikation und Wissenssoziologie. In: Keller et. al. (2001): 207-224
Knoblauch, Hubert (2001b): Communication, Contexts and Culture. A Communicative Constructivist Approach to Intercultural Communication. In: Di Luzio et. al. (2001): 3-33
Knoblauch, Hubert (2005): Die kommunikative Konstruktion kultureller Kontexte. In: Srubar et. al. (2005): 172-194
Knoblauch, Hubert (2013a): Grundbegriffe und Aufgaben des kommunikativen Konstruktivismus. In: Keller et. al. (2013): 25-47
Knoblauch, Hubert (2013b): Communicative Constructivism and Mediatization. In: Communication Theory 23. 2013. 297-315
Knoblauch, Hubert (2015): Über die kommunikative Konstruktion der Wirklichkeit. In: Christmann (2015): 29-53
Kuhm, Klaus (2000): Raum als Medium gesellschaftlicher Kommunikation. In: Soziale Systeme 6. 2000. 321-348
Läpple, Dieter (1991): Essay über den Raum. Für ein gesellschaftswissenschaftliches Raumkonzept. In: Häußermann et. al. (1991): 157-207
Lees, Loretta (2004): Urban Geography: Discourse Analysis and Urban Research. In: Progress in Human Geography 28. 2004. 101-107
Lefèbvre, Henri (1991): The Production of Space. Cambridge: Blackwell

Löw, Martina (2001): Raumsoziologie. Frankfurt a.M.: Suhrkamp
Luckmann, Thomas/Berger, Peter L. (1964): Social Mobility and Personal Identity. In: European Journal of Sociology 1. 331-344
Miebach, Bernhard (2008): Prozess. In: Baur et. al. (2008): 373-390
Paasi, Ansi (1989): The Media as Creator of Local and Regional Culture. In: The Long-Term Future of Regional Policy – A Nordic View. Report on a Joint NordREFO/OECD Seminar in Reykjavik. 1989. 151-165
Poferl, Angelika (2009): Orientierung am Subjekt? Eine konzeptionelle Reflexion zur Theorie und Methodologie reflexiver Modernisierung. In: Böhle et. al. (2009): 231-264
Pott, Andreas (2007): Sprachliche Kommunikation durch Raum – das Angebot der Systemtheorie. In: Geographische Zeitschrift 95. 2007. 56-71
Rau, Susanne (2013): Räume. Konzepte, Wahrnehmungen, Nutzungen. Frankfurt/New York: Campus
Reichertz, Jo (2013): Grundzüge eines kommunikativen Konstruktivismus. In: Keller et. al. (2013): 49-68
Reichertz, Jo (o.J.): Konstruktivismus, Kommunikativer. In: http://kowiki.mykowi.net/index.php/Konstruktivismus,_Kommunikativer
Schlottmann, Antje (2005): RaumSprache. Ost-West-Differenzen in der Berichterstattung zur deutschen Einheit. Eine sozialgeographische Theorie. Stuttgart: Franz Steiner Verlag
Schroer, Markus (2006): Räume, Orte, Grenzen. Auf dem Weg zu einer Soziologie des Raums. Frankfurt a.M.: Suhrkamp
Schütz, Alfred (1981): Der sinnhafte Aufbau der sozialen Welt. Eine Einleitung in die verstehende Soziologie. Frankfurt a.M.: Suhrkamp
Srubar, Ilja/Renn, Joachim/Wenzel, Ulrich (Hrsg.) (2005): Kulturen vergleichen. Sozial- und kulturwissenschaftliche Grundlagen und Kontroversen. Wiesbaden: VS Verlag
Thrift, Nigel (2007): Non-Representational Theory. Space, Politics, Affect. London: Routledge
Weber, Wolfgang E. J. (2001): Die Bildung von Regionen durch Kommunikation. Aspekte einer neuen historischen Perspektive. In: Hoffmann et. al. (2001): 43-67
Werlen, Benno (1997): Sozialgeographie alltäglicher Regionalisierungen. Band 2: Globalisierung, Region und Regionalisierung. Stuttgart: Franz Steiner Verlag

Teil II:
Kommunikative Konstruktionen von Städten und Regionen. Empirische Forschungen zu Raum und Kommunikation

Europäisierung als kommunikative Konstruktion kulturräumlichen Wandels in europäischen Grenzregionen. Am Beispiel interkultureller Praktiken in einer deutsch-polnischen Hochschulkooperation

Heidi Fichter-Wolf

1 Einleitung

In wissenschaftlichen Diskursen über Prozesse der europäischen Integration wird zunehmend auch das Entstehen einer „europäischen Gesellschaft" thematisiert (Keutel 2011; Deger 2007; Hettlage/Müller 2006). Neben dem politischen, ökonomischen und rechtlichen Vereinigungsprozess gewinnt damit die kulturelle und soziale Integration in Europa an Bedeutung, was zu der Frage führt, was eine europäische Gesellschaft überhaupt ausmacht und wie sich ein solcher Prozess vollziehen kann (Delhey 2005; Eder 2007; Viehoff/Segers 1999). Inzwischen ist zwar weitgehend anerkannt, dass Europa weder mit nationalstaatlichen Entstehungsbedingungen zu vergleichen ist, noch die europäische Gesellschaft „im Sinne eines politisch integrierten (…) und auf gemeinsam geteilten Werten basierendes Gebilde" (Hardin 1968: 11f.) verstanden werden darf. Daher hat die Formel von der "Einheit in Vielfalt"[1] Akzeptanz gewonnen. Dennoch ist bisher nicht geklärt, wie eine künftige europäische Gesellschaft aussehen kann und auf welche Weise sich der soziale und kulturelle Integrationsprozess vollzieht.

In diesem Beitrag wird davon ausgegangen, dass sich Europäisierungsprozesse als kulturräumlicher Wandel empirisch nachvollziehen lassen. Dabei scheinen Kommunikationen und Interaktionen in Grenzräumen in besonderem Maße für eine empirische Rekonstruktion dieser Prozesse geeignet zu sein, weil

---

1   Diese Formel findet im Diskurs über Europäisierung weitgehende Verbreitung. So wird in der UNESCO-Deklaration zur Kulturellen Diversität von 2001 in Art. 1 festgehalten: "Als eine Quelle des Austausches, Innovation und Kreativität ist kulturelle Diversität genauso notwendig für die Menschheit wie Biodiversität für die Natur." (Möller und Frensch 2006: 75) Es wird damit argumentiert, dass homogene Systeme weitaus anfälliger seien und sowohl Biodiversität als auch Kulturdiversität einen Schutz vor Risiken biete. Denn Diversität schaffe einen größeren Wissenspool und stärke damit die Fähigkeit, Risiken durch Innovationen besser zu begegnen (vgl. ebd.: 77f.).

hier unterschiedliche Kulturen mit ihren jeweils spezifischen Wissensordnungen aufeinander stoßen.² In diesem Beitrag wird am Beispiel grenzüberschreitender Arrangements in der Hochschulbildung im deutsch-polnischen Grenzraum gefragt, wie sich Akteure aus unterschiedlichen Kulturen und Wissenshintergründen koordinieren und wie sie ggf. in Aushandlungsprozessen gemeinsame Deutungen von Handlungssituationen entwickeln und damit zu einem neuen kollektiven – „europäischen" – (Raum)Wissen gelangen, das zur Transformation von Kulturräumen beiträgt. Dabei interessieren vor allem alltäglich ablaufende institutionelle Kommunikationsprozesse sowie die Handlungsroutinen bei der binationalen bzw. interkulturellen Hochschulzusammenarbeit, weil angenommen wird, dass sich vor allem dort „unten" Prozesse einer sozialräumlichen (Re-) Konstruktion von Gesellschaft abspielen, die als „alltägliche Regionalisierungen" (Werlen 2009) eine hohe Bedeutung für Europäisierungsprozesse im kulturellen und sozialen Bereich haben können. Es werden also Kommunikationsprozesse mit dem Ziel analysiert herauszufinden, ob und unter welchen Bedingungen Akteure aus verschiedenen Kulturen mit unterschiedlichen Regelsystemen und Wertvorstellungen – und damit aus verschiedenen Institutionenräumen – gemeinsame Bedeutungszuschreibungen von Handlungssituationen entwickeln. Das Forschungsinteresse richtet sich auf Prozesse, in denen unterschiedliches (raumbezogenes) Wissen zusammengeführt und verhandelt wird und in denen somit neues geteiltes Wissen entstehen kann, das die Basis für gemeinsames Handeln auf der Grundlage kollektiv anerkannter Regeln bildet. Daraus sollen Erkenntnisse über interkulturelles institutionelles Lernen gewonnen werden, die in Bezug auf Europäisierungsprozesse, die sich als kulturräumlicher Wandel abbilden, verallgemeinert werden können. „Europäisierung" soll hier für etwas Neues stehen: Nämlich für den Prozess einer kulturellen und sozialen Integration „von unten".

Im nächsten Kapitel wird zunächst das diesem Projekt zugrunde liegende Verständnis von Europäisierung im Zusammenhang mit sozial- und kulturräumlichem Wandel erläutert. Nach einer Beschreibung der Fallstudie, mit einer Darstellung ausgewählter interkultureller Kommunikations- und Aushandlungssituationen bei der binationalen Hochschulzusammenarbeit, wird versucht, die Prozesse sozialräumlichen Wandels zu rekonstruieren. Hierzu wird ein konzeptioneller Ansatz vorgestellt, der auf der Basis theoretischer Überlegungen des Sozialkonstruktivismus entwickelt wurde und der empirischen Analyse sozialer Raumkonstruktionen dienen soll (vgl. Fichter-Wolf 2010). Mit diesem Modell soll überprüft werden, ob und inwieweit die empirischen Befunde aus der

---

2 Hier schließe ich mich der Überlegung von Hettlage (2007: 276) an, der davon ausgeht, „dass vermutlich einige Räume hinsichtlich ihrer realen, symbolischen oder imaginären Bezüge zeitweilig bedeutungsmächtiger werden können als andere".

deutsch-polnischen Hochschulzusammenarbeit Ansätze für eine kulturelle und soziale europäische Integration bieten und somit das Potenzial für einen sozialräumlichen Wandel in Richtung Europäisierung beinhalten.

2 Europäisierung als Prozess kulturräumlichen Wandels

2.1 Europäisierung als soziale Vernetzung

Der Terminus „Europäisierung" wird sowohl in gesellschaftlichen als auch in wissenschaftlichen Diskursen häufig mit dem Begriff „Europäische Integration" gleichgesetzt und synonym verwendet. Seit einigen Jahren gibt es allerdings Versuche, die beiden Termini voneinander abzugrenzen (vgl. u. a. Deger 2007). Während mit „Europäischer Integration" zumeist die Veränderung politischer, wirtschaftlicher und rechtlicher Strukturen bezeichnet wird und sich der Begriff damit auf die übergreifenden Prozesse der Rechtsangleichung sowie der formellen Institutionenbildung bezieht, wird „Europäisierung" häufig weit unspezifischer verwendet, was u. a. Olson veranlasst zu behaupten: „‚Europeanization' is a fashionable but contested concept" (Olson 2002: 921; 2007: 68). Hinter Europäisierung verbirgt sich also offensichtlich ein Konzept, unter dem sich vielfältige Ansätze subsumieren lassen. Koschmal (2006: 11) vermutet daher, dass der Begriff gerade deshalb allgemeine Anerkennung erlangt hat, weil er unterschiedlichste gesellschaftliche Diskurse zu verbinden vermag.[3] Der Vieldeutigkeit des Begriffs nähert sich Radealli (2004: 3), indem er Europäisierung umfassend als „processes of construction, diffusion and institutionalization of formal and informal rules, procedures, policy paradigms, styles, ‚ways of doing things', and shared beliefs and norms" definiert. In einem solchen weiten Verständnis umfasst Europäisierung sowohl einen Wandel von eher „harten" Strukturen (Wirtschaft- und Rechtsystem, politisches System) als auch Veränderungen in den „weichen" Bereichen, die weniger leicht zu fassen sind, wie Einstellungen, Identitäten und Wertesysteme etc., die die kulturelle und soziale Integration mit einschließen. In diesem Zusammenhang glaubt Deger (2007: 146), dass die „Diffusität der Verwendung des Begriffs ‚Europäisierung' sich durch die Ergänzung um eine kulturelle Sichtweise von Europäisierung mindestens teilweise beheben lässt". Denn diese Unbestimmtheit – so argumentiert sie – hat ihre Ursache vor allem in den Widersprüchlichkeiten und Spannungen, die sich aus

---

3   So unterscheidet Featherstone (2003: 6ff.) vier verschiedene Themenfelder, die im Rahmen von Europäisierung von Bedeutung sind: 1. den historischen Prozess, 2. den kulturellen Diffusionsprozess, 3. die Prozesse institutioneller Anpassungen sowie 4. die Anpassung politischer Prozesse.

der Definitionsproblematik des europäischen Raumes als territoriale Einheiten ergeben, also aus den unterschiedlichen räumlichen Verschachtelungen und Überlagerungen innerhalb Europas, auf die sich die Analyse von Europäisierungsprozessen jeweils bezieht. Mit der kulturellen Sichtweise könne dagegen das Prinzip der Territorialität – im Verständnis von einem Container bzw. Behälterraum, in dem sich soziale Handlungen vollziehen – überwunden werden. Denn die kulturelle Perspektive erfordert es, die Prozesse sozialen Wandels über bestehende Grenzen definierter politisch-administrativer Räume hinweg, in von Akteuren durch ihre Interaktionen konstruierten Handlungs- und Relevanzräumen (z.b. transnationalen Handlungsräumen) zu analysieren. Gemäß einer solchen konstruktivistischen Position konstituieren sich Räume vor allem durch die Haltungen und Sichtweisen, die die Akteure im Alltag zu diesen Räumen entwickeln. Die Vorstellung vom Container-Raum dagegen – so lautet die Kritik – „transportiere überholte und nicht mehr zeitgemäße Vorstellungen von Gesellschaft und von den Handlungsorientierungen der Akteure" (ebd.: 154) und sei damit für die Analyse von Europäisierungsprozessen nicht geeignet. Denn wie die Praxis zeige, entwickeln sich dagegen „feldspezifische Interdependenzräume" die zu neuen räumlichen Zusammenschlüssen führen (vgl. ebd.: 156f.).

Eine ähnliche Vorstellung in Bezug auf Europäisierungsprozesse, die sich durch nationalstaatliche Grenzen durchdringende „social fields" vollziehe, vertritt Fligstein. Als „field" definiert er

> „an arena of social interaction where organized individuals or groups such as interest groups, states, firms, and nongovernmental organizations routinely interact under a set of shared understandings about the nature of the field, the rules governing social interaction, who has the power and why, and how actors make sense of one another's actions" (Fligstein 2009: 8).

In diese Richtung argumentieren auch Hettlage und Müller (2006: 15) nach deren Ansicht eine europäische Gesellschaft durch Prozesse der sozialen Vernetzung entstehen kann, die in den verschiedenen gesellschaftlichen Teilbereichen stattfindet. Diese Beziehungsgeflechte dienen als Bausteine einer neuen europäischen Gesellschaft, wonach dann Europa als „eine einmalige Versöhnung verschiedener sozialer Felder" (ebd.: 152) gedacht werden kann.

Dieser analytische Zugang, nämlich Europäisierungsprozesse über Vernetzungsprozesse in sozialen Feldern zu untersuchen, bietet für diesen Forschungszusammenhang geeignete Anknüpfungspunkte. Hier steht als „social field" die grenzüberschreitende Zusammenarbeit in der Hochschulbildung im Fokus der Betrachtung. Dabei interessieren insbesondere die interkulturellen Kommunikationsprozesse sowie die damit ggf. verbundenen institutionellen Lernprozesse mit ihren Auswirkungen auf kulturräumliche Wandelprozesse.

2.2 Kulturräumlicher Wandel aus sozialkonstruktivistischer Perspektive

In Übereinstimmung mit den Vorstellungen der sozialwissenschaftlichen Raumforschung (Eigmüller 2010; Eigmüller/Vobruba 2006; Lefebvre 1991; Löw 2001; Miggelbrink 2009; Simmel 1992 [1908]; Werlen 1997, 2009, 2000) wird hier ein (Kultur-) Raum als ein soziales Konstrukt begriffen, das in seiner jeweiligen Ausprägung erst durch menschliche Bedeutungszuschreibungen existiert. Angelehnt an Simmel (1992 [1908]), für den Räume die Manifestation sozialer Prozesse sind, werden also auch Grenzräume nicht als gegebene physikalische bzw. geografische Strukturen angesehen, sondern als durch soziale Interaktionen von Menschen geschaffene und durch die Wahrnehmung der Menschen existierende soziale Konstrukte. Allerdings sollen hier keineswegs die materiellen Bedingungen von sozialen Konstruktionsprozessen negiert werden, denn „gleichzeitig ist davon auszugehen, dass sozial-kulturelle und physisch-materielle Aspekte immer sowohl Mittel als auch Zwänge des sozialen Handelns bilden können" (Werlen 1997: 100). Auch weisen die bisherigen Europäisierungsprozesse auf die Bedeutung von materiellen Grundlagen, z.B. durch verfahrensförmige Vorgaben für Konstitutionsprozesse von Räumen hin (Deger 2007: 161). So schafft z.B. die Europäische Union häufig erst die Grundlagen durch veränderte materielle Bedingungen für grenzüberschreitende Interaktionen. Im Zentrum dieser handlungszentrierten Betrachtung stehen aber die handelnden Subjekte, und aus dieser Perspektive hängt es von menschlichem Handeln (sozialen und politischen Interaktionen) ab, ob eine Grenze als Trennlinie oder als Kontaktzone bzw. Verbindungsraum fungiert. Grenzräume in diesem Sinne werden als „Möglichkeitsräume" betrachtet, welche im Rahmen von grenzüberschreitenden Kooperationen und interkulturellen Kommunikationsprozessen in nachbarschaftlicher Nähe besondere Bedingungen für eine Annäherung zwischen unterschiedlichen Kulturen bieten und damit das Potenzial für integrierende soziale Wirklichkeitsdeutungen beinhalten, die zur Entwicklung neuer Kulturräume führen können. Der Kulturraum wird also als durch menschliches Handeln konstruiert verstanden. Denn ein Raum ist immer schon Sozialraum und „Raum als Objekt ist (...) an Diskurs und Kommunikation, an Handeln und Praxis bzw. Praktiken gebunden" (Miggelbrink 2009: 71f.) und deshalb sind „alle menschlichen Raumvorstellungen (...) erfahrungs- und wahrnehmungsbasierte Konstruktionen von Anordungsbeziehungen zwischen Elementen" (Pries 2007: 132).

Der diesem Beitrag zugrunde liegende Kulturbegriff folgt dabei einem „bedeutungs-, wissens- und symbolorientierten Kulturverständnis" (vgl. u. a. Reckwitz 2001; 2005), demgemäß Kulturen als Wissensordnungen betrachtet werden und „vor dem Hintergrund von symbolischen Ordnungen, von spezifischen Formen der Weltinterpretation entstehen, (...) [sowie; Erg. HFW] von Sinnsystemen und kulturellen Codes reproduziert werden" (Reckwitz 2005: 96). Kultur wird dabei nicht auf kognitive Sinnphänomene und mentale Strukturen reduziert, vielmehr werden Kulturen auch „als *know how* abhängige Alltagsroutinen, als kollektiv intelligible soziale Praktiken" (ebd.: 97) interpretiert und begriffen. Die Wissensordnung einer Kultur schließt also auch praktisches Wissen ein, das u. a. „die Praktik des bürokratischen Verwaltens, der körperlichen Hygiene oder des riskanten Unternehmens, [den] Praktikenkomplex der wissenschaftlichen Forschung, des bürgerlichen Ehelebens oder der Rezeption von Popmusik etc." (ebd.: 98) umfasst. In einem solchen Verständnis müssen sich – so die Annahme – die Entwicklung gemeinsamer Kultur- und Wissenselemente, durch welche ein kulturräumlicher Wandel geprägt wird, empirisch in Praktiken aufspüren lassen. Es ist das Ziel dieser Forschung, die sich dabei ergebenden Muster und Regeln zu identifizieren, die zu einer kulturellen Annäherung beitragen. Diese können Hinweise darauf geben, wie sich ein kulturräumlicher Wandel in Europa vollziehen kann.

Sowohl „Raum" als auch „Kultur" werden also als soziale Konstrukte begriffen. Nach diesem Verständnis sind es menschliche Syntheseleistungen, die einen Kulturraum konstituieren. Dabei geht es jedoch nicht um einen solitären, von einzelnen Individuen gestalteten Prozess, sondern es handelt sich um eine gesellschaftliche Konstruktion: „Raumdeutungen, hier auch als ‚Raumwissen' bezeichnet, müssen unter den Subjekten abgestimmt, vergemeinschaftet und nicht zuletzt vergesellschaftet werden" (Christmann 2010: 27; vgl. auch Christmann 2013; 2015). Dies ist jedoch nicht ohne kommunikative Prozesse möglich. „Nur über einen kommunikativen Austausch kann ein gemeinsam geteiltes raumbezogenes Wissen entwickelt und vermittelt werden" (ebd.), durch welches sich kulturelle Integrationsprozesse vollziehen und (neue) europäische Kultur- und Wissensräume formieren. Denn ein Kulturraum umfasst das,

> „was man gesellschaftliches Wissen nennen kann, doch umschließt er zugleich Prozesse, in denen dieses Wissen zirkuliert – und damit erst gemeinsame Kultur konstituiert wird. Diese Prozesse sind selbstverständlich kommunikativ. Es ist also auch auf einer grundlagentheoretischen Ebene die Kommunikation, die Handeln und Wissen zusammenführt" (Knoblauch 2005: 175)

und durch welche – so die hier vertretene These – auch kulturräumliche Wandelprozesse in Europa sozial konstruiert werden.

Europäisierung als kulturräumlicher Wandel stellt sich also nach dem hier dargelegten Verständnis als Prozess der Vernetzung und Kommunikation zwischen verschiedenen Kulturen mit ihren jeweils spezifischen Wissensordnungen in einzelnen sozialen Feldern dar. Im Rahmen dieser Kommunikations- und

Wissensaustauschbeziehungen können sich gemeinsame Bedeutungszuschreibungen von Handlungssituationen mit der Herausbildung von neuen Haltungen und Sichtweisen entwickeln, die zu neuen Handlungs- und Regelungsformen führen. In diesem Prozess entsteht neues geteiltes Raumwissen, das zu kulturräumlichem Wandel beiträgt und als Baustein (oder vielleicht sogar nur Fragment) einer europäischen Gesellschaft dient. In diesem Verständnis ist Europäisierung als kulturräumlicher Wandel ein kaum zu finalisierender Prozess, weder inhaltlich, noch in seinen räumlichen Dimensionen. In diesem Sinne wird die Entwicklung einer europäischen Gesellschaft „immer Aufgabe (...), immer ein unabgeschlossenes Konzept" (Koschmal 2006: 17) bleiben.

3 „Clash" der Hochschulsysteme und Wissenskulturen in grenzüberschreitenden Kooperationen – Lernarena für Europäisierungsprozesse

Wie oben bereits erwähnt, steht in dieser Untersuchung über Europäisierungsprozesse – begriffen als einen kulturräumlichen Wandel – die grenzüberschreitende Zusammenarbeit in der Hochschulbildung als „social field" im Fokus der Betrachtung. Durch die Rekonstruktion von Prozessen eines Einzelfalls soll nachvollzogen werden, wie sich kulturräumlicher Wandel als sozialer Prozess „von unten" vollziehen kann. Dafür eignen sich grenzüberschreitende Arrangements in der Hochschulbildung als Fallstudie besonders aus folgenden Gründen:
Erstens fungieren Bildungssysteme als wichtige Sozialisationsbereiche und sind daher für die Entwicklung – und damit auch für den Wandel – von Gesellschaften von großer Bedeutung. Diese hohe Bedeutung wird auch für Europäisierungsprozesse vermutet: „education has a crucial role to play in the socialization of European citizens and the construction of European identity (...) [since; Erg. HFW] education transmits the dominant culture to new generations" (Bache 2006: 246). Daher weist Olson (2002) auch der Bildungspolitik eine entscheidende Rolle für die Entwicklung von Akzeptanz und Legitimität europäischer Institutionen zu. Bei Bildungskooperationen in Grenzräumen prallen *zweitens* verschiedene europäische Bildungssysteme als Sozialisationsinstanzen in unmittelbarer nachbarschaftlicher Nähe mit ihren unterschiedlichen Wissenskulturen und Regelungen aufeinander. Bei einem solchen „clash" zeigen sich sowohl die Passfähigkeiten als auch die Inkompatibilitäten zwischen den Bildungssystemen mit den sie tragenden formellen und informellen Institutionen. Eine Zusammenarbeit von unterschiedlichen nationalen Bildungsinstitutionen setzt ein Verständnis gegenüber der Praxis und der Traditionen der jeweils anderen Seite sowie ein wechselseitiges Einlassen auf die institutionellen Bedingun-

gen des Partners voraus. Die Kommunikation verlangt damit nicht nur einen intensiven fachlichen Austausch, sondern erfordert auch die wechselseitige Bereitschaft für ein gegenseitiges Kennenlernen der anderen Regelsysteme. Grenzüberschreitende Arrangements in der Hochschulbildung bilden damit durch die „Koppelung an politische Verfahren" (Deger 2007: 158ff.) in Form einer vertragsmäßigen Festlegung auf eine Kooperationsbeziehung die von Deger postulierte Voraussetzung für eine Neukonstitution von europäischen Räumen als Kommunikations- und Handlungsräume. Diese Räume haben aber – wie sie richtigerweise klar stellt – „nicht dieselbe scheinbar unbegrenzte zeitliche Gültigkeit wie national-staatlich organisierte Räume" (ebd.: 161). Durch den „Schatten der Hierarchie" (Scharpf 1993) einer grenzüberschreitenden Kooperation sind allerdings die materiellen Grundlagen für Lern- und Annäherungsprozesse zwischen verschiedenen europäischen Kulturen und damit auch für eine mehr oder weniger dauerhafte soziale (Re-)Konstruktion von europäischen Räumen – als kulturräumlichem Wandel – gegeben. Durch die auf der politischen Ebene initiierte Kooperation finden nämlich die bikulturellen Kommunikations- und Aushandlungsprozesse in einem institutionellen Rahmen statt, der durch eine „oben" ausgehandelte Kooperationsbeziehung zwischen Deutschland und Polen geschaffen wurde. Wie Scharpf (1993: 70) ausführt, steigt die „effektive Koordinationsleistung von Verhandlungen (…), wenn diese in die hierarchische Struktur (…) eingebettet sind", weil – so kann ergänzt werden – dadurch die Exit-Option aus den Verhandlungen beim Auftreten von Konflikten erschwert wird.

Methodisch sind für die empirische Untersuchung von Europäisierung als kulturräumlichem Wandel aus einer auf kulturelle Praktiken gerichteten Forschungsperspektive vor allem diejenigen Bereiche der Hochschulsysteme von besonderem Interesse, bei denen eine Inkompatibilität zwischen den beteiligten nationalen Bildungsinstitutionen und Wissenskulturen besteht. Denn hier liegen häufig sowohl die Ursachen für Konflikte und Krisen in der Zusammenarbeit als auch die Potenziale für Lernprozesse und die Entwicklung innovativer Lösungen. Der Blick auf Institutionen ist in Bezug auf soziale (Re-) Konstruktionsprozesse von europäischen Räumen dabei von besonderem Interesse. Denn in Institutionen sind die sozialen Deutungen (der Welt) und die gesellschaftlichen Erfahrungen – über Generationen hinweg – als Wissensvorräte einer Gesellschaft gespeichert, sie

„bilden sich dort aus, wo verschiedene Handelnde einem sich wiederholenden Handlungsproblem begegnen und routinemäßig lösen (…), sie sind Indikatoren dessen, was in einer Gesellschaft als wichtig angesehen wird: das gesellschaftliche Relevanzsystem" (Knoblauch 1995: 28).

Man kann Institutionen daher als das „kollektive Gedächtnis" einer Gesellschaft begreifen, welche die gesellschaftliche Wissensordnung mit den daraus resultierenden Praktiken konstituieren. Die räumliche Reichweite und Gültigkeit einer Wissensordnung macht einen Institutionen- oder Kulturraum aus. Auf der Basis des tradierten Wissens, das in Sozialisationsprozessen erworben wird, werden Situationen interpretiert, bewertet und gehandelt. Es wird damit verständlich, dass aufgrund des unterschiedlichen Wissens in verschiedenen Kulturen, das in Institutionen verankert vorliegt, die Interpretationen von Handlungssituationen ganz unterschiedlich ausfallen können.

Forschungsheuristisch wird zwischen formellen und informellen Institutionen unterschieden: Hinter den formellen (kodifizierten) Bildungsinstitutionen, vom Hochschulrecht über einzelne Lehrpläne und Prüfungsordnungen bis zur Ausgestaltung der Besoldungsregeln von Lehrkräften, stehen unterschiedliche Wissenschafts-, Lern- und Kommunikationskulturen als informelle (nicht kodifizierte) Institutionen. Diese sind zumeist von den jeweiligen nationalen und regionalen Wertesystemen und Traditionen geprägt und beeinflussen sowohl das Verständnis von Wissenschaft mit den damit verbundenen Arbeits- und Lernformen als auch die Organisation des Lehrbetriebs sowie Verwaltungsroutinen. Die Handlungen in Universitäten vollziehen sich damit nach bestimmten (Spiel-) Regeln des „higher learning", die jedoch je nach Zeit und Ort variieren können. Konflikte bei der grenzüberschreitenden Hochschulzusammenarbeit können damit aufgrund der national und regional geprägten unterschiedlichen Institutionensysteme entstehen und weil mangels eines Wissens über die (formellen und informellen) institutionellen Grundlagen der jeweils anderen Seite, ein wechselseitiges Verständnis fehlt.

Weder die formellen noch die informellen Institutionen beeinflussen allerdings Handlungen in einem deterministischen Sinne, sondern es besteht für die Akteure immer eine Wahlfreiheit für das konkrete Verhalten im Einzelfall (vgl. Mayntz/Scharpf 1995). Es wird daher angenommen, dass die Richtung einer Reaktion in Bezug auf einen bestimmten Sachverhalt, z.B. beim Auftreten von Konflikten, immer auch abhängig von dem jeweiligen Vorwissen über die Regelsysteme der anderen Seite sowie den subjektiven Interpretationen und Deutungen der beteiligten Akteure aufgrund ihrer jeweiligen sozialisationsbedingten Prägung ist. In diesem Zusammenhang kommt auch der Begriff „Lernen" ins Spiel. Gemäß konstruktivistischer Lerntheorien ist Wissen immer subjektives Wissen und entsteht durch aktive Wissenskonstruktion eines Individuums. Dabei ist der soziale Kontext für die individuellen Lernprozesse sowie das jeweilige Vorwissen von hoher Bedeutung. D. h., die Konstruktion von neuem Wissen ist immer abhängig von dem bereits vorhandenen Wissen (vgl. u. a. Möller 2000; Wolff 1997). Institutionen, die – wie oben dargelegt – den kollektiven

Wissensvorrat einer Gesellschaft beinhalten, beeinflussen als Vorwissen damit die Lernprozesse der Individuen in einer Gesellschaft. Gleichzeitig wirkt das neu erworbene Wissen der Mitglieder einer Gesellschaft auf die Institutionen zurück, weil es den gesellschaftlichen Wissensvorrat verändert. Damit können sich langfristig auch die Institutionen verändern (vgl. Mayntz/Scharpf 1995).

4 Die Fallstudie Europa-Universität Viadrina und Collegium Polonicum: Europäisierung als Ziel und Anspruch

Die Europa-Universität Viadrina in Frankfurt (Oder) verbindet schon mit ihrem Namen ihren inhaltlichen Anspruch, zur gesamteuropäischen Integration beizutragen. Der derzeit amtierende Präsident Gunter Pleuger sieht darin nicht nur eine wissenschaftliche, sondern auch eine politische Aufgabe. Denn notwendig sei „die Entwicklung einer europäischen Identität (…), ein europäisches Zugehörigkeitsgefühl, das das Bewusstsein von gemeinsamer Verantwortung über den Tellerrand der nationalen Interessen hinaus stärkt" (Pleuger 2009: 45). In Bezug auf die politische Funktion wurde dabei der Viadrina von Anfang an eine Brückenfunktion insbesondere zur Überwindung des Ost-West-Gegensatzes zugewiesen. So wird in den Gründungsschriften zur Neugründung der Universität[4] im Jahre 1991 ihre Aufgabe insbesondere darin gesehen, „das deutschpolnische Verhältnis zu stärken und ein Bewusstsein von Europa öffentlich wirksam zu pflegen, das Mittelosteuropa und die Vergrößerung der Europäischen Union einschließt" (Schwan 2009: 21;[5] vgl. auch Europa-Universität Viadrina 1993). Allen Gründungsmitgliedern war dabei bewusst, dass durch die Konkurrenz des Hochschulangebots in Berlin eine neue Universität an der Peripherie Deutschlands nur Bestand haben könne, wenn sie sich durch ein besonderes Profil auszeichnete.[6] Es würde daher nicht genügen, „lediglich ‚besser' als die ausgezeichneten Berliner Universitäten zu sein, die Viadrina müsste vor allem ‚anders' sein" (Ipsen 2009: 50). Daraus wurden besondere Schlussfolge-

---

4 In Frankfurt (Oder) wurde bereits 1506 eine Universität mit dem Namen „Viadrina" gegründet. 1811 wurde diese nach Breslau verlegt (Knefelkamp 2009).
5 Gesine Schwan war bekanntlich von 1999 bis 2008 Präsidentin der Europa-Universität Viadrina.
6 Das fachlich-öffentliche Echo in Deutschland in Bezug auf die Europa-Orientierung der neuen Universität war von erheblicher Skepsis geprägt. So wurde angezweifelt, „ob das Land Brandenburg im Rahmen eines insgesamt drei Universitäten umfassenden Hochschulprogramms die hinlänglichen Mittel für eine international ausgerichtete Universität, der ein beträchtliches Leistungsniveau abverlangt werden müsse, bereitstellen könne" (Europa-Universität Viadrina 1993: 16). Verwiesen wurde dabei auf andere Neugründungen mit einer expliziten Europa-Orientierung, die diesen Anspruch nicht – oder nur ungenügend – eingelöst haben.

rungen gezogen: Mit der Gründung der Viadrina wurde „in Deutschland (...) konsequent die Idee einer inhaltlichen Profilierung von Hochschulen (...) [mit; Erg. HFW] einem begrenzten sozial- und geisteswissenschaftlichen Fächerspektrum und in einem ausdrücklich europäischen Bezugsfeld" (Weiler 2009: 81) umgesetzt. Als Kernelement der Profilierung galt der Standort an der deutsch-polnischen Grenze, wobei „die Grenzlage von vornherein mit allen Möglichkeiten einer Ausrichtung auf Europa genutzt werden" (Ipsen 2009: 50) sollte. Dabei wurde gleichzeitig klargestellt, dass vor allem das Lehrangebot entsprechend ausgerichtet werden müsse, um dem Anspruch der spezifischen Grenzlage gerecht zu werden. Denn da die Oder-Neiße-Grenze damals noch zugleich die EU-Außengrenze zu den ehemals sozialistischen Staaten Zentral- und Osteuropas bildete, würde diese Grenze vermutlich „noch lange Zeit eine Wirtschafts- und Wohlstandsgrenze sein" (Europa-Universität Viadrina 1993: 20). Angesichts des System- und Strukturwandels in Osteuropa sowie dem Ziel, die ehemals sozialistischen Staaten in den Prozess der europäischen Integration einzugliedern, wurde ein Lehrbedarf vor allem in zwei Wissenschaftskategorien gesehen. Dazu zählten erstens die *Ordnungswissenschaften*, zu denen vor allem die Rechts- und Wirtschaftswissenschaften gezählt wurden, die „beide strukturell mit europäischer Ausrichtung (...) [zur; Erg. HFW] binnenstaatlichen, zwischenstaatlichen und überstaatlichen Strukturierung Europas beitragen können" (ebd.). Zweitens gehörten dazu die Geisteswissenschaften als *Orientierungswissenschaften*, welche in Lehre und Forschung dazu verhelfen können, den europäischen Integrationsprozess, „der mehr und mehr monokulturelle, in Staaten verfasste Gesellschaften zu einem multikulturellen, in der EG zusammengefassten Verbund umwandeln wird", zu begleiten, wobei vor allem „die Schaffung eines europäischen Bewusstseins als Bildungsziel gesetzt werden" (ebd.) sollte. Denn die europäische Integration ist – so wurde argumentiert – „nicht nur ein wirtschaftlich-sozialer Prozess, sondern stellt in hohem Maße Herausforderungen an die geistig-kulturellen Grundlagen der bislang noch überwiegend national ausgerichteten Bildungssysteme" (ebd.: 21). Diesen Anforderungen wurde an der Viadrina mit der Einrichtung der drei Fakultäten Rechtswissenschaften, Wirtschaftswissenschaften und Kulturwissenschaften Rechnung getragen.

Zur Umsetzung der angestrebten Brückenfunktion im deutsch-polnischen Verhältnis wurde sehr schnell die Idee der Gründung einer deutsch-polnischen Universität, mit den entsprechenden Einrichtungen auf beiden Seiten der Oder sowie mit einem gemeinsamen Lehrkörper und gemeinsamen Studiengängen, entworfen (vgl. Pfeiffer 2009). Dieses ambitionierte Projekt einer eigenständigen binationalen Universität erwies sich jedoch als undurchführbar. Es hätte den Abschluss völkerrechtlicher Verträge zwischen den Staaten Polen und Deutschland auf der einen Seite sowie mit dem Land Brandenburg auf der anderen Seite bedurft. Realisiert wurde dann eine gemeinsame universitäre Einrichtung, das „Collegium Polonicum" (CP), mit dem Standort in Słubice auf der polnischen Seite der Oder. Das CP als Kooperation zwischen der Europa-Universität Viadrina (EUV) in Frankfurt (Oder) und der Adam-Mickiewicz-Universität (AMU) in Poznań besitzt jedoch weder einen eigenen Rechtsstatus noch eine Haushaltshoheit und ist daher in allen Angelegenheiten von seinen beiden Mutteruniversitäten EUV und AMU abhängig. Dennoch ist diese binationale Hochschule auch in dieser reduzierten Form bisher einzigartig in der europäischen Hochschullandschaft.

Die Schwierigkeiten, eine gemeinsame Hochschuleinrichtung zu realisieren, zeigten sich von Anfang an auf den verschiedensten Ebenen, und es mussten erhebliche Hindernisse überwunden werden. So stellten vor allem die unterschiedlichen Zuständigkeiten in Deutschland und Polen für die Hochschulpolitik zunächst – so schien es – eine kaum zu überwindende Barriere dar, ein Vertragswerk für die gemeinsame Hochschulkooperation zu entwerfen. Da in Polen die Verantwortlichkeiten für die Universitäten auf nationalstaatlicher Ebene liegen und in Deutschland die Länder für die Hochschulen zuständig sind, waren für die Verhandlungen Vertreter aus unterschiedlichen politischen Ebenen zuständig. Diese Asymmetrie, die ihre Ursache im föderalistischen Staatsaufbau der Bundesrepublik hat, wurde von Seiten Polens als unterschiedliche „Augenhöhe" wahrgenommen, und die Vertreter des Landes Brandenburg wurden folglich als gleichwertige Verhandlungspartner zunächst abgelehnt. Von polnischer Seite wurde wenigstens die Anwesenheit des Außenministers verlangt, doch dieses Anliegen haben die Vertreter der brandenburgischen Landesregierung nicht akzeptiert. Obwohl die Grundsteinlegung für das CP bereits am 17.10.1992 erfolgte und die deutsch-polnische Hochschuleinrichtung zwischenzeitlich den Lehrbetrieb bis zur offiziellen Eröffnung am 10.06.1998 in angemieteten Räumen durchführte, dauerte es noch zehn Jahre, bis dann im Jahre 2002 ein Regierungsabkommen zwischen Polen und dem Land Brandenburg unterzeichnet werden konnte. Dieses bildet die juristische Grundlage für die gemeinsame Hochschuleinrichtung.

5 Entwicklung der Grenz-Universität und ihre Neuorientierung nach dem EU-Beitritt Polens

Das Konzept der Viadrina, die angestrebte Brückenfunktion auch im Lehrangebot konsequent umzusetzen, führte bereits in den Anfangsjahren zu einem Zustrom polnischer Studierender. Bis zum EU Beitritt Polens im Jahre 2004 machte deren Anteil mehr als ein Drittel aller Studierenden an der Viadrina aus (vgl. Abb. 1 und 2).

Abbildung 1: Polnische Studierende an der Europa-Universität Viadrina

	1992	1993	1994	1995	1996	1997	1998	1999	2000	2001	2002	2003	2004	2005	2006	2007	2008	2009	2010
Polen 1. Fachsemester	167	216	197	194	193	254	286	287	337	318	349	334	179	250	243	223	231	183	154
Polen gesamt	167	384	566	731	883	1053	1179	1252	1364	1445	1517	1547	1331	1245	1188	1053	960	897	800
Prozentualer Anteil an der Gesamtzahl	35,8	39,2	39,1	40,5	38	37,4	37,3	36,1	35,9	34,5	33,2	30,4	26	24,4	23,8	20,3	17,2	14,5	12,4
PL Bewerber grundständige Studiengänge						452	445	421	411	370	310	354	253	291	290	285	192	185	149	143
Andere Ausländer	2	15	36	49	90	120	129	151	212	332	420	526	535	503	479	490	507	615	687

Quelle: Nuyken (2011: 13).

Seit 2004 ist die Zahl polnischer Studierender sowohl prozentual als auch in absoluten Zahlen rückläufig. Die Gründe hierfür sind vielschichtig (vgl. Nuyken 2011: 8ff.): Bis 2004 waren entsprechend dem Gründungsauftrag der Viadrina 30 Prozent der Studienplätze für Studierende aus Polen reserviert. Aufgrund des Gleichbehandlungsgebots für alle EU-Mitglieder war dies nach dem EU-Beitritt Polens nicht mehr möglich. Heute unterliegen polnische Studienbewerber dem allgemein geltenden Auswahlverfahren wie alle übrigen Bewerber, und es können daher nicht alle Polen zugelassen werden, die sich bewerben. Ein weiterer Grund für den Rückgang ist die Einstellung von Stipendienprogrammen, die in den Anfangsjahren noch zur Verfügung standen. So vergibt der DAAD mittlerweile fast ausschließlich Stipendien an Studierende aus Nicht-EU-Ländern. Des Weiteren hat sich insgesamt die Zahl polnischer Studierender in Deutschland kontinuierlich verringert. Dies liegt zum einen daran, dass für Polen nun auch Universitäten in anderen EU-Ländern offen stehen und zum anderen in den letzten Jahren das Hochschulangebot in Polen selbst erheblich erweitert und

Abbildung 2: Polnische und internationale Studierende an der Europa-
Universität Viadrina

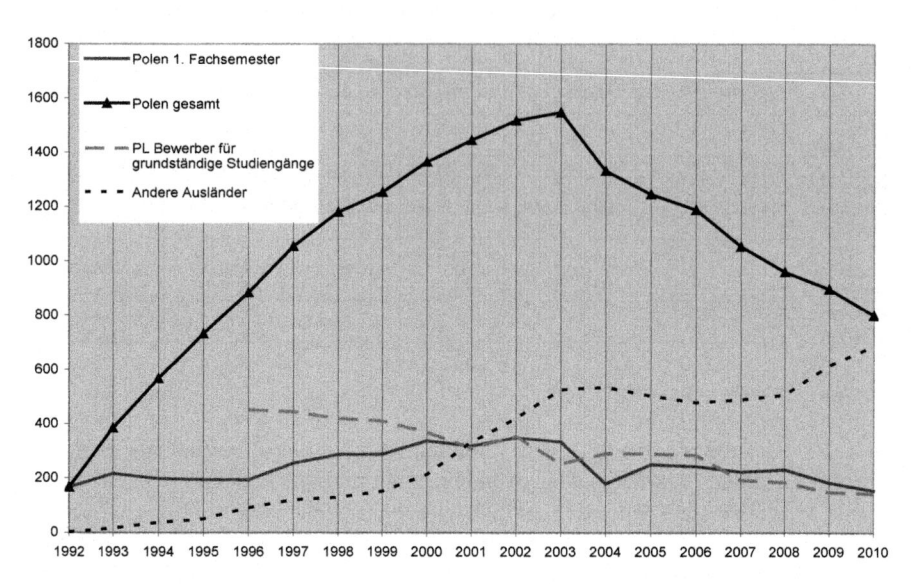

- Polen 1. Fachsemester
- Polen gesamt
- PL Bewerber für grundständige Studiengänge
- Andere Ausländer

Quelle: Nuyken (2011: 13).

verbessert wurde. Aus der Sicht eines am Prozess Beteiligten wird die Situation folgendermaßen beschrieben:

> „Der EU-Beitritt war eine Art Erfüllung eines Traumes und gleichzeitig eine neue Realität (...) die sich als nicht so günstig erwiesen hat. Die Eröffnung der Europäischen Union hat nämlich der Viadrina und unserem Standort eine mächtige Konkurrenz verschafft. Für die jungen Leute, für die die Viadrina praktisch *die* westeuropäische Universität war, (...) war sie nun nicht mehr die Einzige. Sie [die polnischen Studierenden, Erg. HFW] haben nun Zugang zur Sorbonne, zur London School of Economics, zur Universität in Heidelberg und sonst wo. (...) Ein Großteil der Studenten, die im Ausland studieren wollten, suchten ihre Chancen und Möglichkeiten woanders. Die Zahl der polnischen Studenten an der Viadrina sank drastisch von über 30 Prozent (...) dann auf 8 Prozent. Gott sei Dank haben wir die Talsohle schon erreicht und arbeiten uns hier hoch, aber das war eine sehr beunruhigende Erfahrung." (Interview 2011/5)

Die Viadrina reagierte auf den Rückgang polnischer Studierender mit neuen Werbestrategien. Dazu gehört unter anderem die Entwicklung neuer Studienangebote mit der Möglichkeit von Doppelabschlüssen. Als erfolgreich haben sich vor allem die Werbung an polnischen Schulen, der Aufbau von persönlichen Kontakten und Netzwerken, das Angebot von Infotagen sowie die Teilnahme an polnischen Hochschulmessen erwiesen. Dabei fungieren vielfach die polnischen Studierenden selbst als „Viadrina-Botschafter", die ihre Erfahrungen authentisch an mögliche Bewerber weitergeben.

Der EU-Beitritt Polens stellte insgesamt die Identität der Viadrina als Grenzuniversität auf den Prüfstand, denn nun war die deutsch-polnische Grenze von einer EU-Außengrenze zu einer innereuropäischen Grenze geworden.

> „Die Grenze war nämlich ein sehr wichtiger Bezugspunkt, und zwar ein Faktor, von dem wir am stärksten abhängig waren. (...) Weil diese Grenze nicht [mehr; Erg. HFW] da ist, öffnet sich für uns eine ganz andere Welt, wo wir nicht mehr sagen können: wir sind eine grenzüberschreitende Einrichtung. (...) Der EU-Beitritt hat sich sehr ambivalent auf uns ausgewirkt. (...) Natürlich, wir haben da flexibel reagiert. Erst mal so eine Zeit kurzer Panik, dann natürlich angestrengte Arbeit am neuen Profil, (...) neue Angebote für die Studenten und so weiter und so fort." (Interview 2011/5)

Durch die neue Standortlage in der Mitte Europas ergeben sich nun neue Rahmenbedingungen. So ist Polen als neues prosperierendes EU-Land für Studierende aus anderen mittel- und osteuropäischen Ländern sehr attraktiv geworden. Dies führt nicht nur zur verstärkten Ausrichtung der Rekrutierungsstrategien auf diese Länder, sondern verändert auch das Bewusstsein an der Viadrina in Hinblick auf die angestrebte Brückenfunktion, die sich jetzt verstärkt nach Osten verschiebt und zu einer Neuorientierung führt. So spricht der Verwaltungsdirektor des Collegium Polonicums von einer schiefen Ebene, die sich von Westen in Richtung Osten neigt. „Alle jungen Leute zwischen Kiew und Berlin sind an einem Studium im westlich gelegenen Raum interessiert, keiner blickt sozusagen ‚hinab' in Richtung Osten" (Wojciechowski 2009: 75). Deshalb sei es folgerichtig, dass eine Universität an der deutsch-polnischen Grenze, die sich jetzt in der Mitte Europas befindet,

> „(...) diesen zentralen Platz, diese zentrale Platzierung in Mitteleuropa [bedient und; Erg. HFW] (...) nach weiteren Bezugspunkten oder Flächen auf dieser großen schiefen Ebene sucht." (Interview 2011/5)

Mit neuen Studienangeboten, wie z.B. „Polonistik für Ausländer", wird diesen veränderten Bedarfen entsprochen. Diese Strategie erweist sich als sehr erfolgreich. Auf einen Studienplatz kommen inzwischen drei bis fünf Bewerber aus der Ukraine, Weißrussland oder einem anderen osteuropäischen Staat, sodass inzwischen ein Numerus Clausus eingeführt werden musste. Diese Erfahrungen führen auch zu einer räumlichen Neuorientierung:

> „Also, jetzt ist es uns bewusst, dass (...) [Polen; Erg. HFW] in Mitteleuropa (...) ein Land [ist; Erg. HFW], das zwar nicht so einen hohen Status hat wie Deutschland, aber einen Status, der z.b. für Ukrainer und Weißrussen und Aserbaidschanen vergleichsweise hoch ist. Polnisch als Kultursprache, Polen als ein Land einer etablierten Demokratie mit langen Freiheitstraditionen, ein sehr erfolgreiches neues EU-Land (...), [sodass; HFW] auch diese Grenze für diese Kandidaten nicht als Hindernis, sondern als eine Bereicherung [angesehen wird; HFW]. (...) Sie finden das toll, an der deutschen Grenze zu studieren. (...) Nach drei Monaten bekommen sie eine Aufenthaltserlaubnis in Polen und dürfen dann über die Grenze. (...) Also dieser Ort ist neu gestrickt, jetzt (...) unter ganz anderen Gesichtspunkten, und das werden wir weiter ausbauen. (...) unsere Chance liegt eben in diesem Paradigmenwechsel." (Interview 2011/5)

6 Europäisierung „von unten": Entwicklung neuer (bi-)kultureller Praktiken in der deutsch-polnischen Hochschulzusammenarbeit

In diesem Beitrag sollen – wie oben ausgeführt wurde – Europäisierungsprozesse aus einer auf kulturelle Praktiken gerichteten Forschungsperspektive beleuchtet werden. Im Kern geht es um Prozesse, die in gesellschaftlichen und politischen Diskursen kaum wahrgenommen werden, weil sie sich zumeist in Nischen und häufig im Verborgenen vollziehen und daher von Fligstein mit der Metapher eines Eisbergs belegt werden:

> „(...) the EU is like an iceberg: what goes on in Brussels is like the 10 per cent above the waterline. But the really interesting story is the 90 per cent that is harder to see, that is below the surface, and reflects how European citizens are interacting with one another in economic, social and political fields outside Brussels"(Fligstein 2009: 9).

Diese Prozesse, die sich unterhalb der Oberfläche von formellen binationalen Kooperationsvereinbarungen vollziehen, sollen im Folgenden in Bezug auf ihre Bedeutung für einen kulturräumlichen Wandel näher betrachtet werden.
Nicht nur in den Anfangsjahren der deutsch-polnischen Hochschulkooperation gab es erhebliche Hindernisse zu überwinden, sondern auch im laufenden Prozess haben sich die beteiligten Akteure täglich mit Problemen aufgrund institutioneller Inkompatibilitäten auseinanderzusetzen. Sie stehen ständig vor

der Herausforderung nach praktikablen „Lösungen im Bereich der Organisation, der juristischen Verankerung, der Technik und der modernen Kommunikation, des Arbeitsrechts, der Finanzierung und ‚last not least' der Arbeitsweise und Arbeitskultur" (Wojciechowski 2005: 21f.) zu suchen. Kulturbedingte Unterschiede bestehen auch in der Zeitauffassung, dem Verständnis von Hierarchie, in den jeweiligen Lehr- und Arbeitsweisen sowie in den Kommunikationsformen der jeweiligen Wissenskulturen, die zu Missverständnissen und Problemen führen können. So wird z.B. in Verhandlungsprozessen von beteiligten Vertretern der gemischten Universitätsgremien eine sehr unterschiedliche Verhandlungs- und Konfliktkultur zwischen Deutschen und Polen wahrgenommen (Interview 2005/1 und 2005/2). Während die deutschen Vertreter auftretende Probleme direkt am Verhandlungstisch thematisieren, löst dieses Verhalten bei den polnischen Partnern Irritationen aus. In Polen werden Konflikte vielfach nicht direkt bei den offiziellen Verhandlungen, sondern zumeist im Rahmen informeller Kommunikation (z.B. im Flur, im Café, in der Mensa etc.) angesprochen. Auch die Auffassung in Bezug auf Termineinhaltung und Zeit bewirkt immer wieder Irritationen:

„Das, was für die Deutschen rechtzeitig ist, ist für Polen lächerlich früh, und was für die Deutschen schon skandalös spät oder unmöglich ist, ist für die Polen erst die richtige Zeit." (Interview 2011/5)

Eine Verständigung zwischen Kulturen erfordert daher neben den sprachlichen Verstehensprozessen auch die Übersetzung der kulturellen Codes.

Insbesondere in den Anfangsjahren der Existenz des CPs erschwerten solche Verständigungsschwierigkeiten aufgrund der Nichtbeachtung kulturell bedingter unterschiedlicher Interpretationen und der daraus resultierenden Verhaltensweisen die Verhandlungen. Dabei zeigte sich die Notwendigkeit, mit Problemlösungen bereits bei den Prozessstrukturen anzusetzen und diese möglichst so zu gestalten, dass Missverständnisse minimiert werden. In der „ständigen Kommission", durch welche die laufenden Angelegenheiten des CPs geregelt werden, wurde deshalb vereinbart, Beschlüsse nur im Konsens und nicht per Mehrheitsentscheidung zu fassen, d. h., es wird so lange diskutiert, bis keine Einwände mehr vorgebracht werden. Diese wechselseitigen Verständigungsprozesse haben dazu geführt, dass sich das Verhandlungsklima in den vergangenen Jahren entscheidend verbessern konnte und gegenwärtig von einer vertrauensvollen Zusammenarbeit geprägt ist.[7]

---

7 Diese Auffassung wurde in den 2011 geführten Interviews nochmals bestätigt.

6.1 Unterschiedliche Wissens-, Lehr- und Lernkulturen – Lernprozesse im Bereich informeller Institutionen

Auch im laufenden Lehrbetrieb zeigen sich die unterschiedlichen Wissenskulturen, sodass die Studierenden täglich die Herausforderungen des Umgangs mit Interkulturalität erfahren.[8] So fällt in den Lehrveranstaltungen das eher stille und zurückhaltende Verhalten polnischer Studierender im Gegensatz zu einem offensiveren Umgang von Studierenden auf, die im deutschen Bildungssystem sozialisiert wurden. Die Ursache für diese Verhaltensweisen liegen in den unterschiedlichen Bildungsstrukturen und Lernkulturen der beiden Länder: Das polnische Bildungssystem ist verschulter, der Lehrstoff ist klar strukturiert und wird weitgehend vorgegeben, während es an deutschen Hochschulen kaum Vorgaben gibt, wie die Studienziele erreicht werden sollen und mehr Spielräume vorhanden sind. Im deutschen Hochschulsystem wird eine hohe Selbstorganisationsfähigkeit und Selbstständigkeit von den Studierenden erwartet. Eine polnische Studentin formuliert ihre Wahrnehmungen folgendermaßen:

„In Deutschland kannst du zu spät in den Vorlesungssaal kommen, im Seminar kannst du essen, trinken usw., während du in Polen ganz ruhig und leise sein musst. Wenn du [in der polnischen Hochschule; Erg. HFW] z.B. 15 Minuten später ins Seminar kommst, darfst du manchmal nicht mehr teilnehmen, weil der Professor das sehr respektlos findet. (…) In Polen kannst du die Vorlesung nicht verstehen und trotzdem die Prüfung bestehen, weil du auswendig lernen kannst. In Deutschland bestehst du die Prüfung nicht, wenn du etwas nicht verstehst. In Polen ist es wichtig, wie viele Fakten du weißt, in Deutschland, welche Fähigkeiten du hast." (Interview 2007/1)

In dieser Aussage spiegeln sich nicht nur verschiedene akademische Kulturen, sondern auch eine unterschiedliche Einstellung gegenüber Autorität und Hierarchie wider, die auch den Lehrbetrieb prägen. In den gemeinsamen Studiengängen,[9] in denen die Studierenden einen Doppelabschluss erwerben können, stoßen diese unterschiedlichen Lehr- und Lernkulturen direkt aufeinander. Ein

---

8 Vgl. hierzu Hiller (2007), die im Rahmen ihrer Dissertation interkulturelle Kommunikationsprozesse zwischen deutschen und polnischen Studierenden untersucht hat.
9 Gemeinsame Studiengänge werden in den folgenden Bereichen angeboten: Die deutschpolnische Juristenausbildung („Master of German and Polish Law") schließt mit einem „joint degree" ab; der „Master of Intercultural Communication Studies" (MICS) wird mit einem Doppel-Abschluss beendet. Auch der „Master of European Studies" (MES) kann optional mit einem Doppel-Abschluss beendet werden. Neu im Programm ist der gemeinsame Studiengang „Interkulturelle Germanistik", der mit einem Bachelor-Abschluss endet. Ein Bachelor-Studiengang „Polonistik für Ausländer", der derzeit von der AMU am CP angeboten wird, ist als gemeinsamer Studiengang in Vorbereitung.

Beispiel dafür ist der gemeinsame deutsch-polnische Studiengang „Master of German and Polish Law", der aus einer Kombination von Modulen des deutschen und des polnischen Rechtssystems besteht, die auch jeweils von Lehrkräften der beiden Institutionensysteme unterrichtet werden. Ein Vertreter des Lehrkörpers führt dazu aus:

> „(...) womit die Studierenden genau in diesem Studiengang zu kämpfen haben, (...) ist die Methodik der juristischen Ausbildung, die ist nämlich komplett anders in Deutschland und in Polen. Und zwar ist es so, dass das deutsche Modell sehr auf die Praxis ausgerichtet ist, das heißt, man vermittelt den abstrakten Stoff von Anfang an anhand von konkreten Fällen, das heißt, man löst konkrete Sachverhalte, Fälle aus dem Leben, und anhand dessen vermittelt man das abstrakte Wissen, und man hat dazu natürlich immer zur Anwendung das Gesetz. Das Gesetz hat man immer zur Hand, es ist dazu da, dass man es aufmachen kann, (...) [man muss; Erg. HFW] vor allem lernen, wie man mit dem Gesetz umzugehen hat, wie es auszulegen ist, wie es zu verwenden ist. Das heißt, eine sehr praxisausgerichtete Ausbildung ist das Modell, das in Deutschland herrscht. Und in Polen demgegenüber herrscht ein Ausbildungssystem, das sehr ähnlich ist wie in Frankreich, insofern kann man auch nicht sagen, dass das eine besser oder schlechter ist als das andere (...). Vielmehr basiert das polnische Lernen auf dem Auswendiglernen. Man lernt also das, was im Gesetz steht auswendig, und das wird dann später abgefragt. (...) und sie dürfen sogar nicht die Gesetzestexte bei der Prüfung verwenden, also das ist verboten. Sie müssen alles auswendig lernen (...) und was Sie gelernt haben, auch in der Klausur schreiben" (Interview 2011/7b).

Die Studierenden dieses Studiengangs sind damit nicht nur mit den unterschiedlichen Inhalten der beiden Rechtssysteme konfrontiert, sondern müssen sich auch den verschiedenen Lehrstilen sowie den unterschiedlichen Prüfungsanforderungen stellen, was eine hohe Herausforderung bedeutet:

> „(...) ja, sie sind mit dem konfrontiert, und sie müssen damit zurechtkommen. Das ist nämlich die Fähigkeit, die sie von Anfang an erlernen müssen, dass sie einfach völlig andere Gedankenweisen einsetzen müssen, je nachdem welchen Prüfer sie halt vor sich haben. Das ist bestimmt eine- bestimmt eine Herausforderung, und das ist bestimmt eine Sache, die man vielleicht vereinheitlichen könnte. Entweder im Wege einer Kompromisslösung oder zugunsten eines von den beiden Systemen." (Interview 2011/7b)

Eine Vereinheitlichung der beiden Lehrsysteme und Lernkulturen wird jedoch bisher nicht angestrebt, vielmehr wird eine Praxis vollzogen, die als Koexistenz verschiedener Wissenskulturen bezeichnet werden kann. Es wurde vereinbart, dass beide Partner die Prüfungsbedingungen gemäß ihrer jeweils nationalen Traditionen regeln. D. h., die Studierenden legen ihre Prüfungen im polnischen

Recht nach den Bedingungen der AMU ab, und wenn Inhalte des deutschen Rechtssystems geprüft werden, erfolgt dies gemäß den geltenden Bedingungen an der Viadrina. Dies bedeutet – wie gesagt – eine hohe Herausforderung für die Studierenden, die sich auf unterschiedliche nationale Anforderungssysteme einlassen und damit auch ihre Prüfungsvorbereitungen sehr flexibel gestalten müssen.

Die Entscheidung für die Koexistenz der beiden Lehr- und Prüfungskulturen ist zwar einerseits sicherlich ein Ergebnis des Bestrebens, nicht noch ein weiteres Feld für Konflikte zu eröffnen, denn beide Seiten mussten in anderen Bereichen, z.B. bei den Lehrinhalten, eine Reihe von Zugeständnissen machen, um diesen binationalen Studiengang überhaupt zu ermöglichen. Andererseits verbergen sich hinter dieser Praxis einer Koexistenz von unterschiedlichen Wissens- und Lehrkulturen bestimmte Haltungen und Einstellungen gegenüber der anderen Kultur, die als „hidden agenda" für kulturellen Wandel von hoher Bedeutung sind. Hierzu gehört zum einen, dass die Studierenden Schlüsselkompetenzen im Sinne von „transkultureller Kompetenz", nämlich den Umgang mit unterschiedlichen Regelsystemen, erwerben, die auch für ihren beruflichen Werdegang von hohem Wert sind. Sie erlangen damit nicht nur die Fähigkeit, andere Rechtssysteme zu verstehen, sondern ggf. zwischen diesen zu vermitteln. Zum anderen deutet diese Praxis auch auf einen kulturellen Wandel in der gesamten Hochschulorganisation hin. Dazu zählt in erster Linie eine wechselseitige Anerkennung und Akzeptanz, dass es im Hochschulsystem des jeweils anderen Partners unterschiedliche Regeln gibt, ohne diese im Sinne von „besser" oder „schlechter" zu bewerten. Es wird also anerkannt, dass es ein „Anderssein" der anderen Kultur gibt. Auch wenn deren Regeln fremd sind, wird nicht der Versuch gemacht, das eigene Regelsystem der anderen Kultur aufzuoktroyieren und diese damit zu kolonisieren. Damit wird implizit eine gleiche Augenhöhe zwischen den Verhandlungspartnern erzeugt. Mögliche bestehende Asymmetrien mit daraus resultierenden Machtstrukturen werden minimiert bzw. ausgeglichen. Zusammenfassend lassen sich folgende Lernfaktoren identifizieren, die Europäisierungsprozesse im Sinne eines kulturräumlichen Wandels „von unten" befördern können:

- Akzeptanz kultureller Unterschiede,
- Respektierung der anderen Kultur, des „Andersseins",
- Anerkennung der anderen Regelsysteme,
- keine Bewertung und Beurteilung der anderen und fremden Regeln,
- keine Kolonisierung der anderen Kultur sowie Anerkennung von Gleichwertigkeit,
- Schaffung von gleicher „Augenhöhe" im Verhandlungsprozess.

Europäisierung als kommunikative Konstruktion kulturräumlichen Wandels 141

Durch diese Bedingungen sowie durch eine offene Haltung gegenüber den anderen „fremden" Praktiken wird also ein günstiges Lernklima geschaffen, wodurch weitergehende Annäherungsprozesse zwischen den verschiedenen Kulturen ermöglicht werden. Dies bewertet auch der Rektor der AMU in ähnlicher Weise:

> „Das ist eine Frage der Zeit, wir sind in der EU, wir haben gemeinsame, europäische Praktiken, die die Unterschiede verwischen. (...) Wir schauen uns gute Vorgehensweisen ab, auch im Organisationsbereich. Ich bin überzeugt, dass die Schaffung einer gemeinsamen Europa-Universität, welche die besten Eigenschaften unserer beiden Systeme nutzt, zur Bildung einer gemeinsamen Einrichtung führen wird, in der die Unterschiede der akademischen Kulturen sich verwischen werden."[10] (Interview 2011/8)

Eine bewusst gepflegte Koexistenz von Wissenskulturen kann damit als eine Handlungspraxis mit neuer Qualität im Umgang mit kultureller Diversität und als ein wichtiger Baustein kulturräumlichen Wandels gewertet werden, der für den Prozess einer Europäisierung „von unten" bedeutend ist, weil damit gleichzeitig ein Klima eines gegenseitigen Vertrauens und der wechselseitigen Wertschätzung geschaffen wird, das die Voraussetzungen für weitere kulturelle Annäherungsprozesse bietet.

6.2 Unterschiedliche Rechtssysteme – Lernprozesse im Bereich formeller Institutionen

Erhebliche Herausforderungen für die grenzüberschreitende Zusammenarbeit stellen vor allem das bestehende Lohngefälle zwischen deutschen und polnischen Gehältern, fehlende klare Regeln im Arbeits- und Sozialversicherungsrecht sowie unklare steuerrechtliche Vorschriften dar. So beklagte der von 1993-1999 amtierende Rektor der Viadrina Hans N. Weiler, „dass es trotz aller hochschulpolitischen Lippenbekenntnisse staatlicher Stellen überhaupt nicht so leicht war, in Deutschland eine internationale Universität aufzubauen" (Weiler 2009: 85f.). Denn viele Bemühungen, z.B. einen internationalen Lehrkörper zu etablieren, scheiterten an dienst- und besoldungsrechtlichen Problemen:

---

10 Der polnische Originaltext lautet: „To kwestia czasu, jesteśmy w Unii Europejskiej, mamy wspólne, europejskie praktyki, które zacierają różnice. (...) Podglądamy dobre praktyki, również w zakresie kultury organizacyjnej. Jestem przekonany, że utworzenie wspólnego uniwersytetu europejskiego, wykorzystującego najlepsze cechy naszych systemów spowoduje wytworzenie za kilkanaście wspólnego ośrodka, w którym różnice kultur akademickich będą się zacierały." (Ins Deutsche übersetzt durch K. Zielinska, IRS).

> „Und wenn dann die Berufung eines ausländischen Wissenschaftlers gelungen war, dann ergaben sich letzten Endes perfide Ungleichbehandlungen – wie im (...) Falle der Familienheimfahrten des aus Warschau berufenen Kollegen, dem zum Unterschied zu seinem auf Staatskosten an jedem Wochenende nach München heimreisenden deutschen Kollegen keineswegs die Reisekosten nach Warschau, sondern nur ‚bis zur nächstgelegenen deutschen Grenzstation' – also von Frankfurt (Oder) nach Frankfurt (Oder) – erstattet wurden." (ebd.)

Insbesondere für die grenzüberschreitende Kooperation mussten daher bereits in den Anfangsjahren – also noch vor dem EU-Beitritt Polens – in vielen Bereichen unkonventionelle Lösungen gefunden werden, damit die Hochschulkooperation überhaupt tragfähig wurde. So wurde unter anderem versucht, Ausgleichssysteme für deutsche und polnische Mitarbeiter zu schaffen. Deutsche Mitarbeiter, die am CP – also auf polnischem Territorium – arbeiten, erhalten einerseits den gleichen Status wie ihre polnischen Kollegen, gleichzeitig behalten sie aber alle Rechte des deutschen Arbeits- und Sozialversicherungsrechts. Für polnische Beschäftigte wurde ein kompliziertes System von Lohnzuschüssen entwickelt, welches dazu dient, das starke Lohngefälle zwischen Mitarbeitern, die nach deutschen oder polnischen Konditionen eingestellt werden, abzumildern. In den Gründungsjahren passierten Arbeitskräfte aus öffentlich geförderten Arbeitsbeschaffungsmassnahmen, die zwar offiziell in Frankfurt (Oder) angestellt waren, aber am Aufbau des CP mitwirkten, täglich (illegal) die Grenze. „Alle Behörden haben das gewusst und dieses Vorgehen stillschweigend geduldet" (Wojciechowski 2005: 24). Die Beteiligten sprechen hier von einer „passiven Kooperation", wodurch bereits vor dem offiziellen EU-Beitritt die grenzüberschreitende Kooperation wesentlich erleichtert wurde, was sogar zu der folgenden Einschätzung führte:

> „Wir haben Europa früher erreicht, als der Rest des Landes, d. h., wenn man sich anstrengt und eine gute Idee hat und sozusagen Verbündete findet, kann man selbst politische Barrieren überwinden." (Interview 2005/1)

Immer wieder stellen sich jedoch neue Herausforderungen aufgrund von Inkompatibilitäten in den Rechtssystemen, die sogar die Kooperation gefährden können, wie der folgende Vorgang belegt (vgl. Hans 2007):
Ende des Jahres 2007 musste der gesamte MBA Studiengang „Management for Central and Eastern Europe" vom Collegium Polonicum abgezogen werden. Hintergrund dafür bildete die Intervention der neuen Leiterin des Studiengangs, eine Steuerexpertin, die eine Klärung darüber einforderte, wie die deutschen Mitarbeiter am Collegium Polonicum zu besteuern seien. Der berufsbegleitende MBA-Studiengang wurde nämlich über eine gemeinnützige GmbH

mit dem Ziel betrieben, freier über die eingenommenen Gebühren verfügen zu können. Damit gelten jedoch die Mitarbeiter als Angestellte der privaten Wirtschaft, welche nach dem seit Anfang 2007 existierenden Doppelbesteuerungsabkommen zwischen Deutschland und Polen ihre Steuern in Polen entrichten müssen, wenn sie mehr als 183 Tage auf polnischem Terrain arbeiten. In der Praxis erweist sich diese Regelung jedoch als kaum brauchbar, weil häufig Mitglieder des Lehrkörpers jeden Tag – und manchmal mehrfach – über die deutsch-polnische Grenze pendeln. Zwar gibt es dazu eine weitere Regelung in dem Abkommen, das besagt, dass die Steuern dort zu entrichten sind, wo der Betroffene seinen Lebensmittelpunkt hat. Dennoch stellt sich die Frage, wie bei jenen deutschen Lehrkräften der Lebensmittelpunkt bestimmt werden kann, die z.B. Montag, Dienstag und Donnerstag im Collegium Polonicum arbeiten, in dieser Zeit im Wohnheim in Słubice auf der polnischen Seite wohnen und am Freitag nach Berlin pendeln und dort das Wochenende verbringen, wo sie ihren ständigen Wohnsitz haben. Die Situation wurde folgendermaßen bewältigt:

„Also, die polnischen Behörden haben die Haltung angenommen: der Lebensschwerpunkt ist dort, wo man ihn selbst bestimmt. (...) Und das haben wir so in der Universitätsgemeinschaft verkündet. (...) Aber keiner von den Steuerbehörden wollte eine [schriftliche; Erg. HFW] Auslegung des Steuerrechts machen. Aber es wurde deklariert, dass das so gesehen wird. Das haben wir dann verbreitet, und damit konnte der Studiengang nach Słubice zurück verlegt werden." (Interview 2011/5)

Dies ist ein Beispiel unter vielen, wie durch unkonventionelles Vorgehen und die Nutzung rechtlicher Grauzonen Probleme bei der grenzüberschreitenden Zusammenarbeit gelöst werden. Von den Beteiligten ist dabei der Umgang mit Ambiguität gefordert, und es ist ein hohes Maß an Toleranz gegenüber unklaren Rechtsverhältnissen gefragt, wie ein Vertreter der Leitungsebene an der Viadrina auf einem Workshop ausführt:

"The problem was created when a new person came into our team. We all knew before that there exists ambiguity (…), but the people who have been here, have lived here for some time, for some years, have some tolerance for ambiguity. And when a new person came (…) she didn't have this tolerance for ambiguity, she saw a very big problem. It was a big external shock for our situation." (Workshop 08.12.2011).

Dieses Beispiel kann zeigen, wie sich institutionelle Lernprozesse im Bereich transnationaler Rechtssysteme vollziehen können: Durch Aushandlungs- und kommunikative Verständigungsprozesse werden Lösungen – zunächst als informelle Regeln – entwickelt, die von den Beteiligten akzeptiert und praktiziert werden, ohne dass es eine schriftliche Niederlegung dafür gibt. Es entstehen hierdurch neue Handlungspraktiken durch die Ausnutzung von rechtlichen Grauzonen, welche die Zusammenarbeit im Grenzraum überhaupt erst ermöglichen. Diese informellen Regeln zeigen gleichzeitig auch eine mögliche Richtung für die Lösung grenzüberschreitender Konflikte auf, die für die Entwicklung europäischer Regelsysteme von Bedeutung sind. Allerdings ist eine Zusammenarbeit auf der Basis dieser informellen rechtlichen Regeln immer wieder stark gefährdet, da diese Regeln durch veränderte Bedingungen oder die Intervention von verschiedenen Seiten in Frage gestellt werden können. So hat sich in Bezug auf die oben genannte steuerrechtliche Regelung der brandenburgische Landesrechnungshof eingeschaltet, der diese Handlungspraxis nun auf den Prüfstand stellt. Der Ausgang ist derzeit noch offen.

7 Eine Heuristik für die Analyse kulturräumlichen Wandels in Grenzregionen

Bei den oben vorgestellten Beispielen für neue Handlungspraktiken in der grenzüberschreitenden Zusammenarbeit muss nun die Frage gestellt werden, welchen Beitrag sie für einen kulturräumlichen Wandel im Sinne von Europäisierung leisten. Mit dem nachfolgend vorgestellten Analyseansatz wird der Versuch unternommen, die vor Ort entwickelten neuen Handlungsformen im Hinblick darauf einzuordnen, welche Rolle sie in längerfristig angelegten kulturellen Wandelprozessen bzw. in Europäisierungsprozessen in Grenzregionen einnehmen können.

7.1 Modell für kulturräumlichen Wandel in Grenzregionen

Abgeleitet aus dem Sozialkonstruktivismus (vgl. Berger/Luckmann 2004) und seiner Erweiterung durch den kommunikativen Konstruktivismus (vgl. Knoblauch 1995; Knoblauch/Schnettler 2004; Knoblauch 2013, 2015; Luckmann 2002; Christmann 2010, 2013, 2015) wird im Folgenden ein Modell entwickelt, das den Prozess eines kulturräumlichen Wandels – wie er sich idealtypisch vollziehen kann – beschreibt und graphisch darstellt. Ausgangspunkt für das Modell sind zwei aufeinandertreffende bzw. sich überschneidende Kulturräume.

Europäisierung als kommunikative Konstruktion kulturräumlichen Wandels   145

Abbildung 3:   Modell für kulturräumlichen Wandel in Grenzregionen

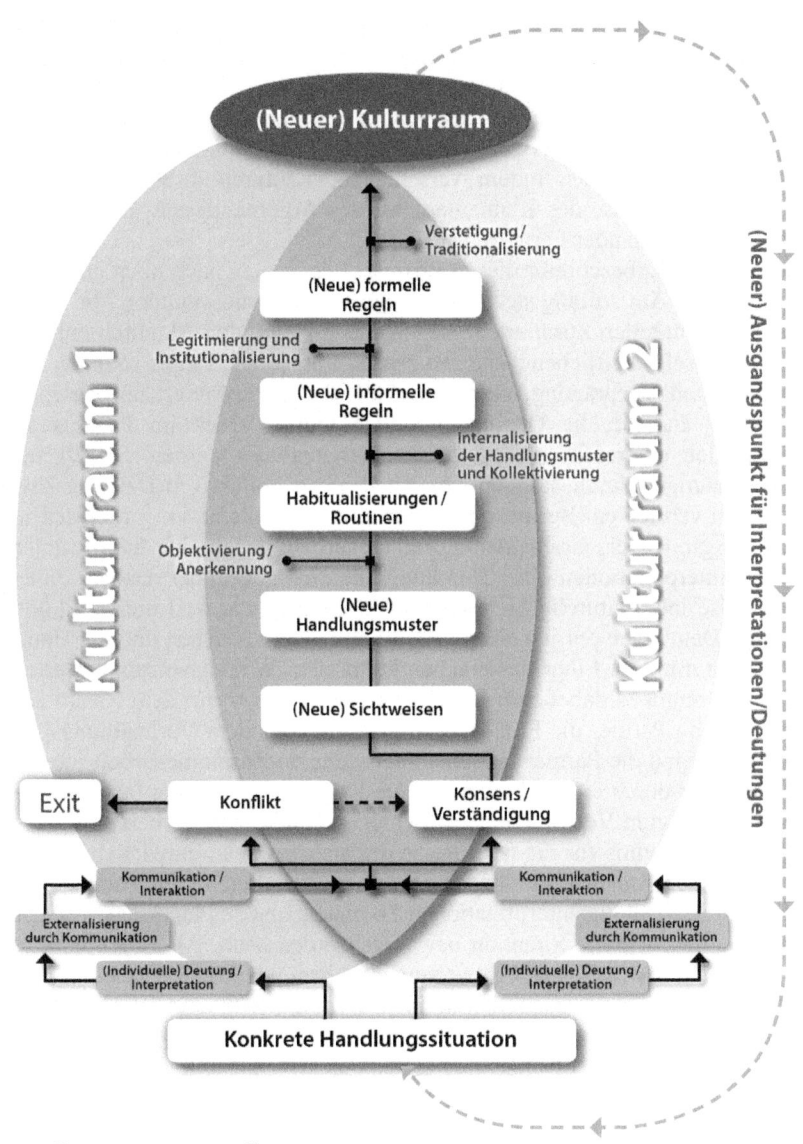

Quelle: Eigene Darstellung

Die Abbildung symbolisiert zwei europäische Kulturräume, die von unterschiedlichen Institutionen und Traditionen geprägt sind. Die Schnittmenge weist auf den Grenzraum hin, in dem sich interkulturelle Kommunikations- und Interaktionsprozesse ereignen und sich Ansätze eines neuen (europäischen) Kulturraums entwickeln können. Denn grenzüberschreitende Kooperationen bieten aufgrund des unmittelbaren räumlichen Kontakts in nachbarschaftlicher Nähe – so die Annahme – besondere Bedingungen für die kommunikative Konstruktion kulturräumlichen Wandels. Indem verschiedene Kulturen direkt aufeinander stoßen, können Prozesse des Kennenlernens, des Argumentierens, des Verhandelns und des voneinander Lernens stattfinden.

Die Abbildung beschreibt diesen Prozess – von unten nach oben gelesen – folgendermaßen: Am Anfang steht eine konkrete Handlungssituation, die in der bi- oder interkulturellen Zusammenarbeit von den beteiligten Akteuren entsprechend ihres gesellschaftlichen Wissensvorrats, d. h. je nach ihrer sozialen und kulturabhängigen Vorprägung, ganz unterschiedlich interpretiert und bewertet werden kann. Individuelle Deutungen der Akteure werden im Prozess der Kommunikation externalisiert und müssen ausgehandelt werden. Setzen sich einzelne Deutungen durch, können sie sich zu einer kollektiven Deutung bzw. Interpretation verdichten. Bei bi- oder interkulturellen Interaktionsprozessen im Rahmen der grenzüberschreitenden Zusammenarbeit stehen sich häufig unterschiedliche Interpretationen einer Handlungssituation gegenüber. Dabei können typischerweise interkulturelle Missverständnisse entstehen, weil die beteiligten Parteien die Deutungen der jeweils anderen Seite nicht verstehen und die Handlungssituation mit dem Filter des eigenen kulturellen Wissensvorrats bewerten. Nicht selten kommt es dabei zum Konflikt, welcher immer mit dem Risiko einhergeht, dass ein Partner die Exit-Option wählt und aus dem Verhandlungsprozess aussteigt. Sind die Partner jedoch an der weiteren Zusammenarbeit interessiert – oder aber durch einen übergeordneten Kooperationsvertrag (als Schatten der Hierarchie)[11] zum Verhandeln verpflichtet – kann sich im weiteren Prozessverlauf ein Verständnis für die Sichtweise der anderen Seite entwickeln. Dabei kann es zu einer Annäherung in den Positionen der beteiligten Parteien mit gemeinsamen Bedeutungsinterpretationen kommen, bzw. es kann ein Konsens gefunden werden, wie die Situation bewältigt werden kann. Als Ergebnis können gemeinsame bzw. geteilte Sichtweisen entstehen, woraus sich im Folgenden neue Handlungsmuster herausbilden können. Gemäß der theoretischen Ansätze zur sozialen und kommunikativen Konstruktion von Kultur (vgl. Knoblauch 1995), entstehen neue Sichtweisen als „intersubjektive Deutungsmuster", d. h., individuelle Deutungen lösen sich von den einzelnen, direkt in den Prozess

---

11 Vgl. dazu die Ausführungen in den Kapiteln 2.2 und 3 dieses Beitrags.

involvierten Akteuren ab, indem sie auch von anderen anerkannt und damit zum gemeinsamen und „objektivierten" Wissensbestand werden. Daraus resultierend können sich neue Praktiken als Handlungsmuster herausbilden und sich zu „einem typischen, mehrere Handelnde gleichermaßen verpflichtenden Ablauf (...) [entwickeln; Erg. HWF], dessen Verwendung vom Selbstversuchen- und Entscheidenmüssen entlastet (...), [und somit zu; Erg. HWF] objektivierten Bestandteilen der Wirklichkeit" (ebd.: 27) gerinnt.

Wie in dem oben dargestellten Modell deutlich wird, können sich aufgrund neuer Sichtweisen neue Handlungsmuster herausbilden. Infolge wiederholter Handlungen entstehen Routinen, die von den einzelnen Beteiligten internalisiert werden und als kollektive Handlungsmuster funktionieren. Über Habitualisierungen und Routinen bilden sich dann ggf. neue – informelle/formelle – Regelsysteme (Institutionen) als verpflichtende Handlungsstrukturen heraus.

Bei der sozialen Konstruktion kulturräumlichen Wandels kommt der Herausbildung (neuer) Institutionen – als gesellschaftlich anerkannten Spielregeln (North 1990; 1991) – eine hohe Bedeutung zu. Dies geschieht in einem dialektischen Prozess, „der sich gleichsam zwischen Ich und Gesellschaft bewegt" (Knoblauch 1995: 23). Die entscheidenden Schritte dabei sind Externalisierung als Prozess, bei dem subjektiver Sinn konstituiert und nach außen kommuniziert wird, Objektivierung als ein Vorgang, in dem subjektive Deutungen von mehreren Subjekten als Wirklichkeit anerkannt werden, und dem dann ein Prozess der Institutionalisierung und Legitimierung folgt. Kulturräumlicher Wandel erfordert des Weiteren eine Verstetigung der neuen bzw. veränderten verhaltensleitenden Regeln (Institutionen), die internalisiert und zur Tradition werden.

7.2 *Bewertung ausgewählter empirischer Beispiele im Lichte des Modells*

Mit Hilfe des Modells kann aufgezeigt werden, bei welcher Stufe des sozialen und kulturellen Wandels sich einzelne kulturelle Praktiken, die sich im alltäglichen grenzüberschreitenden Handeln herausbilden, befinden. Es kann gleichzeitig verdeutlicht werden, welche Bedeutung auch (Zwischen-) Ergebnisse von kommunikativen Prozessen für die soziale Konstruktion von europäischen Kulturräumen ggf. haben können. Wie die Praxis zeigt, bleiben Lösungen für Probleme der grenzüberschreitenden Zusammenarbeit häufig auf der Stufe von informellen Regeln stehen. Dies kann auch das oben ausgeführte Beispiel der Auslegung des Steuerrechts verdeutlichen. Durch Ausnutzung von Grauzonen lassen sich häufig Lösungen auf der Basis informeller Regeln finden, die von den Beteiligten akzeptiert und zur Handlungspraxis werden. In dem genannten Beispiel bestimmt gegenwärtig die in Aushandlungen gefundene Lösung, dass der Steuerpflichtige selbst bestimmen kann, wo er seinen Lebensmittelpunkt definiert, die Steuerpraxis in diesem Grenzabschnitt. Eine schriftliche Niederschrift, als formelle Regel, existiert jedoch nicht, denn dieser nächste Schritt, nämlich die Stufe einer kodifizierten Institution, erfordet den gesellschaftlichen Prozess der Legitimierung als bedeutendsten Schritt im Institutionalisierungsprozess. „Legitimationen stellen die sinnhaften, objektivierten Bahnen dar, auf denen die Handlungsstrukturen vermittelt werden, besser: sie bilden die kommunikativ vermittelte Sinndimension der Handlungen." (Knoblauch 1995: 28)

Wie das oben angeführte Beispiel der Auslegung des Steuerrechts als informelle Regel und derzeitige Handlungspraxis jedoch zeigt, verläuft ein Institutionalisierungsprozess nicht gradlinig, wie es das Modell suggerieren mag. Denn die gesellschaftliche Realität ist weitaus komplexer und die Prozesse einer sozialen (Re-)Konstruktion von Kulturräumen sind sowohl von Stillständen als auch von Rückwärtsbewegungen begleitet. Bei der gefundenen Lösung in diesem Beispiel ist durch die Intervention des Landesrechnungshofs eine Rückwärtsbewegung zu erwarten, nämlich wenn diese informelle Regel ggf. wieder außer Kraft gesetzt wird. Dennoch ist hier ein Schritt in Richtung kulturräumlicher Wandel zu verzeichnen, denn der gesamte Prozess kann als institutioneller Lernprozess gewertet werden, der sowohl für die Entwicklung europäischer Rechtssysteme von Bedeutung sein kann als auch das Potenzial für kulturräumlichen Wandel beinhaltet. Denn auch die Rückwärtsbewegung gibt wiederum Anstöße, nach neuen Lösungen zu suchen, die möglicherweise noch besser geeignet sind, durch gesellschaftliche Legitimation die Ebene einer kodifizierten, formellen Institution zu erreichen. Dabei sollte auch das zuvor erworbene Wissen im weiteren Prozess der Aushandlung nicht unterschätzt werden. Damit vollzieht sich der Prozess der interkulturellen Wissensgenerierung als Wechsel von Vorwärts- und Rückwärtsbewegungen, wobei eine jeweils höhere Ebene der Problemlösung erreicht werden kann.

Analysiert man das Beispiel der Koexistenz der verschiedenen Lehr- und Wissenskulturen im Jura-Doppelstudiengang mit dem vorgestellten Modell (vgl. Abb. 3), dann scheint hier die Stufe der Objektivierung/Anerkennung erreicht worden zu sein. Die hier entwickelte gemeinsame Sichtweise bezieht sich dabei auf die wechselseitige Anerkennung der Berechtigung einer Existenz *beider* Wissenskulturen mit ihren jeweiligen Vor- und Nachteilen, denn im Entwicklungsprozess des Studiengangs hat man sich auf das Weiter- und Nebeneinanderbestehen der beiden Lehrkulturen geeinigt. Diese Koexistenz von Lehr- und Wissenskulturen im deutsch-polnischen Jurastudiengang hat sich inzwischen zu einem Routineverfahren entwickelt und bestimmt die Praxis in Lehre und Prüfungen. Gleichzeitig sind mit diesem Verfahren neue informelle Regeln verbunden, die zur Entstehung einer neuen (europäischen) Wissenskultur beitragen.

Denn damit verbunden ist eine Anerkennung von kultureller Vielfalt sowie eines Machtgleichgewichts zwischen den beteiligten Wissenskulturen, also Sichtweisen, die als „hidden agenda" mit dieser bikulturellen Praxis als implizites Wissen weitervermittelt werden. Dazu gehören vor allem die damit verbundenen Bedingungen, die ein Klima des Vertrauens schaffen und als Voraussetzung für weitere kulturelle Annäherungsprozesse gewertet werden können.

8 Fazit

In diesem Beitrag wurde der Entwurf eines theoretisch-konzeptionellen Analyseansatzes zur empirischen Rekonstruktion kulturräumlichen Wandels vorgestellt, der auf Theorieansätzen der Wissenssoziologie zur sozialen Konstruktion von Gesellschaft aufbaut. Dieses Modell basiert auf der Annahme, dass sich sozialer Wandel von Kulturräumen kommunikativ vollzieht. Der idealtypische Verlauf eines solchen Kommunikationsprozesses wurde oben beschrieben und damit aufgezeigt, dass sich kulturräumlicher Wandel über die Entwicklung (neuer) Institutionen als handlungsleitende Regeln unter Veränderung der gesellschaftlich legitimierten Wissensbasis vollzieht. Mit der Einordnung der empirischen Befunde in das Analysemodell sollte die methodische Vorgehensweise im Umgang mit diesem Instrumentarium illustriert werden. Es ist das Anliegen dieser Forschung, das mögliche Potenzial alltäglicher Handlungssituationen in grenzüberschreitenden interkulturellen Kontexten für Europäisierungsprozesse zu analysieren und in den Prozess kulturräumlichen Wandels einordnen zu können. Denn häufig bleiben diese vielfältigen Prozesse kultureller Annäherung unbeachtet, weil sie sich unter der Oberfläche offizieller Politik – „below the surface" wie von Fligstein (2009) ausgeführt wurde – und zumeist in Nischen und häufig im Verborgenen vollziehen.

Europäisierung als kulturräumlicher Wandel in dem hier vorliegenden Verständnis vollzieht sich als Veränderung gesellschaftlicher Wissensbestände, die in Institutionen abgelagert sind. D. h., ein (neuer) europäischer Kulturraum beinhaltet eine veränderte Wissensordnung, die wiederum den (neuen) Ausgangspunkt für Deutungen von Handlungssituationen seiner Mitglieder bildet. Ein bedeutender Zwischenschritt für kulturelle Annäherung im Sinne von Europäisierung scheint die Koexistenz von Wissenskulturen zu sein. Hier lernen die beteiligten Akteure den Umgang mit Diversität, sie bekommen Zugang zu der „fremden" Wissensordnung und lernen die Deutungen der anderen Seite zu verstehen. In weiteren Kommunikationsprozessen kann geprüft und entschieden werden, welche Praktiken ggf. als eigene Handlungspraxis übernommen werden sollen. Ein solcher Prozess kultureller Annäherung minimiert Machtasymmetrien und schafft ein Klima des Vertrauens.

Will man nun den Beitrag dieser Erfahrungen in Bezug auf Europäisierungsprozesse „von unten" bewerten, so kann festgehalten werden, dass es nicht so sehr auf die einzelnen Ergebnisse von Problemlösungen in der grenzüberschreitenden Zusammenarbeit ankommt. Denn jede Lösung ist auch ein Produkt der spezifischen Umstände und Akteurskonstellationen, in denen sie entsteht. Sie können daher nicht ohne weiteres auf andere grenzüberschreitende Handlungssituationen als „best practice" übertragen werden. Entscheidend für Europäisierungsprozesse, verstanden als kommunikative Konstruktion kulturräumlichen Wandels, ist vor allem das Wissen, das durch die Kommunikation in der grenzüberschreitenden Zusammenarbeit durch interkulturelles Lernen erworben wird. Dieses Wissen wird durch neue Handlungspraktiken kollektiviert und in neuen Regelsystemen konserviert, sodass es über die einzelnen am Prozess beteiligten Akteure hinaus transferiert werden und so zu Europäisierungsprozessen als kulturräumlichem Wandel auch in anderen Räumen beitragen kann.

Literatur

Bache, Ian (2006): The Europeanization of Higher Education: Markets, Politics or Learning? In: Journal of Common Market Studies 44. 2006. 231-248

Baumgärtner, Ingrid/Klumbies, Paul-Gerhard/Sick, Franziska (Hrsg.) (2009): Raumkonzepte. Disziplinäre Zugänge. Göttingen: V&R unipress

Berger, Peter L./Luckmann, Thomas (2004): Die gesellschaftliche Konstruktion der Wirklichkeit. Frankfurt/Main: Fischer

Christmann, Gabriela B. (2010): Kommunikative Raumkonstruktionen als (Proto-)Governance. In: Kilper (2010): 27-48

Christmann, Gabriela B. (2013): Raumpioniere in Stadtquartieren und die kommunikative (Re-)Konstruktion von Räumen. In: Keller et al. (2013): 153-184

Christmann, Gabriela B. (2015): Das theoretische Konzept der kommunikativen Raum(re)konstruktion. In: Christmann (2015), 89-117

Christmann, Gabriela B. (Hrsg.) (2015): Zur kommunikativen Konstruktion von Räumen. Theoretische Konzepte und empirische Analysen. Wiesbaden: Springer VS

Deger, Petra (2007): Europäisierung – Dimensionen der Genese europäischer Räume. In: Deger/Hettlage (2007): 145-165

Deger, Petra/Hettlage, Robert (Hrsg.) (2007): Der europäische Raum. Die Konstruktion europäischer Grenzen. Wiesbaden: VS

Delhey, Jan (2005): Das Abenteuer der Europäisierung. Überlegungen zu einem soziologischen Begriff europäischer Integration und zur Stellung der Soziologie zu den Integration Studies. In: Soziologie 34. 2005. 7-24

Duda, Gerhard/Wojciechowski, Krysztof (Hrsg.) (2005): Trans-Uni. Herausforderungen des Managements bei der internationalen Hochschulzusammenarbeit in den Grenzregionen. Beiträge zur Hochschulpolitik. Bonn: HRK Hochschulrektorenkonferenz
Duit, Reinders/Rhöneck, Christoph von (Hrsg.) (2000): Ergebnisse fachdidaktischer und psychologischer Lehr-Lern-Forschung. Kiel: IPN
Eder, Klaus (2007): Die Grenzen Europas. Zur narrativen Konstruktion europäischer Identität. In: Deger/Hettlage (2007): 187-208
Eigmüller, Monika (2010): Räume und Grenzen in Europa. Der Mehrwert soziologischer Grenz- und Raumforschung für die Europasoziologie. In: Eigmüller/Vobruba (2010): 80-108
Eigmüller, Monika/Vobruba, Georg (Hrsg.) (2006): Grenzsoziologie. Die politische Strukturierung des Raumes. Wiesbaden: VS
Europa-Universität Viadrina (Hrsg.) (1993): Denkschrift. Universitätsschriften. Frankfurt (Oder): Eigenverlag
Featherstone, Keith (2003): Introduction: In the Name of 'Europe'. In: Featherstone/Radealli (2003): 3-26
Featherstone, Keith/Radaelli, Claudio (Hrsg.) (2003): The Politics of Europeanization. Oxford: Oxford University Press
Fichter-Wolf, Heidi (2010): Zur kommunikativen Konstruktion kulturräumlichen Wandels in Europa. Entwurf eines theoretisch-konzeptionellen Analyseansatzes am Beispiel grenzüberschreitender Arrangements in der Hochschulbildung. In: Geographica Helvetica 65. 2010. 24-35
Fligstein, Neil (2009): EURO - CLASH. The EU, European Identity, and the Future of Europe. Oxford: Oxford University Press
Gabriel, Manfred (Hrsg.) (2004): Paradigmen der akteurszentrierten Soziologie. Wiesbaden: VS
Hans, Julian (2007): Pendeln für die Völkerverständigung. Warum die Europa-Universität ihren MBA-Studiengang aus Polen abzieht. In: DIE ZEIT, 01.11.2007 (Nr. 45)
Hardin, Garrett (1968): The Tragedy of the Commons. In: Science 162. 1968. 1243-1248
Héritier, Adrienne (Hrsg.) (1993): Policy-Analyse. Kritik und Neuorientierung. PVS-Sonderheft 24. Opladen: Westdeutscher Verlag
Hettlage, Robert (2007): Europas vielfältiger Raum als Gegenstand von Identitätsmanagement. In: Deger/Hettlage (2007): 273-305
Hettlage, Robert/Müller, Hans-Peter (Hrsg.) (2006): Die europäische Gesellschaft. Konstanz: UVK
Hey, Marissa/Engert, Kornelia (Hrsg.) (2009): Komplexe Regionen – Regionenkomplexe. Multiperspektivische Ansätze zur Beschreibung regionaler und urbaner Dynamiken: VS
Hiller, Gundula Gwenn (2007): Interkulturelle Kommunikation zwischen Deutschen und Polen an der Interkulturelle Kommunikation zwischen Deutschen und Polen an der Europa-Universität Viadrina. Eine empirische Analyse von Critical Incidents. Frankfurt/Main: IKO-Verlag für Interkulturelle Kommunikation
Ipsen, Knut (2009): Die Wiedergeburt der Viadrina. In: Pyritz/Schütt (2009): 47-58

Keller, Reiner/Knoblauch, Hubert/Reichertz, Jo (Hrsg.) (2013): Kommunikativer Konstruktivismus. Theoretische und empirische Arbeiten zu einem neuen wissenssoziologischen Ansatz. Wiesbaden: Springer VS

Keutel, Anja (2011): Die Soziologie der europäischen Integration. In: Berliner Journal für Soziologie 21. 2011. 147-165

Kilper, Heiderose (Hrsg.) (2010): Governance und Raum. Baden-Baden: Nomos

Knefelkamp, Ulrich (2009): Die alte Viadrina (1506-1811). Ein Rückblick auf ihre Geschichte, herausragende Professoren und Studenten. In: Pyritz/Schütt (2009): 29-42

Knoblauch, Hubert (1995): Kommunikationskultur. Die kommunikative Konstruktion kultureller Kontexte. Berlin/New York: de Gruyter

Knoblauch, Hubert (2005): Die kommunikative Konstruktion kommunikativer Kontexte. In: Srubar et al. (2005): 172-194

Knoblauch, Hubert (2013): Grundbegriffe und Aufgaben des kommunikativen Konstruktivismus. In: Keller et al. (2013): 25-47

Knoblauch, Hubert (2015): Über die kommunikative Konstruktion der Wirklichkeit. In: Christmann (2015): 29-53

Knoblauch, Hubert/Schnettler, Bernt (2004): Vom sinnhaften Aufbau zur kommunikativen Konstruktion. In: Gabriel (2004): 121-137

Koschmal, Walter (2006): „Europäisierung" als Metapher und Aufgabe. In: Schubert (2006): 11-18

Lefebvre, Henri (1991, [1]1974): The Production of Space. Oxford: Blackwell

Löw, Martina (2001): Raumsoziologie. Frankfurt/Main: Suhrkamp

Luckmann, Thomas (2002): Der kommunikative Aufbau der sozialen Welt und die Sozialwissenschaften. In: Luckmann (2002): 157-181

Luckmann, Thomas (Hrsg.) (2002): Wissen und Gesellschaft. Ausgewählte Aufsätze 1981-2002. Konstanz: UVK

Mayntz, Renate/Scharpf, Fritz W. (1995): Der Ansatz des akteurzentrierten Institutionalismus. In: Mayntz/Scharpf (1995): 39-72

Mayntz, Renate/Scharpf, Fritz W. (Hrsg.) (1995): Gesellschaftliche Selbstregelung und politische Steuerung. Frankfurt/Main und New York: Campus

Miggelbrink, Judith (2009): Räume und Regionen der Geographie. In: Baumgärtner et al. (2009): 71-94

Möller, Joachim/Frensch, Richard (2006): 'Europäisierung', Diversität und ökonomische Entwicklung. In: Schubert (2006): 75-83

Möller, Kornelia (2000): Lehr-Lernprozessforschung im naturwissenschaftlich-technischen Bereich des Sachunterrichts. In: Duit/Rhöneck (2000): 131-156

North, Douglass C. (1990): Institutions, Institutional Change, and Economic Performance. Cambridge: Cambridge University Press

North, Douglass C. (1991): Institutions. In: Journal of Economic Perspectives 5. 1991. 97-112

Nuyken, Janine (2011): Internationalisierungskonzeption mit Fokus auf Internationalisierung im Bereich der Studierendenrekrutierung. Frankfurt/Oder: Europa-Universität Viadrina

Olson, Johan P. (2002): The Many Faces of Europeanization. In: Journal of Common Market Studies 40. 2002. 921-952

Olson, Johan P. (2007): Europe in Search of Political Order. An Institutional Perspective on Unity/Diversity, Citizens/their Helpers, Democratic Design/Historical Drift and the Co-Existence of Orders. New York: Oxford University Press
Pfeiffer, Waldemar (2009): Großprojekt mit Hindernissen. Als Viadrina und Collegium Polonicum gegründet wurden – ein polnischer "Architekt" erinnert sich. In: Pyritz/Schütt (2009): 59-70
Pleuger, Gunter (2009): Impulsgeber für die Politik. In: Pyritz/Schütt (2009): 43-46
Pries, Ludger (2007): Integration als Raumentwicklung – Soziale Räume als Identifikationsräume. In: Deger/Hettlage (2007): 123-144
Pyritz, Richard/Schütt, Matthias (Hrsg.) (2009): Die Viadrina. Eine Universität als Brücke zwischen Deutschland und Polen. Berlin: be.bra wissenschafts verlag GmbH
Radaelli, Claudio M. (2004): Europeanization: Solution or Problem? (European Integration Online Papers (EIoP), Vol. 8, 2004-016a). Online verfügbar unter eiop.or.at/eiop/texte, zuletzt geprüft am 02.01.2012
Reckwitz, Andreas (2001): Multikulturalismustheorien und der Kulturbegriff: Vom Homogenitätsmodell zum Modell kultureller Interferenzen. In: Berliner Journal für Soziologie 11. 2001. 179-200
Reckwitz, Andreas (2005): Kulturelle Differenzen aus praxeologischer Perspektive. Kulturelle Globalisierung jenseits von Modernisierungstheorie und Kulturessentialismus. In: Srubar et al. (2005): 92-111
Scharpf, Fritz W. (1993): Positive und negative Koordination in Verhandlungssystemen. In: Héritier (1993): 57-83
Schubert, Helga (Hrsg.) (2006): 'Europäisierung' – Begriff, Idee und Verwendung im interdisziplinären Diskurs. Forschungsverbund Ost- und Südosteuropa (forost). Forost-Arbeitspapier 38. München: forost
Schwan, Gesine (2009): Die Viadrina – eine Zukunftswerkstatt. Von der Idee einer Reform-Universität: international und interdisziplinär, deutsch-polnisch und gesamteuropäisch. In: Pyritz/Schütt (2009): 19-28
Simmel, Georg (1992, ¹1908): Soziologie. Untersuchungen über die Formen der Vergesellschaftung. Bd. XI. Simmel-Gesamtausgabe. Frankfurt/Main: Suhrkamp
Srubar, Ilja/Renn, Joachim/Wenzel, Ulrich (Hrsg.) (2005): Kulturen vergleichen. Sozial- und kulturwissenschaftliche Grundlagen und Kontroversen. Wiesbaden: VS
Viehoff, Reinhold/Segers, Rien T. (Hrsg.) (1999): Kultur, Identität, Europa. Über die Schwierigkeiten und Möglichkeiten einer Konstruktion. Frankfurt/Main: Suhrkamp
Weiler, Hans N. (2009): Einerseits und andererseits. Zur Ambivalenz von Hochschulen im Allgemeinen und der Viadrina im Besonderen. In: Pyritz/Schütt (2009): 79-94
Werlen, Benno (1997): Gesellschaft, Handlung und Raum. Grundlagen handlungstheoretischer Sozialgeographie. Stuttgart: Steiner
Werlen, Benno (2000): Alltägliche Regionalisierungen unter räumlich-zeitlich entankerten Lebensbedingungen. In: Informationen zur Raumentwicklung 9/10. 2000. 611-622
Werlen, Benno (2009): Zur Räumlichkeit des Gesellschaftlichen: Alltägliche Regionalisierungen. In: Hey/Engert (2009): 99-117
Wojciechowski, Krysztof (2005): Tops und Flops: Das Collegium Polonicum als grenzüberschreitende universitäre Einrichtung. In: Duda/Wojciechowski (2005): 21-38

Wojciechowski, Krysztof (2009): Das Collegium Polonicum. Ein Abenteuerbericht aus den Gründertagen jenseits der Oder. In: Pyritz/Schütt (2009): 71-78
Wolff, Dieter (1997): Lernen lernen. Wege zur Autonomie des Schülers. In: Lernmethoden – Lehrmethoden. Weg zu Selbstständigkeit. Friedrich Jahresheft (XV). Seelze: E. Friedrich. 106-108

Innovation und Kommunikation. Raumpionier-Ideen in Stadtquartieren mit ausgeprägten Problemlagen

Anika Noack und Tobias Schmidt

1 Soziale Innovationsprozesse, Kommunikationen und Raumpioniere[1]

Sozialen Innovationsprozessen kommt in Stadtquartieren mit ausgeprägten Problemlagen große Bedeutung zu. Von ökonomischer Deprivation gekennzeichnet, von Stigmatisierung und Negativ-Images betroffen, oder von der Erosion sozialen Zusammenhalts bedroht, besteht dort besonderer Bedarf an neuen Handlungsansätzen. Angesichts solcher sozialer oder ökonomischer Problemstellungen geht es dort nicht um städtebauliche Maßnahmen allein. In Stadträumen, die bereits auf eine längere „Problemgeschichte" zurückblicken, sind es die etablierten Denkansätze und Sichtweisen auf den Raum selbst, die mit neuen Ideen und Handlungsansätzen durchbrochen werden müssen.

Der vorliegende Beitrag geht von der Annahme aus, dass soziale Innovationen einen wichtigen Ausgangspunkt für Wandel und Dynamisierung von Raumwissensbeständen und Gesellschaftspraktiken darstellen (vgl. Christmann/Jähnke 2011). Als Prozesse, die von bestimmten Akteuren und Akteurskonstellationen ausgehen, bestehen soziale Innovationen aus „intentionaler, zielgerichteter Neukonfiguration sozialer Praktiken an den Schnittstellen unterschiedlicher sozialer Kontexte und Rationalitäten [und; Erg. TS u. AN] haben zum Ziel, Probleme anders zu lösen und Bedürfnisse anders zu befriedigen" (Schwarz et al. 2010: 174-175). Soziale Innovationsprozesse sind jedoch nicht allein die Folge intendierten Handelns, sondern laufen häufig unintendiert ab und können nicht beabsichtigte Handlungsfolgen einschließen. Oft machen sich Akteure gar nicht bewusst, dass sie eine Neuerung einführen, die (raumbezogenes) Transformationspotenzial mit sich bringt.

---

1 Der Beitrag basiert auf Forschungsansätzen und Ergebnissen des Projekts „Raumpioniere im Stadtquartier. Zur kommunikativen (Re-)Konstruktion von Räumen im Strukturwandel", welches von Januar 2009 bis Dezember 2011 am Leibniz-Institut für Regionalentwicklung und Strukturplanung (IRS) in Erkner durchgeführt wurde (siehe auch Christmann/Jähnke 2011, Christmann/Büttner 2011, Christmann/Mahnken 2012, Neumann/Schmidt 2012). In Berlin-Moabit und Hamburg-Wilhelmsburg wurde untersucht, welche Beiträge Raumpioniere zur Quartiersentwicklung in sozial benachteiligten Stadtteilen leisten.

Als besonders vielversprechend werden in dieser Hinsicht Raumpioniere betrachtet (vgl. Christmann/Büttner 2012). Ihnen wird das Potenzial zugesprochen, mit ihren potenziell sozial innovativen Projekten auf räumliche Entwicklungsprozesse – z.B. in einem Stadtquartier – Einfluss zu nehmen. Sie generieren Ideen, die zum Ausgangspunkt für soziale Innovationen vor Ort[2] werden können. In bislang vorliegenden Studien wurde der Raumpionierbegriff vor allem mit Vertretern der Zivilgesellschaft oder der Kreativwirtschaft in Verbindung gebracht, die in ökonomisch entwerteten Räumen mit der Umsetzung ihrer Ideen vor allem Entfaltungs- bzw. Freiräume für eigene Lebensentwürfe suchen (vgl. Matthiesen 2005; Lange/Matthiesen 2005). Wir erweitern diese Definition und fassen den Raumpionier als heuristisches Konzept für Akteure bzw. Akteursgruppen, die über die eigenen raumbezogenen Interessen hinausgehend Neues für die Lösung sozialer Problematiken vor Ort anregen, voranbringen und sozial verankern. Diese Perspektive schließt sowohl freischaffende Kreative wie zivilgesellschaftliche Akteure ein, umfasst Unternehmer ebenso wie Vertreter von Organisationen in öffentlicher oder freier Trägerschaft sowie Repräsentanten aus Politik und Verwaltung, sofern sie neue Wege beschreiten.

Raumpioniere arbeiten in der Regel nicht isoliert, sondern in netzwerkförmigen Kooperationsverbünden an der Durchsetzung innovativer Projektideen. Weil stets mehrere Akteure an sozialen Innovationsprozessen beteiligt sind (Braun-Thürmann 2005: 6f.), entsteht die Notwendigkeit, das Handeln dieser Akteure zu koordinieren, wofür Kommunikationen[3] wesentlich sind. In Prozessen der Kommunikation treffen (heterogene) Perspektiven und Interessen aufeinander, werden Ideen – mitunter konflikthaft – ausgetauscht, verknüpft und zusammengebracht. Darüber können neue Ideen als kognitive Deutungen von Akteuren entstehen bzw. vorhandene weiterentwickelt werden. So entstehen neue sozialräumliche Visionen und Wirklichkeitsdeutungen, die wiederum in Kommunikationen vermittelt, transformiert und anschlussfähig gemacht werden müssen, um Wirksamkeit entfalten zu können (vgl. Christmann 2010; 2013; 2015).

Da soziale Innovationen in der Regel erst im Nachhinein als solche anerkannt werden (vgl. Braun-Thürmann und John 2010: 56), werden sie meist ausschließlich rekonstruktiv untersucht. Dies gilt insbesondere für Ansätze, die sich ex post auf die Rekonstruktion „erfolgreicher" Ideenkarrieren beschränken (vgl.

---

2   Von sozialen Innovationen sprechen wir im stadtteil- oder quartiersbezogenen Maßstab, d. h. neuartige Handlungspraktiken, die es schon in anderen Städten oder Stadtteilen gibt, können – neu eingeführt – für Moabit innovativ sein.

3   Kommunikation wird hier verstanden als „ein Handeln, das sich, in die Umwelt hinein wirkend, Zeichen bedient und an anderen orientiert ist: wechselseitiges, zeichenhaftes Wirkhandeln" (Knoblauch 1995: 53). Vgl. vor allem den Ansatz des kommunikativen Konstruktivismus, dargestellt in Knoblauch (2013, 2015 in diesem Band).

Innovation und Kommunikation

Neuloh 1977: 28). Dabei wird allerdings die Chance vergeben, Innovationsprozesse in situ in den Blick zu nehmen und so, empirisch fundiert, zentrale Widerstände aber auch innovationsförderliche Aspekte bereits in der sozialen Genese von Ideen hin zu sozialen Innovationen aufzeigen zu können.

Dieser Beitrag lenkt den Analysefokus deshalb auf die kommunikativen Aushandlungsprozesse von (Raumpionier-)Ideen in Akteursgruppen.[4] Bei der Untersuchung solcher Kommunikationen nutzen wir eine prozessbegleitende Perspektive. Wir schließen auch und gerade solche Fälle ein, in denen eine innovationsverdächtige Idee bereits am Beginn eines möglichen Innovationsprozesses scheitert und sich nicht zu einer sozialen Innovation durchsetzen bzw. weiterentwickeln kann.[5]

Am empirischen Beispiel eines Raumpioniers, den wir im Folgenden Herr Zimmermann nennen, wird untersucht, wie dessen raumbezogene Innovationsimpulse in zwei Bürgergruppen kommunikativ verhandelt werden (Kapitel 3). Zunächst wird Herr Zimmermann mit seinen raumbezogenen Visionen für Moabit, seinen handlungsleitenden Wissensbeständen sowie seinen Handlungszielen als ein Raumpionier dargestellt (Kapitel 2). Im vierten Kapitel schließlich werden Schlussfolgerungen gezogen, welchen Einfluss spezifische Kommunikationsmuster, etablierte Rollenverteilungen, Machtprozesse und Konfliktverhandlungen sowie gruppeninterne Positionierungen von Ideengebern auf das Einbringen, die Adaption und die gemeinsame Weiterentwicklung von innovationsverdächtigen Ideen haben. Ausgehend von dieser Diskussion der Ergebnisse plädiert der Beitrag abschließend für die prozessbegleitende Untersuchung kommunikativer Aushandlungsprozesse in der Genese von – potenziellen – sozialen Innovationen auf Basis der empirisch konkreten, sozialen Situation.

---

4 „Gruppe ist ein soziales System, dessen Sinnzusammenhang durch unmittelbare und diffuse Mitgliederbeziehungen sowie durch relative Dauerhaftigkeit bestimmt ist." (Neidhardt 1979: 642) Von dieser allgemeinen Definition Neidhardts, die u. a. die Interaktionsdichte in sozialen Gruppen betont, geht auch Esser aus (vgl. Esser 2001: 416) und bemerkt zunächst allgemein: „Soziale Gruppen sind nicht formal geregelt und entstehen in der Regel spontan." Indem Esser sie im Zwischenbereich zwischen freier Zusammenkunft und fester Organisation ansiedelt, gelangt er jedoch zu drei Eigenschaften sozialer Gruppen, die durchaus Merkmale der Stabilität und Dauerhaftigkeit einschließen: a) ein gemeinsames Motiv, b) eine sich unter den Mitgliedern ausbildende Positions- und Rollenstruktur bzw. Statushierarchien und Führungsrollen sowie c) eine (mehr oder weniger ausgeprägte) Institutionalisierung normativer Standards in einer sozialen Gruppe (vgl. Esser 2001: 417).

5 Aus dieser Perspektive heraus sprechen wir dann zunächst von innovationsverdächtigen Ideen anstatt von sozialen Innovationen.

2 Ein pragmatischer Raumpionier mit sozialen Visionen

Zu Beginn der 1980er Jahre nach Berlin gezogen, lernt der heute etwa 50-jährige Herr Zimmermann den Stadtteil Moabit eher zufällig kennen. In einer Situation verbreiteter Wohnungsnot in Berlin Anfang 1990 ergreift er die Gelegenheit, in Moabit zunächst eine Wohnung zu mieten und schätzt alsbald die Vorzüge dieses Stadtteils. Dessen Mitgestaltung ist Herrn Zimmermann von Anfang an wichtig: „Es war irgendwie so, sich den Kiez zu gestalten, also ein Bedürfnis eigentlich, was ich selber immer hatte." (Interview Herr Zimmermann)[6] Raumbezogene Gestaltungsmöglichkeiten lernt der technisch ausgebildete, heute selbstständige Energieberater über den hauskaufbegründeten Zugang zur lokalen Engagementkultur im Jahr 2000 kennen. Der Akteur verspricht sich von der regelmäßigen Teilnahme an Sitzungen eines Betroffenenrates des damals förmlich festgelegten Sanierungsgebietes Vorteile für den Erwerb eines leerstehenden Fabrikgebäudes. Zuvor war er „nie so politisch engagiert, sondern hatte immer sehr viel mit Technik zu tun." Nach und nach erkennt Herr Zimmermann im nachbarschaftlichen Engagement eine persönliche Herausforderung. Das technische Experimentieren seiner beruflichen Laufbahn wird auf das Feld ehrenamtlichen Engagements übertragen, als er vor etwa sechs Jahren mit anderen Engagierten aus dem ehemaligen Betroffenrat einen Bürgerverein gründet, dem er bis heute vorsitzt und einen Großteil seines ehrenamtlichen Engagements widmet.

Als Repräsentant seines Bürgervereins ist Herr Zimmermann außerdem als gewähltes Mitglied in der Bürgervertretung Josefspassage aktiv, dem Beteiligungsgremium eines Projekts zur Aufwertung des Stadtteilzentrums in Moabit. Des Weiteren engagiert sich der Akteur in der Arbeitsgruppe einer bezirksübergreifenden Bürgerplattform. Zudem ist er leitender Redakteur einer vom Bürgerverein in Eigenorganisation herausgegebenen Quartierszeitschrift und Mitglied in der Redaktion eines Moabiter Onlinemagazins.

2.1 Raumvisionen und Engagementmotive: Ein Dorf in der Stadt haben

Als zentrales Motiv für seinen raumbezogenen Einsatz benennt Herr Zimmermann seine Raumvision, ein Dorf in der Stadt zu haben. „Mein Ziel, warum ich eigentlich mitmache, ist in erster Linie der Wunsch, in einem Dorf und gleich-

---

[6] Alle Zitate in Kapitel 2 sind dem Interview mit Herrn Zimmermann entnommen. Auf weitere explizite Verweise darauf, wird daher im Folgenden verzichtet. Aus Gründen der Zusicherung von Anonymität handelt es sich bei dieser und allen folgenden Namensgebungen um Pseudonyme.

zeitig in Berlin zu leben. [...] Aber eben nicht ein Dorf, wo quasi das Kleinkarierte regiert, sondern in einer Stadt, wo es dieses große Vielfältige und gleichzeitig aber dieses kleine Familiäre gibt." Anfängliche Engagementmotive der Ressourcengenerierung (nämlich die, Informationen als Handlungskapital für einen erfolgreichen Hauskauf zu gewinnen) treten allmählich zu Gunsten des Wunsches in den Hintergrund, sich inmitten der Großstadt Berlin Strukturen zu schaffen, die eine familiäre Dorfatmosphäre mit großstädtischer Vielfalt verbinden. Herr Zimmermann entdeckt in einer bürgerschaftlichen Mitwirkung das Potenzial, einen Raum zu gestalten, der zunächst antagonistisch anmutende Charakteristika dörflicher und städtischer Lebensweisen möglichst pragmatisch verbinden soll. Das Engagementmotiv vom Dorf in der Stadt drückt die Sehnsucht des Akteurs nach einer sinn- und identifikationsstiftenden dörflichen Gemeinschaft jenseits großstädtischer Anonymität sowie gleichzeitig nach städtischer Freiheit aus. Seine bürgerschaftliche Mitwirkung ist damit sowohl durch gemeinschaftsbezogene als auch raumgestalterische Wertehaltungen motiviert.

2.2 Geniale Lösungen für mehr Lebensqualität – Zum expliziten Innovationsbezug des Akteurs

Eine wechselvolle Berufskarriere und das intensive Einlassen auf die Arbeit im Bürgerverein zeigen, dass Herr Zimmermann sowohl beruflich als auch in seiner zivilgesellschaftlichen Tätigkeit häufig und gern neue Wege geht, dabei Herausforderungen, aber auch Problemlösungen, beispielsweise für die finanzielle Absicherung der Bürgervereinsarbeit, sucht. „Wir hatten ursprünglich die Idee, dass wir ganz besondere Lösungen brauchen und zwar besondere Lösungen in dem Sinne, dass man eben nicht irgendwie abgeschnitten von anderen Bereichen loslegen kann, sodass man sagt, man macht jetzt einen Kiosk und man verkauft jetzt irgendwie Tee und Kaffee und dann ist das die Lösung, [...] sondern wir wollten eigentlich Lösungen, die intelligent sind [...] geniale Lösungen". Der Akteur schildert, dass hinsichtlich der künftigen Finanzierung des Bürgervereins, die sich vor dem Hintergrund knapper öffentlicher Stadtkassen Berlins schwierig gestaltet, besondere und geniale Lösungen angestrebt werden. Solche Lösungen dürften allerdings keine konventionellen Ideen, wie die Eröffnung eines Kiosks, zum Lösungsweg erklären. Er strebt die Durchsetzung besonderer, „intelligenter" und „genialer" Problemlösungen an, was seinen expliziten Innovationsbezug erkennen lässt. Als Inkubator für Neues führt er im Bürgerverein neuartige Finanzierungskonzepte ein, wie das Crowd-Funding und das Fundraising. Orientiert an potenziell innovativen Lösungen, begegnet Herr Zimmermann Problemstellungen grundsätzlich mit einer potenzialorientierten Sichtweise, die er mit der Aussage „Lass uns doch mal was Positives machen" zum Ausdruck bringt. Ausgehend von Charakteristika Moabits, die Herr Zimmermann als Standortvorteile wahrnimmt, wie etwa „günstig mitten in der Stadt wohnen" und „mit öffentlichen Verkehrsmitteln so super angebunden" zu sein, entwickelt er Raumdeutungen, die vor allem die Potenziale des Stadtteils und des eigenen Quartiers betonen. Damit grenzt sich Herr Zimmermann nicht nur vom medial repräsentierten Fremdbild ab, welches insbesondere soziale Probleme (Gefängnis, Kriminalität, Arbeitslose oder sogar Migranten) fokussiert, sondern auch von der Innenperspektive vieler alteingesessener Bewohner, die sich „weigern, eine Veränderung im Sinne einer Verbesserung in Kauf zu nehmen [...]. Die wollen nicht daran glauben, dass ihr Bezirk toll ist, obwohl er toll ist." Charakteristisch für viele Bewohner Moabits sei eine Verweigerungshaltung gegenüber Veränderungen, mangelnde Visionskraft und beharrende Problemorientierung. Veränderungen anzustoßen und Neues in Gang zu setzen, assoziiert der Akteur hingegen stets mit Verbesserungen im Sinne eines Fortschreitens und Entwickelns. Veränderungsdynamiken, die Gewohnheiten und Routinen durchbrechen, gelten in der Perspektive von Herrn Zimmermann als Bereicherung und Entwicklungsperspektive für mehr Lebensqualität („sodass das Zusammenleben einfach besser ist am Ende"), was für ihn ein zentrales Handlungsziel darstellt.

2.3 Handlungsformen: „Was ich am besten kann, ist Unternehmen starten"

Ideen, die Herr Zimmermann einbringt, verbleiben in der Regel nicht auf einer kognitiven Wissensebene, sondern münden mit dem Anspruch, „tatsächlich etwas zu machen, etwas zu bewirken" in konkrete Projekte und Aktionen (wie Kiezfeste, Unternehmenskooperationen mit Sponsoren und Unterstützern seines Bürgervereins). Zum Maßstab für Bürgerhandeln macht er den Erfolg solcher Projekte und Aktionen, d. h. deren Umsetzung und Wirkung im Raum. Weil Herr Zimmermann Handlungserfolge stets daran bemisst, inwieweit zuvor gesetzte Zielstellungen erreicht wurden, wählt er in der Regel unternehmerische Handlungsweisen, die sich bereits in der Vergangenheit bewährt haben, um Projektideen pragmatisch zur Durchsetzung zu verhelfen. „Also ich habe Initiative, und ich kann beginnen, und ich habe keine Angst, und ich habe ein festes Urteil. Und das heißt, ich kann eine ganze Menge bewirken, durch die Art und Weise, wie ich mich verhalte." Da er seine Vorstellungen immer wieder verwirklicht hat, vertraut er bei der Generierung und Realisierung neuer Ideen in die Wirksamkeit des eigenen Handelns. Nicht zuletzt aus beruflichen Erfahrungen als erfolgreicher Gründer von Start-Up-Unternehmen und als Selbstständiger weiß er außerdem: „Was ich am besten kann, ist Unternehmen starten". Als logische Konsequenz erscheint vor diesem Hintergrund die Entscheidung von Herrn Zimmermann, seinen unternehmerischen Handlungsansatz auf die Arbeit des Bürgervereins zu übertragen und diesem – was im Kontext von (Moabiter) Bürgerengagement als ungewöhnlich und innovativ gelten darf – einen Business-Plan zugrunde zu legen. Der Handlungslogik eines Start-Up-Unternehmens folgend, gibt dieser Plan die Zielstellung der Selbstfinanzierung der Vereinsarbeit vor.

Strategisch-unternehmerisch und konstruktiv-pragmatisch baut Herr Zimmermann im Übrigen auch seine Kooperations- und Netzwerkbeziehungen auf. In seinen Augen verschaffen erst Kooperationen echte Chancen („man kann doch nur Dinge erreichen, wenn man kooperiert"). Im Stil eines Unternehmers legt er es darauf an, Win-Win-Situationen zu erzielen. Denn nur im Einklang mit anderen erreicht man seiner Überzeugung nach auch die eigenen Ziele. Herr Zimmermann spielt dabei kein Nullsummenspiel. Er will aktiv mitreden, mitwirken, kooperieren, doch hält er es nicht für erforderlich, deshalb andere auszuspielen, zu verdrängen oder zu bekämpfen. Vor dem Hintergrund dieser pragmatischen und kooperativen Handlungsorientierung misst der Akteur dem Aufbau von Kooperations- und Vernetzungsbeziehungen große Bedeutung bei.

Motiviert durch seine Raumvision, sich in seinem Wohnquartier ein Dorf in der Stadt zu schaffen, ist Herr Zimmermann für mehr Lebensqualität engagiert. Ausgehend von einer positiven Wahrnehmung des Stadtteils Moabit entdeckt der Akteur Ansatzpunkte für räumliche Gestaltung und Entwicklung mit sozial innovativen Projektideen. Dieser explizite Innovationsbezug und seine visionäre und veränderungsbereite Werthaltung verbindet sich mit einem unternehmerischen Habitus. Weil er als technisch und ökonomisch sozialisierter Akteur in hohem Maße von den Wirkungen seiner Handlungen überzeugt ist, überträgt er unternehmerische Handlungsprinzipien auf seine ehrenamtliche Arbeit im Bürgerverein.

Die engagierte und strategische Ausrichtung auf die sozialräumliche Entwicklung im Quartier, der damit verbundene Anspruch, orientiert an gesellschaftlich hoch bewerteten Zielsetzungen, innovative Ideen für soziale Problemlagen zu entwickeln, und die unternehmerisch-pragmatische Handlungsweise machen Herrn Zimmermann nicht nur zu einem Raumpionier, sondern insbesondere aufgrund der unternehmerischen Handlungsstrategie auch zu einem „Social Entrepreneur" (vgl. dazu Christmann/Jähnke 2011).

In der Absicht, seine innovativen Ansätze und Raumvisionen weiterzutragen und zu entwickeln, bewegt sich nun dieser Akteur in unterschiedlichen Gruppenkontexten der lokalen Arena. Am Beispiel zweier Bürgergruppen wird dargestellt, wie seine raumbezogenen Innovationsimpulse kommunikativ verhandelt werden. Vorab werden jeweils kurz die wichtigsten formalen Aspekte dieser Gruppen und ihr Entstehungskontext dargestellt.

3 Kommunikative Verhandlungen von raumbezogenen Innovationsimpulsen in Gruppenkontexten

3.1 Kommunikationsklima im Moabiter Bürgerverein – zur kommunikativen Herstellung von sozialer Anerkennung, Vertrauen und Einfluss

Der Moabiter Bürgerverein wurde 2006 unter anderem vom heutigen Vorsitzenden, Herrn Zimmermann, gegründet und bündelt das Engagement von Quartiersbewohnern vor Ort. Im Mittelpunkt der Vereinstätigkeit steht die Aktivierung zivilgesellschaftlicher Akteure mit dem Ziel, Selbstorganisationspotenziale zur räumlichen Entwicklung des Quartiers zu fördern. Leitend ist dabei der für konventionelle Bürgervereine ungewöhnliche und für Moabit sogar innovative Handlungsansatz, unternehmerische Lösungen (Fundraising, Werbung für Unternehmen gegen Spenden von diesen, vereinseigene Zeitung als Informations- und Werbeplattform) für den Erhalt der vielfältigen sozialen Aktivitäten zu schaffen, zu denen etwa eine Spielplatzbetreuung, diverse Sportaktivitäten für Kinder und Jugendliche, eine Mieter- und Rechtsberatung, die Organisation von Quartiersfesten oder die Herausgabe der Quartiersvereinszeitung gehören.

Den Vorsitz des rechtsfähigen Vereins hat – wie gesagt – Herr Zimmermann inne, Frau Blum ist stellvertretende Vereinsvorsitzende, Herr Falck ist auf Basis einer halben Stelle im Bürgerverein beschäftigt, Frau Dom obliegt die Vereinskasse. Insgesamt hat der Verein ca. 60 Mitglieder, er ist allerdings bestrebt, diese Zahl auszubauen. An den einmal im Monat stattfindenden öffentlichen Sitzungen sind neben den vier Funktionsträgern durchschnittlich zehn weitere Personen – häufig dieselben – anwesend. Eine Tagesordnung, die die Weitergabe aktueller Informationen aus dem Kiez und die Planung konkreter Aktionen einschließt, strukturiert das Sitzungsgeschehen. Diese wird zuvor in Absprache zwischen Herrn Zimmermann, Frau Blum und Herrn Falck entwickelt, wodurch diese drei Akteure über ihre formell festgelegten Funktionen hinaus über die Themensetzungen Einfluss in der Gruppe geltend machen können. Allerdings gibt es durch die Integration des Tagesordnungspunktes „Sonstiges" ebenso für die übrigen Teilnehmer die Möglichkeit, eigene Anliegen und Themen in die Gruppendiskussion einzubringen. Vorschläge, Ideen und Entscheidungen gelten in der Regel als angenommen bzw. werden realisiert, wenn sich in der Gruppe Unterstützer für diese gefunden haben oder sich kein Widerstand dagegen geregt hat. Koordiniert wird die Arbeit des Vereins auf den monatlichen Treffen, aber auch durch Mail-, Telefon- oder persönliche Kontakte der Funktionsträger.

Neue raumbezogene Ideen und Visionen, die Herr Zimmermann entwickelt, bringt er, auf der Suche nach Unterstützungspotenzial für deren Umsetzung, zunächst in den Bürgerverein ein. Dort finden seine Ideen bei den Gruppenmitgliedern typischerweise Anklang und werden von diesen unterstützt, wie folgende Transkriptionssequenz zeigt. Sie verweist außerdem auf dessen zentrale Position innerhalb der Gruppe,[7] auf die soziale Anerkennung, das Vertrauen und den Einfluss, der dort hergestellt wird, wenn ihm beispielsweise die Einschätzung der Güte von Ideen überlassen wird. Herr Zimmermann informiert, dieser Sequenz voraus gehend, über die Genehmigung, die der Verein nach Rücksprache mit dem Bezirk Berlin-Mitte für die gemeinnützige Nutzung eines leerstehenden Kiosks im Quartier erhalten hat. Dort sollen ein BMX-Fahrrad-Verleih für Kinder sowie eine Werkstatt eingerichtet werden, in der Fahrräder der Quartiersbewohner auf Spendenbasis repariert werden sollen.

Sequenz 1: Sitzung des Bürgervereins im August 2009

Zimmermann: Dann haben wir überlegt, wir machen einen Tag- oder wollen einen Tag gestalten oder einen Nachmittag, wo dann die Materialien besorgt sind und wir dann vielleicht gemeinschaftlich mit unseren Helfern hier, den Arbeitstatt-Strafe-Leuten, diesen Kiosk anmalen, die Dachrinne in Betrieb nehmen, die Solarzellen drauf bauen. Das wird einigermaßen vorbereitet sein. Jetzt wäre es natürlich interessant, einen Termin zu finden für diesen Tag.

((*Das Handy von Herrn Zimmermann klingelt, und er verlässt für etwa zwei Minuten das Gruppengeschehen. Herr Falck und Frau Dom beginnen in dieser Zeit damit, mit der Gruppe über einen Termin zur Durchführung der Aktion zu beraten. Sie setzen diese Aktivität auch nach der Rückkehr von Herrn Zimmermann fort.*))

Falck: Am 3. Oktober ist Tag der deutschen Einheit. Ist doch ein super Anlass mal gemeinschaftlich den Kiosk zu bebauen ((lacht)) oder zu gestalten.
Dom: Ja, das müsste uns auch passen.
Meyer: Sag mal Robert, ihr habt doch in der Schule mit- mit einigen Schülern letztlich auch so etwas mit Solarzellen gemacht.
Zimmermann: Ja.
Meyer: Kann man die nicht dafür gewinnen, dass sie hier noch mal mitmachen?
Zimmermann: Och, ganz bestimmt.

---

7 Auf eine zentrale Gruppenposition schließen wir aufgrund von folgenden Beobachtungen: Übernahme funktionaler Zuständigkeiten (beispielsweise Vorsitz, Kassenwart, Arbeitsgruppenleitung etc.), häufige und lange Sprechbeiträge, Beteiligung an Entscheidungsprozessen und Durchsetzung persönlicher Interessen, Agenda Setting, Moderation und Reglementierung von Sprechbeiträgen und Diskussionen, soziale Anerkennung, Netzwerkkontakte mit Ressourcenpotenzial.

Meyer:	Also ich mein, die- du hast ja da was erzählt, dass die alle ganz begeistert sind jetzt im Endeffekt.
Zimmermann:	Ja. Also die haben- also bei dem Pau-Radio, bei diesem Pausenradio, dem Ghettoblaster, der solarbetrieben ist, ist es so, dass jetzt die Klasse, die das gemacht hat, fertig geworden ist, und jetzt ist das übergeben worden an eine jüngere 7. Klasse, und die wollen dieses Pausenradio weiter betreiben und wollen auch neue Schandtaten, also sind offen für neue Erlebnisse mit Solarenergie, und die können wir sicherlich fragen. Also das kann man aber erst nächste Woche machen, dann, wenn alle wieder da sind. Aber das ist eine gute Idee.

Die einstige Kioskbrache möchte Herr Zimmermann zu einem Ort machen, der visuell umgestaltet und neuartig genutzt wird, zu einen Treffpunkt, wo Kinder Fahrräder ausleihen und die übrigen Quartiersbewohner ihre Fahrräder reparieren lassen können. Im Zuge der Umgestaltung soll der Kiosk nicht nur einen frischen Farbanstrich und eine neue Dachrinne erhalten, wie Herr Zimmermann vorschlägt, sondern zusätzlich mit Solarzellen ausgestattet werden. Es geht dem Raumpionier deshalb nicht nur um eine Wiederbelebung des Kiosks, „der schon länger tot ist", wie er an anderer Stelle erzählt. Er verbindet diese räumliche Gestaltungsaktion der Bewohner auch mit einem innovativen und ökologisch nachhaltigen Impuls, da er Solarzellen als alternative Energiequellen für die Betreibung des Kiosks einplant. Dieser von Herrn Zimmermann initiierte und gemeinschaftlich zu realisierende Wiederaufbau des Kiosks und dessen Umnutzung bzw. funktionale Neubestimmung stellt somit einen Ansatzpunkt räumlicher Entwicklung im Quartier dar.

Nachdem Herr Zimmermann zur Kioskumgestaltung aufgerufen hat, regt er eine Terminfindung für diese Aktion an. Während seiner kurzen Abwesenheit beraten Herr Falck und Frau Dom über ein geeignetes Datum für diese Aktion und legen den 3. Oktober fest. Erst als Herr Zimmermann in den Raum zurückkehrt, bringt Herr Meyer, Vereinsmitglied und ehemaliger Verordneter der Bezirksversammlung, einen Kooperationsvorschlag ein. Herr Meyer erinnert, direkt an Herrn Zimmermann gewandt („sag mal Robert"), an ein Solarzellenprojekt, das der Verein mit Schülern der benachbarten Schule realisiert hat, und fragt, ob diese Schüler die Kioskgestaltung unterstützen würden. Es fällt auf, dass Herr Meyer seinen Vorschlag nicht bereits in Abwesenheit von Herrn Zimmermann gegenüber dem Moderator Herrn Falck äußert, der formal ebenfalls über eine entsprechende Macht zum Agenda Setting verfügt. Offensichtlich hält er es für angemessen zu warten, um Herrn Zimmermann dann als Ideengeber und Projektverantwortlichen des Solarradioprojekts sowie als Brückenkontakt zu den darin involvierten Schülern und Lehrern direkt ansprechen zu können. Da die explizite Ansprache Herrn Zimmermanns – aufgrund wiederholter Beobachtungen des gleichen kommunikativen Handelns – als strukturelles

Kommunikationsprinzip von Herrn Meyer gelten kann, offenbart dieses kommunikative Handeln zugleich, dass Herr Meyer – ausgehend von jahrzehntelangen Erfahrungen in der Bezirkspolitik – sich in der Suche nach Resonanz für seine Ideen an solchen Akteuren orientiert (an Akteuren wie beispielsweise einem Fraktionsvorsitzenden einer Partei), die sozialen Einfluss in der Gruppe geltend machen können. Einen solchen Einfluss schreibt er offensichtlich Herrn Zimmermann zu. Dass Herr Meyer, ohne eigene Kontakte zur Schule zu besitzen, die Einschätzung Herrn Zimmermanns aufgreift, das Solarpausenradio sei begeistert von den Schülern aufgenommen worden („du hast ja da was erzählt, dass die alle ganz begeistert sind"), kündet außerdem davon, dass Herr Meyer die Aussagen des Raumpioniers als authentisch anerkennt.

Herr Zimmermann ergänzt, dass das solarbetriebene Pausenradio nun von der ehemaligen an die neue 7. Klasse übergeben worden sei. Damit gibt er Detailinformationen an die Gruppe weiter – was sich in vielen Sitzungen beobachten ließ. Er fungiert als ein „Informationsbroker", der über seine Netzwerkkontakte in den Stadtteil immer wieder Informationen einholt, den Vereinsmitgliedern präsentiert und nicht zuletzt über dieses Ressourcenpotenzial seine zentrale Gruppenposition behauptet. Dass Herr Zimmermann die Idee Herrn Meyers aufgreift und abschließend als „gut" würdigt, zeigt, dass er sich in einer Gruppenposition befindet, die es ihm nicht nur erlaubt, selbst Ideen einzubringen, sondern Ideen von anderen aufzunehmen und diese sogar zu bewerten. Deutet man die direkte Ansprache Herrn Zimmermanns durch Herrn Meyer vor diesem Hintergrund, liegt der Schluss nahe, dass Herr Meyer nur Herrn Zimmermann – und zwar aufgrund einer generellen Ideenaffinität – zutraut, die Güte seiner Idee zu beurteilen. Über solche Anerkennungsprozesse reproduziert Herr Meyer die zentrale Einbettung Zimmermanns im Bürgerverein, nicht zuletzt geht es ihm aber auch um seine persönliche Anerkennung durch Herrn Zimmermann als zentraler Meinungs- und Ratifizierungsinstanz im Wetteifern um neue Ideen.

Die zentrale Position Zimmermanns in der Gruppe beruht folglich nicht nur auf seinem formalen Vereinsvorsitz, sondern im Wesentlichen auf der sozialen Anerkennung aus dem übrigen Teilnehmerkreis. Anerkannt wird Herr Zimmermann durch seinen Informationsvorsprung, der im Kontext seines strategischen Netzwerkmanagements steht. Sein Ideenreichtum, aber auch seine pragmatische Grundeinstellung, Ideen projektförmig zu realisieren und damit auf Resonanz (Begeisterung der Schüler) zu stoßen, rechtfertigt im Besonderen seine zentrale Rolle im Verein. Herr Zimmermann festigt diese Position, indem er das Gesprächsklima prägt. Er etabliert sich durch seine Ideensemantik (das Reden von Ideen), durch das stetige Einbringen von Ideen und ebenso durch die Bewertung von Ideen, die nicht er selbst, sondern andere Gruppenmitglieder äußern.

Im Sinne eines selbstverstärkenden Effekts besitzen aus dieser prestigereichen Position geäußerte innovationsverdächtige Ideen des Raumpioniers bereits einen gewissen Nachdruck, indem sie auf eine grundsätzliche Offenheit und Akzeptanz in der Gruppe treffen und somit hohes Potenzial für deren Durchsetzung erwartbar machen.

Herr Zimmermann wird von den Bürgervereinsmitgliedern nicht nur anerkannt, sie bringen ihm, als ihrem Vereinsrepräsentanten, auch Vertrauen entgegen. Nicht nur Herrn Zimmermann gegenüber, auch unter den übrigen regelmäßigen Teilnehmern der öffentlichen Vereinssitzungen hat sich ein symmetrisches Vertrauensverhältnis aufgebaut. Zur Etablierung und Stabilisierung eines solchen Vertrauensverhältnisses haben die Regelmäßigkeit und Häufigkeit der Treffen dieses relativ fest umrissenen Personenkreises beigetragen. Darüber hinaus unterstützt ein besonnener und konstruktiver Umgangston der Gruppenmitglieder die Etablierung einer vertrauensvollen Gesprächsatmosphäre. Das kommunikative Klima in den Sitzungen stellt sich kollegial und häufig sehr heiter dar. Es wird viel gelacht, konflikthafte Auseinandersetzungen hingegen finden selten statt. Gespräche verlaufen in der Regel sachlich, sie sind weniger von hitzig geführten Diskussionen als von gegenseitigem Informationsaustausch und vielfachen Ideenverhandlungen geprägt. Entsprechend wird allen Mitgliedern gleichermaßen zugebilligt, ihre Meinung äußern und Ideen einbringen zu dürfen, ohne mit negativen sozialen Sanktionen, wie Häme oder Spott, rechnen zu müssen. Damit bietet die vertrauensgestützte Kommunikationsatmosphäre des Bürgervereins generell die Voraussetzungen für die Äußerung „irrer Ideen", wie sie Herr Zimmermann anstrebt und immer wieder einfordert.

Da Versuche, einen egalitären, inkludierenden Austauschprozess und einen kreativen Dialog unter allen Teilnehmern zu entwickeln, nicht immer zur Zufriedenheit Zimmermanns gelingen, kommt es gelegentlich zur Exklusion von Ideenaushandlungen und Entscheidungsvorgängen, d. h., sie werden zu Gunsten einer effektiveren und effizienteren Planung von Projekten allein in den Entscheidungskern verlagert. Da solche Mechanismen allerdings von den Gruppenmitgliedern in der Regel nicht kommunikativ problematisiert werden, sind diesbezügliche Konflikte selten.

Konflikte, Konkurrenzen und Differenzen fordern die vertrauensvolle Kommunikationsatmosphäre des Bürgervereins in der Regel erst dann heraus, wenn sich Personen in die Ideenverhandlung des Bürgervereins einbringen, die konkurrierende Interessen oder Wertehaltungen im Vergleich zu Herrn Zimmermann mitbringen oder die dessen Vorgehensweisen hinterfragen. Damit unterlaufen sie die eingependelte Machtbalance mit ihren habitualisierten Rollenverteilungen und Kommunikationsformen und fordern eine kommunikative Neuaushandlung heraus. Zu solchen Personen gehört, als ein Beispiel, Frau

Lenz, die die ansonsten sehr ausgeglichene und konfliktarme Kommunikationsatmosphäre irritieren kann.

Sequenz 2: Sitzung des Bürgervereins im März 2009

Lenz:	Mir ist jetzt- also nur jetzt beim- eingefallen, als du das so erzählt hast, diese Idee mit der- mit der Quartiers GmbH, ob es vielleicht Sinn machen würde, mit dieser Genossenschaft im Wedding- wenn ihr mit denen Kontakt aufnehmt. Vielleicht muss man nicht alles irgendwie neu erfinden. Vielleicht könnte man mit dieser Genossenschaft Wedding- die ist eigentlich so was. Nur keine GmbH, sondern eine Genossenschaft. Vielleicht kann man da ja sogar irgendwie was-
Zimmermann:	⌈Was machen die?
Lenz:	⌊mitmachen. Ja die machen so was, die machen also-
Zimmermann:	Was heißt so was?
Lenz:	die- die- die machen- egal- Renovierungen, was weiß ich, alle möglichen Sachen, wo Leute arbeiten können, und bieten das wiederum an, den Gewerbetreibenden oder Firmen oder auch Einzelpersonen oder Wohnungsbaugesellschaften, die da auch Mitglied sind in der Genossenschaft. Aber eben das Ziel war im Prinzip das gleiche, mit Leuten, die irgendwie eine Arbeit gemacht haben, gemeinnützige Arbeit oder so, da was Weiterführendes irgendwie zu entwickeln.

Dieser Sequenz vorausgehend präsentiert Herr Zimmermann im Kontext der notwendigen Akquirierung von Finanzmitteln für den Erhalt gemeinnütziger Vereinsprojekte die Idee – die er sprachlich im Übrigen auch explizit als eine „Idee" rahmt – eine Quartiers GmbH zu gründen. Diese Quartiers GmbH verfolge die Zielstellung, Strafgefangene über Tätigkeiten, wie Renovierungen, ins Arbeits- und Gesellschaftsleben zu reintegrieren, um gleichsam über deren Arbeitsleistung ökonomische Gewinne zu erwirtschaften, die in soziale Projekte des Vereins reinvestiert würden. Infolge dieser Ideenpräsentation schlägt Frau Lenz Kooperationen mit einer Genossenschaft im Berliner Stadtteil Wedding vor, weil diese das gleiche Konzept verfolgen würde („die machen so was"). Mit der Formulierung ihres Wissens von der Genossenschaft im Wedding stellt Frau Lenz nicht nur den Charakter der Neuheit der Idee infrage (denn in ihrer Perspektive gibt es die Idee bereits); sichtbar wird außerdem ihre Skepsis gegenüber dem ausdrücklichen Anspruch, Innovationen zu generieren, den sie bei Zimmermann und dem Verein zu erkennen meint. Anstelle einer Handlungsorientierung, die auf stetige „Neuerfindungen" fokussiert, plädiert Frau Lenz für kooperative Arrangements und adaptive Lernprozesse („Vielleicht muss man nicht alles irgendwie neu erfinden."). Mit ihrem Vorstoß grenzt sich Frau Lenz vom ausgeprägten Neuerungs- und Innovationsbezug Herrn Zimmermanns ab. Die unterschiedlichen Handlungsorientierungen von Herrn Zimmermann und Frau Lenz zeigen sich auch hinsichtlich der benannten Gesellschaftsformen für die Ideenumsetzung. Herr Zimmermann denkt aus einer unternehmerischen Perspektive an die Rechtsform einer GmbH, Frau Lenz hingegen sympathisiert mit der gemeinschaftsorientierten Kooperationsform einer Genossenschaft. Frau Lenz ist als Redaktionsmitglied der Quartiersvereinszeitung zwar häufig anwesend, fühlt sich aber selbst nicht dieser Gruppe zugehörig. Frau Lenz ist primär in einem benachbarten Stadtquartier engagiert, wo sie für die Bewahrung von Lebensqualität und sozialen Zusammenhalt durch den Erhalt der Bewohnerstrukturen kämpft. Herr Zimmermann distanziert sich hingegen von gentrifizierungskritischen Bedrohungsszenarien einer Frau Lenz. Er bringt Lebensqualität in Verbindung mit innovativen Veränderungen und räumlichen Entwicklungen, wohingegen Frau Lenz für Lebensqualität durch die Bewahrung bestehender Verhältnisse aktiv ist.

Auf der Basis dieser divergierenden Problemwahrnehmungen und Wertehaltungen konkurrieren Herr Zimmermann und Frau Lenz in dieser Situation um die Deutungsmacht in der Gruppe. Entsprechend begnügt sich Herr Zimmermann nicht mit den Informationen über die Genossenschaft, sonder fragt in herausforderndem Ton, „Was machen die?" Damit gibt Herr Zimmermann zwar sein Informationsdefizit zu erkennen, ringt Frau Lenz jedoch konkretere Aussagen über das Aktionsfeld dieser Genossenschaft ab, um den Neuigkeitscharakter seiner Idee nicht unangefochten durch Frau Lenz delegitimieren zu lassen. Als Frau Lenz wiederholt wenig konkret vom Engagement der Genossenschaft berichtet („Ja, die machen so was."), unterbricht Herr Zimmermann sie ungehalten und will explizit wissen, was „so was" heiße. Daraufhin ergänzt Frau Lenz, dass innerhalb der Genossenschaft Dienstleistungen, wie Renovierungen, für deren Mitglieder erbracht würden, um gemeinnützig Tätigen ein weiterführendes Arbeitsangebot machen zu können. Im Anschluss an das abgedruckte Segment greift Herr Meyer, als dritte Person, in den Dialog ein und entschärft durch die Verlagerung des Themas von der inhaltlichen Ausgestaltung der Genossenschaft hin zu ihrer Entstehungsgeschichte das latente Konfliktpotenzial zwischen Herrn Zimmermann und Frau Lenz.

Solche kontroversen Auseinandersetzungen über die Sinnhaftigkeit, die Neuartigkeit und die Umsetzbarkeit von innovationsverdächtigen Ideen, die allen voran Herr Zimmermann einbringt, sind im Bürgerverein eher die Ausnahme. Sie offenbaren allerdings, dass Konflikte, Konkurrenzen und Differenzen innovationsverdächtige Ideen – insbesondere in einer frühen Entwicklungsphase – scheitern lassen können, beispielsweise wenn sie aufdecken, dass eine Idee gar nicht so neu ist oder nicht überwindbare Barrieren ihrer Verwirklichung konstatiert werden. Sie können aber auch dazu führen, dass erste Ideenentwürfe modifiziert und dadurch gegebenenfalls weiterentwickelt werden, womit schließlich deren diskursive und handlungspraktische Durchsetzungschancen steigen können. Dass Konflikt und Reibung innovationsverdächtige Ideen zum Scheitern bringen können, erlebt Herr Zimmermann in der Bürgervertretung Hauptstraße, wie das folgende Kapitel zeigt.

3.2 Kommunikationsklima in der Bürgervertretung Josefspassage – zwischen Machtkonkurrenz und kreativer Kompetenz

Über seine Aktivitäten im Bürgerverein hinaus ist Herr Zimmermann Mitglied der Bürgervertretung Josefspassage. Von der regelmäßigen Teilnahme an solchen öffentlichen Gremien erhofft er sich strategisch günstige Vernetzungseffekte. Neben Arbeitsgruppen zu Themen wie Verkehr, Grünflächen oder Öffentlichkeitsarbeit bilden auch in der Bürgervertretung Josefspassage monatliche, öffentlich stattfindende Plenumssitzungen den Kern der gemeinsamen Arbeit. Durch die selbst entwickelte Geschäftsordnung der Gruppe, die im Übrigen auch explizit eine Generierung von sozialräumlichen Innovationen vorsieht, sind die Sitzungen stark formalisiert, z.B. in Form einer vorab festgelegten Tagesordnung oder reglementierter Redezeiten. Solche Regulationsvorschriften sind aber – wie teilnehmende Beobachtungen offenbarten – in dieser vergleichsweise jungen und heterogen zusammengesetzten Gruppe noch nicht in Routine überführt worden. Den Austausch der Mitglieder über kontroverse Ansichten und Handlungsansätze bei Fragen der Raumgestaltung kann die Gruppe häufig noch nicht in konstruktive Bahnen lenken. Das Interaktionsgeschehen der beobachteten Sitzungen ist nicht zuletzt von personalisierten Konflikten zwischen Einzelpersonen geprägt. So war beispielsweise Herr Kranz wiederholt durch negativ wertende Kommentare zu Wortmeldungen anderer Sitzungsteilnehmer aufgefallen. Herr Kranz nimmt an den Sitzungen der Gruppe zwar als ortsansässiger Bewohner teil; als Abgeordneter einer der großen Volksparteien sitzt er darüber hinaus aber auch im Bezirksparlament. Zusammen mit Nachwuchspolitikern aus der eigenen Partei, die ebenfalls Mitglieder der Bürgervertretung sind und wie Herr Kranz über Handlungs- und Kommunikationskompetenzen aus der Lokalpolitik verfügen, bildet Herr Kranz eine informelle „Fraktion", die als Sub-Gruppe agiert. Gemessen an Kriterien wie Länge und Häufigkeit seiner Redebeiträge oder der Durchsetzung thematischer Schwerpunkte in Entscheidungsprozessen der Gruppe nimmt Herr Kranz im Interaktionsgeschehen der Gruppe objektiv eine zentrale Position ein, die im Lichte der teilnehmenden Beobachtung allerdings weniger auf einer persönlichen Wertschätzung durch alle anderen Gruppenmitglieder als vielmehr der Unterstützung durch die Lobby seiner informellen „Fraktion" aufruht. In diesem Kontext versucht Herr Zimmermann mit eigenen Ideen zur Raumentwicklung mitzuwirken. Doch im Gegensatz zum Bürgerverein wird er in der Bürgervertretung mit seinen Impulsen marginalisiert. Eine Sequenz, die im Folgenden präsentiert wird, soll hierfür als Beispiel dienen. Im Vorfeld wurde im Plenum diskutiert, ob es sinnvoll sei, über die Aufstellung von Stadtmöbeln (und damit über einen größeren Teil des Geldes aus dem Verfügungsfonds) innerhalb der Gruppe selbst zu entscheiden, oder ob es besser sei, Vorschläge von Bürgern einzubeziehen. Diese Diskussion ist, wie viele andere zuvor, von einer angespannten Atmosphäre geprägt. Die Gruppe kann sich – wie auch bei der Verhandlung anderer Themen – nicht auf eine gemeinsame Haltung und praktikable Kompromissvorschläge einigen. Ebenso wiederkehrend thematisiert die Gruppe auch in diesem Kontext die fehlende öffentliche Wahrnehmung im Stadtteil, durch die die Gruppe nach Einschätzung vieler Mitglieder geprägt ist. Vor diesem Hintergrund wird in der Sitzung im Mai 2010 u.a. die Vermutung geäußert, dass man mit einem Beteiligungsaufruf ohnehin kaum jemanden erreichen würde („Wie sollen wir überhaupt nach außen sichtbar werden, wenn wir uns intern nicht einmal einigen können?"). Während die Gruppe letztlich ratlos bleibt, wie Bürger überhaupt auf das Thema „Stadtmöbel" aufmerksam gemacht und aktiviert werden könnten, ist es Herr Zimmermann, der schließlich eine Idee einbringt:

Sequenz 3: Sitzung der Bürgervertretung im Mai 2010

((*Herrn Zimmermann wird vom Vorsitzenden das Wort erteilt*))
Zimmermann: Ja, das is- wir könnten ja auch beides kombinieren. Wir ersetzen diese Bretter, ne, die hier fehlen, durch- und- und machen daraus 'n Projekt. ((Schmunzelnd)) Wir schreiben auf die Bretter drauf: Macht mit, gestaltet euern Kiez, sodass sozusagen diese Bänke in Zukunft quasi so Platzhalter sind für die Aufforderung der Bürger, mitzumachen.
Plenum: ((*leichtes Gelächter*))
Person 1: ⌐das is- äh-
Vorsitzender: ⌐zu detailverliebt
Kranz: In welchem- mit welchem Anteil von dem Fonds?
Zimmermann: Ja das kommt- ich glaube das-
Plenum: ((Gelächter))
Kranz: ((*in ironischem Tonfall*)) Aus sechstausend Euro von Frau N.? ((*Gelächter von Herrn Kranz*))
Plenum: ((*Gelächter*))
Zimmermann: Nein, das kostet- ((*Gelächter im Plenum*)) das kostet nich viel. Wir ersetzen so'n paar Bretter und schreiben irgendwie-
Person 1: ((*in ironischem Tonfall*)) Ja ja. Ja ja.
Zimmermann: irgendwie-

Innovation und Kommunikation 171

Person 2:	Ja, ja. Ja, ja.
Zimmermann:	((*mit erhobener Stimme*)) im Jahr!
Plenum:	((*Stimmengewirr*))
Zimmermann:	Also das- ((*Stimmengewirr*)) ich glaub' nich, dass das so teuer is.
Vorsitzender:	⌈Das ist zu detailverliebt, Herr Zimmermann, äh-
Zimmermann:	⌊Ja ja, ich weiß, nur-
Vorsitzender:	⌈Doch erstmal Gedanken-
Zimmermann:	⌊aber das zeigt mir-
Vorsitzender:	⌈über die grundsätzliche Regelung
Zimmermann:	⌊aber das zeigt mir, dass man-
Vorsitzender:	⌈mit der wir hier verfahren können.
Zimmermann:	⌊dass man doch Ideen sammeln ((*hebt die Stimme*)) sollte-
Vorsitzender:	⌈Ja.
Person 3:	⌊ ((*beipflichtend*)) Ja.
Zimmermann:	⌈vielleicht weil- da ich- ich finde auch, dass-
Vorsitzender:	⌊d'accord-
Zimmermann:	ich finde auch, es is'n Bedürfnis, es zu verbessern, aber gleichzeitig kann man das vielleicht verbinden mit 'n paar tollen Sachen, wo wir die Bürger dann wirklich dann- ähm also erwischen mit, ja. Die sitzen da und lesen dann, sie sollen mitmachen oder keine Ahnung was.
Person 4:	Es- ((*unverständlich*))
Vorsitzender:	Zu dem Thema bitte jetzt nicht mehr.
Zimmermann:	Gut.

Herrn Zimmermanns Idee erweist sich insofern als kreativ, als sie sich deutlich von den bisherigen Vorschlägen unterscheidet. Bürgerinnen und Bürger sollen über einen visuellen, projektförmigen Ansatz im öffentlichen Raum direkt angesprochen werden. Mit visuellen Elementen im öffentlichen Raum reagiert sein Vorschlag zudem auf die geringe Öffentlichkeitswirksamkeit, die vom Plenum selbst als Problem thematisiert wurde. Herr Zimmermann trägt seine Idee mit Begeisterung vor, allerdings zunehmend gehetzt unter dem Druck des Plenums, das ihm hier keinen Raum zur Entfaltung seines Gedankengangs einräumt (vgl. insbesondere die häufigen Unterbrechungen seines Wortbeitrags), sondern mit Spott auf seinen Vorschlag reagiert. Herr Zimmermann versucht, auch im Kontext anderer Gruppen und Veranstaltungen, potenzielle Mitstreiter eher von Lösungspotenzialen zu überzeugen, statt auf Probleme, Defizite und Widerstände (z.B. Geld) zu fokussieren. Es überrascht allerdings zunächst, dass Herr Zimmermann als unternehmerisch geprägter Akteur hier nicht von vornherein die mögliche Finanzierbarkeit in seine Erwägungen mit einbezieht. Bei genauerer Betrachtung hingegen deutet sich an, dass er den Sachaspekt „Finanzierung" durchaus mit bedenkt („das kostet nich viel"). Beim Versuch, Überzeugungsarbeit für seine raumbezogene Idee zu leisten, rückt dieser Aspekt für Herrn Zimmermann aber zunächst in den Hintergrund. Er bemüht sich – in diesem Moment ganz in seiner Rolle als sozialräumlicher Visionär und Ideengeber – zuallerlerst auf Stimmigkeit und praktische Durchführbarkeit, auf Innovationspotenzial und Durchschlagskraft seiner Idee zu verweisen. Darüber versucht er bei anderen Zustimmung, Begeisterung und Enthusiasmus zu wecken, damit seine Idee zum partizipativen Projekt werden kann. So zielen Herrn Zimmermanns Bemühungen zuallererst auf die Ebene der Motivation. Mit der Etablierung von politisch-parlamentarisch geprägten Handlungs- und Kommunikationsroutinen im Gruppengeschehen – angelegt bereits in den formalisierten Gesprächsreglements der eigenen Geschäftsordnung, unterstützt und habitualisiert von politischen Akteuren wie Herrn Kranz – fällt die Integration „freierer" Denk- und Kommunikationsstile jedoch schwer. Die sich entwickelnde raumbezogene Vision, das kreative, noch in Suchbewegungen steckende Gedankenspiel, wie Herr Zimmermann es im Beispiel an den Tag legt, bleibt in diesem Kontext darauf angewiesen, zuvorderst über sachliche Argumente zu überzeugen.

Zimmermann schwenkt dann zwar noch um auf den Versuch, mögliche Kosten zu relativieren, um auf diesem Wege über finanzielle Argumente zu überzeugen, befindet sich aber bereits in der Defensive gegenüber Herrn Kranz und dem Vorsitzenden. Diesem Überzeugungsversuch wird in der Folge kein Platz mehr eingeräumt, wie die häufigen Unterbrechungen zeigen. Herr Zimmermann wurde an dieser Stelle als Fürsprecher bereits disqualifiziert („zu detailverliebt") – und mit ihm seine Idee.

Stellvertretend für ähnliche Beispiele aus den Gruppensitzungen zeigt die präsentierte Sequenz eine Konkurrenzsituation im Hinblick auf die gruppeninterne Macht zwischen Herrn Kranz und dem Vorsitzenden einerseits („doch erstmal Gedanken [...] über die grundsätzliche Regelung [machen]") und anderen Gruppenmitgliedern andererseits (im Beispiel Herrn Zimmermann, der der Meinung ist, „dass man doch Ideen sammeln sollte"). Beipflichtende Stimmen aus dem Plenum, das als Publikum eine Schiedsrichterrolle in diesem kurzen Disput übernimmt, unterstützen Kranz und den Vorsitzenden. Sie bilden eine machtvolle Allianz, die sich aus dem Aufbau von sozialem Druck (Herr Kranz bedroht Herrn Zimmermann durch Spott mit Gesichtsverlust) und einer legitimierten Macht zum gruppeninternen Agenda Setting des Vorsitzenden aufgrund seiner Moderatorenrolle speist. Diese Macht zum Agenda Setting wird am Ende der Sequenz auch von Herrn Zimmermann anerkannt („Gut."). Herr Kranz und der Vorsitzende ziehen mit ihrer Allianz das Plenum auf ihre Seite. Während Herr Kranz, rhetorisch versiert, sich auf eine eigene Lobby von Parteifreunden stützen kann, gelingt es Herrn Zimmermann nicht, andere Angehörige der Gruppe für seine Anliegen zu gewinnen, obwohl auch er viele davon bereits von anderen Anlässen her kennt.

Im Bürgerverein findet Herr Zimmermann angesichts der großen sozialen Anerkennung und des Vertrauens, das er als Person dort genießt, schier uneingeschränkte Entfaltungsmöglichkeiten vor. In der Bürgervertretung wird er hingegen mit zahlreichen anderen, engagierten und rhetorisch kompetenten Akteuren wie Herrn Kranz konfrontiert, die das kommunikative Geschehen dominieren können. Die von Herrn Zimmermann geäußerte Idee wird vor allem von Herrn Kranz im Plenum mit ironischem Tonfall der Lächerlichkeit preisgegeben. Dieses Handlungsmuster der Ab- bzw. Entwertung anderer Personen und ihrer kommunikativen Beiträge im Interaktionsgeschehen der Gruppe ermöglicht Kranz in vielen Fällen eine mehr oder weniger subtile Einflussnahme auf Sitzungsverläufe. Häufig gelingt es ihm damit, Abstimmungs- und Meinungsbildungsprozesse sowie die Setzung thematischer Schwerpunkte zu beeinflussen. Auch gegen den Willen vieler anderer Plenumsmitglieder (und mitunter durchaus auf Kosten seiner persönlichen Beliebtheit in der Gruppe) ficht Kranz ausdauernd und zäh für seine eigenen Positionen. Dieser Akteur bringt ein finanzielles Sachargument ein, nutzt aber vor allem die persönliche Herabsetzung Anderer (in diesem Fall Herrn Zimmermanns) durch öffentlichen Spott, um seine eigene dominante Rolle in der Gruppe zu unterstreichen. Das Gedankenspiel von Herrn Zimmermann, das mit Ideen zunächst einmal ganz neue Möglichkeitsräume eröffnen will, wird zudem auch vom Vorsitzenden sofort als „zu detailverliebt" disqualifiziert.

Herr Zimmermann agiert in vielen anderen sozialen Kontexten in der Rolle eines Ideengebers, der Experimenten gegenüber aufgeschlossen ist und auf der Basis seiner beruflichen Sozialisation auch auf die finanzielle Machbarkeit der eigenen Ideen vertraut (bzw. der auf der Suche nach neuen Finanzierungsmodellen sein kreatives Potenzial unter Beweis stellt, wie er es im Übrigen bei der Schaffung neuer Vereinsräume gezeigt hat). Im Gegensatz zur homogen strukturierten Gruppe des Bürgervereins ist die Bürgervertretung aber eher netzwerkförmig lose strukturiert. Sie setzt sich nach Art eines Governance-Arrangements aus sehr verschiedenen Akteuren zusammen, die bei der gemeinsamen Bearbeitung von Fragen der öffentlichen Raumgestaltung unterschiedlichen Rollenkonzepten folgen. In den dann notwendigen kommunikativen Aushandlungsprozessen kollidiert, wie im zitierten Beispiel, mitunter das Denken im Habitus eines Politikers mit dem eines unternehmerisch-pragmatisch eingestellten Social Entrepreneurs. Machtorientierte Kommunikationsweisen von Politikern wie Herrn Kranz prallen auf die Begeisterung und das kreative Potenzial von Sozialunternehmern wie Herrn Zimmermann. Mit der Idee, in Form einer Bank den öffentlichen Raum selbst sprechen und zur Gestaltung desselben einladen zu lassen, entwirft Herr Zimmermann zwar einen recht konkret vorstellbaren Ansatz zur kooperativen Raumgestaltung, der von der Formbarkeit der gemeinsamen Lebenswelt ausgeht. Doch gerade diese lebensweltnahe Plastizität, der Sinn für das Kleine, lebensweltlich Konkrete, wird vom Vorsitzenden als „zu detailverliebt" abgekanzelt, und Herr Kranz räumt im selben Zuge finanziellen Gesichtspunkten Priorität ein vor gemeinsamen Gedankenexperimenten, die prinzipiell zu gemeinsamen Visionen für den zu gestaltenden Raum führen könnten. Da politische Rollenträger wie Herr Kranz dank ihrer Machtressourcen das Plenum in Aushandlungsprozessen und Entscheidungsfragen dominieren, kann Herr Zimmermann wenig Durchsetzungskraft für seine Ideen generieren, wenn er zunächst auf seinen Enthusiasmus setzt, mit dem er auch bei anderen Leidenschaft für die kreative Raumgestaltung wecken will.

Ein Akteur wie Kranz riskiert, die Gruppe zu Gunsten eigener Interessen zu spalten. Anders Herr Zimmermann: Wo es um neue Impulse für die Raumentwicklung geht, strebt er mit seiner integrativen, an Inklusion und Befähigung anderer interessierten Haltung nach Kooperation, nicht nach Konfrontation. In einem Spannungsfeld von Machtkonkurrenzen, in dem Akteure wie Herr Kranz mit durchaus aggressiven Kommunikationsweisen nach Durchsetzung streben, geht Herr Zimmermann keinen rhetorischen Machtkampf ein. Er entwickelt und wirbt für kreative Ideen zur gemeinsamen Gestaltung des Raums, wird aber nicht zu einem Akteur in einer Arena, in der Konkurrenten öffentlich mit Macht um Meinungsbildung kämpfen.

4 Fazit

Für zwei sehr verschiedenartige Gruppen wurde dargestellt, wie ein Raumpionier, der hier auch als Social Entrepreneur bezeichnet wurde, den Versuch unternimmt, Ideen einzubringen und weiterzuentwickeln. In den untersuchten Kommunikationssituationen der potenziellen Innovationsprozesse zeigte sich dabei das komplexe Zusammenspiel verschiedener Aspekte.

Heterogenen Akteurskonstellationen mit unterschiedlichen Wissensbeständen und Interessen werden unter Gesichtspunkten der Variation und Neukombination von Wissen in theoretischer Hinsicht große Innovationschancen eingeräumt (vgl. Ibert 2004: 33). Doch im Lichte der empirischen Ergebnisse zeigt sich, dass diese keineswegs pauschal als förderlich für Innovationsprozesse eingeschätzt werden können. In der Bürgervertretung Josefspassage, einem governance-ähnlichen sozialen Setting, wie es im Kontext der Raumentwicklung häufiger anzutreffen ist, bestehen aufgrund der Heterogenität in den Wissensbeständen ihrer Teilnehmer Verständigungsschwierigkeiten. Diese schränken mögliche Innovationsprozesse bereits in der Phase der Äußerung kreativer Ideen ein. Kreatives Potenzial eines partizipationsorientierten Akteurs wie das von Herrn Zimmermann wird innerhalb der dort vorherrschenden Machtkonkurrenzen durch soziale Konflikte konterkariert. Zwar wird auch Konflikten einerseits ein produktives, innovationsförderndes Moment unterstellt (vgl. Martens 2010: 374): Sie werden insofern als dynamisierend angesehen, als sie Routinen aufbrechen und Bruchstellen für sozialen Wandel durch Innovationsprozesse eröffnen können, worauf neben Neuloh (1977) auch Konflikttheoretiker hingewiesen haben, die an Ideen von Coser, Simmel und Dahrendorf anschließen (vgl. Dubiel 1999). Werden Konflikte aber auf personalisierter statt sachlicher Ebene verhandelt, schmälert das andererseits Innovationspotenziale, wie das Beispiel der Bürgervertretung Josefspassage es deutlich gemacht hat.

Diese Gruppe weist – wie gesagt – potenziell innovationsfördernde Merkmale auf (wie Perspektivenvielfalt durch die Heterogenität von Akteuren und umfangreiche Kompetenzen bei grundsätzlicher Gleichstellung der Mitglieder). Obwohl diese Gruppe sich Innovation sogar explizit zur Aufgabe gemacht hat, versickern allerdings Innovationspotenziale im Zusammenhang mit den Selbstfindungs-, Integrations- und Stabilisierungsprozessen dieser vergleichsweise jungen, sich noch entwickelnden Gruppe. Konfrontationen können nicht in konstruktive Bahnen gelenkt werden (vgl. Sperber et al. 2007: 87). Ein konstruktives Kommunikationsklima wäre es, wenn Ideenäußerungen ohne drohenden Gesichtsverlust ermöglicht und daran anschließend ausgewogene Auseinandersetzungen über räumliche Entwicklungsvisionen möglich gemacht würden. So wie dies im Bürgerverein der Fall ist: Dort gehen (eher selten stattfindende) Auseinandersetzungen über die Sinnhaftigkeit und Realisierbarkeit neuer Ideen mit der Diskussion von Weiterentwicklungs- und Durchsetzungschancen einher.

Voraussetzungen dafür sind – auch das lässt die Untersuchung erkennen – nicht zuletzt Prozesse der gegenseitigen Vertrauensbildung. Vertrauen entwickelt sich umso leichter bzw. ist umso größer, je ähnlicher sich Akteure sind oder je eher sie auf gemeinsame Referenzsysteme und Erfahrungshintergründe zurückgreifen können (vgl. Müller 2009: 199). Erst eine gemeinsame Kommunikationskultur, die von gegenseitigem Vertrauen getragen ist, erlaubt es, auch solche Akteure zu integrieren, die alternative Denk- und Handlungsmodelle einbringen und damit einen Innovationsprozess anstoßen könnten. Eine vertrauensvolle Kommunikationsatmosphäre kann einer Gruppe hohe Entwicklungschancen für neue Ideen erschließen, da Hemmschwellen zur Äußerung der eigenen Meinungen und Ideen sinken.

Aber auch der Aspekt des Vertrauens ist in Relation zu anderen Einflussfaktoren zu betrachten. Vertrauen kann unter bestimmten Bedingungen das Innovationspotenzial einer Gruppe schmälern, nämlich dann, wenn in einem egalitären Austauschprozess und kreativen Dialog unter allen Teilnehmern immergleiche Perspektiven die Ideenverhandlung dominieren, wie das Beispiel des Bürgervereins illustriert. Im dortigen harmonisierten Milieu verebbt häufig jene kommunikative Dynamik, die für den Austausch und die Entwicklung unterschiedlicher Ideen potenziell förderlich wäre. Im Gegensatz zur Bürgervertretung, wo Ideen von Herrn Zimmermann kaum zur Kenntnis genommen und nicht adaptiert werden,[8] werden sie im Bürgerverein kaum mehr in Frage gestellt. Hier bietet sich Raum zur Umsetzung kreativer Einfälle, ein kontroverser Austausch und eine differenzierte Weiterentwicklung von Ideen findet hier allerdings nur bedingt statt.

Im Rahmen einer prozessbegleitenden Erforschung sozialer Innovationen hat sich die Beobachtung kommunikativer Aushandlungen von Ideen als aufschlussreich erwiesen. Erst sie offenbarte die ambivalenten Resonanzen von Wissensheterogenität, Konflikt und Vertrauensbildung bei der kommunikativen Einbringung und Weiterentwicklung raumbezogener Ideen in Gruppen für die räumliche Entwicklung. Dieser kommunikationsorientierte, prozessbegleitende Ansatz verweist letztlich auf die Notwendigkeit einer situativen Analyse von Innovationsprozessen und ihrer sozialen Rahmung.

Literatur

Braun-Thürmann, Holger (2005): Innovation. Bielefeld: Transcript
Braun-Thürmann, Holger/John, René (2010): Innovation – Realisierung und Indikator des sozialen Wandels. In: Howaldt/Jacobsen (2010): 53-69
Christmann, Gabriela B. (2010): Kommunikative Raumkonstruktionen als (Proto-)Governance. In: Kilper (2010): 27-48
Christmann, Gabriela B./Jähnke, Petra (2011): Soziale Probleme und innovative Ansätze in der Quartiersentwicklung. Beiträge von Social Entrepreneurs und ihren sozialen Netzwerken. In: Jähnke et al. (2011): 211-234
Christmann, Gabriela/Büttner, Kerstin (2011): Raumpioniere, Raumwissen, Kommunikation – zum Konzept kommunikativer Raumkonstruktion. In: Berichte zur deutschen Landeskunde 85. 2011. 361-378
Christmann, Gabriela B./Mahnken, Gerhard (2012): Raumpioniere, stadtteilbezogene Diskurse und Raumentwicklung. Über kommunikative und diskursive Raumrekonstruktionen. In: Keller/Truschkat (2012): 91-112
Christmann, Gabriela B. (2013): Raumpioniere in Stadtquartieren und die kommunikative (Re-)Konstruktion von Räumen. In: Keller et al. (2013): 153-184
Christmann, Gabriela B. (2015): Das theoretische Konzept der kommunikativen Raum(re)konstruktion. In: Christmann (2015), 89-117
Christmann, Gabriela B. (Hrsg.) (2015): Zur kommunikativen Konstruktion von Räumen. Theoretische Konzepte und empirische Analysen. Wiesbaden: Springer VS

---

[8] Wie uns nach Abschluss der Analyse bekannt wurde, hat Herr Zimmermann die Bürgervertretung Josefspassage inzwischen verlassen, da er, nach eigener Aussage, von der Teilnahme keinen strategischen Nutzen mehr für sich und seinen Bürgerverein erwartet.

Dubiel, Helmut (1999): Integration durch Konflikt? In: Friedrichs/Jagodzinski (1999): 132-143
Esser, Hartmut (2001): Soziologie. Spezielle Grundlagen. Band 6: Sinn und Kultur. Frankfurt/Main und New York: Campus
Friedrichs, Jürgen/Jagodzinski, Wolfgang (Hrsg.) (1999): Soziale Integration. Sonderheft 39 der Kölner Zeitschrift für Soziologie und Sozialpsychologie. Opladen: Westdeutscher Verlag
Hennig, Marina/Stegbauer, Christian (Hrsg.) (2012): Probleme der Integration von Theorie und Methode in der Netzwerkforschung. Wiesbaden: VS
Howaldt, Jürgen/Jacobsen, Heike (Hrsg.) (2010): Soziale Innovation. Auf dem Weg zu einem postindustriellen Innovationsparadigma. Wiesbaden: VS
Ibert, Oliver (2004): Zu Arbeitsweise und Reichweite innovationsgenerierender Planungsverfahren. In: Innovationen und Planung. Reihe Planungsrundschau 9, 2004. 18-43
Jähnke, Petra/Christmann, Gabriela B./Balgar, Karsten (Hrsg.) (2011): Social Entrepreneurship. Perspektiven für die Raumentwicklung. Wiesbaden: VS
Kilper, Heiderose (Hrsg.) (2010): Governance und Raum. Baden-Baden: Nomos
Keller, Reiner/Truschkat, Inga (Hrsg.) (2012): Methodologie und Praxis der wissenssoziologischen Diskursanalyse. Wiesbaden: VS
Keller, Reiner/Knoblauch, Hubert/Reichertz, Jo (Hrsg.) (2013): Kommunikativer Konstruktivismus. Theoretische und empirische Arbeiten zu einem neuen wissenssoziologischen Ansatz. Wiesbaden: Springer VS
Knoblauch, Hubert (1995): Kommunikationskultur. Die kommunikative Konstruktion kultureller Kontexte. Berlin/New York: de Gruyter
Knoblauch, Hubert (2013): Grundbegriffe und Aufgaben des kommunikativen Konstruktivismus. In: Keller et al. (2013): 25-47
Knoblauch, Hubert (2015): Über die kommunikative Konstruktion der Wirklichkeit. In: Christmann (2015): 29-53
Lange, Bastian/Matthiesen, Ulf (2005): Raumpioniere. In: Oswalt (2005): 374-383
Martens, Helmut (2010): Beteiligung als soziale Innovation. In: Howaldt/Jacobsen. (2010): 371-390
Matthiesen, Ulf (2005): Raumpioniere. Ein Gespräch mit dem Stadt- und Regionalforscher Ulf Matthiesen. In: Oswalt (2005): 378-383
Müller, Jeanette Hedwig (2009): Vertrauen und Kreativität. Zur Bedeutung von Vertrauen für diverse AkteurInnen in Innovationsnetzwerken. Frankfurt/Main u.a.: Lang
Neidhardt, Friedhelm (1979): Das innere System sozialer Gruppen. Ansätze zur Gruppensoziologie. In: Kölner Zeitschrift für Soziologie und Sozialpsychologie 31. 1979. 639-660
Neuloh, Otto (1977): Zum Bezugsrahmen von sozialer Innovation und sozialem Konflikt. In: Neuloh (1977): 9-30
Neuloh, Otto (Hrsg.) (1977): Soziale Innovationen und sozialer Konflikt. Göttingen: Vandenhoeck und Ruprecht
Neumann, Anika/Schmidt, Tobias (2012): Auf den Inhalt kommt es an: Netzwerkstrukturen aus sozialkonstruktivistischer Sicht. In: Hennig et al. (2012): 195-206

Oswalt, Philipp (Hrsg.) (2005): Schrumpfende Städte. Band 2. Handlungskonzepte. Ostfildern-Ruit: Cantz

Schwarz, Michael/Birke, Martin/Beerheide, Emanuel (2010): Die Bedeutung sozialer Innovationen für eine nachhaltige Entwicklung. In: Howaldt/Jacobsen (2010): 165-180

Sperber, Michael/Moritz, Anja/Hetze, Anna-Maria (2007): Bürgerbeteiligung und Innovation. Integrierte Partizipations- und Innovationsansätze in peripheren Räumen. In: Berliner Debatte Initial 18. 2007. 85-97

Über „coole Orte" im Osten reden. Imaginationen kultureller Orte und machtgeleitete Kommunikationspraxis im Kontext posttransformativer Stadtentwicklung. Die Schiffbauergasse in Potsdam

Hans-Joachim Bürkner

1 Einleitung

Es ist noch gar nicht so lange her, dass Probleme der Stadtentwicklung in Ostdeutschland als ein Problem nachholender Modernisierung angesehen wurden. Die Übernahme politischer und administrativ-planerischer Modelle und entsprechender Planungskulturen aus Westdeutschland und die mittel- bis langfristige Sicherung kommunaler Aufgaben ließen die Zukunft der Städte in geradezu vorgezeichneten Bahnen erscheinen (Huning et al. 2010: 10). Spätestens mit der Erkenntnis, dass die ökonomische Dauerkrise und Bevölkerungsverluste („Schrumpfung") auch auf mittlere Sicht für eine Dämpfung der ursprünglichen Entwicklungserwartungen sorgen würden (Hannemann 2003: 22), sahen sich die Städte in Ostdeutschland zur Besinnung auf die eigenen Fähigkeiten und Potenziale herausgefordert. Neue Entwicklungsleitbilder („Stadtumbau-Ost"), ein allmähliches Einschwenken auf globale Modernisierungsdiskurse à la „Kreative Stadt" und eine stärkere Orientierung an neoliberalen Stadtpolitiken der Selbstertüchtigung („Strategische Planung") trugen vermehrt zur Erfindung origineller Projekte der Stadtentwicklung bei (Lange et al. 2006; Kühn/Liebmann 2009; Mahnken 2009; Beeck et al. 2009).

Mit dem Projekt „Schiffbauergasse" hat die Stadt Potsdam vor einigen Jahren ein Projekt der Quartiersentwicklung ausgeflaggt, das dem trendigen Anspruch auf die Verankerung von Innovation und Kreativität in einer wettbewerbsorientierten Stadt gerecht werden soll. Kultur und Wirtschaft sollten auf einer zuvor temporär genutzten Brachfläche in Innenstadtnähe eine neue Verbindung eingehen. Auf der Internet-Website des Projekts liest sich dies so: „Auf 12 Hektar Landfläche direkt am Wasser bündelt sich Kreativität: Eine lebendige Kunst- und Kulturszene trifft auf High-Tech-Unternehmen, spannende Geschichte trifft auf richtungsweisende Zukunft."[1] Durch ein ausgeklügeltes Pla-

---

1 Startseite von http://www.schiffbauergasse.de; zuletzt aufgerufen am 29.12.2014.

nungsdesign sollte ein interessanter, attraktiver Ort in der Nähe der baulich restaurierten Innenstadt entstehen. Er sollte dazu beitragen, eine Stadt kulturell und ökonomisch zu beleben, die sich gegenüber der nahe gelegenen Hauptstadt Berlin stets als profilierungsbedürftig definierte (vgl. Saupe 2009).

Vor dem Hintergrund der Bemühungen, einen derartigen Design-Ort zu schaffen, wurden Akteursgruppen, die zuvor kaum etwas miteinander verband, unter dem Dach der „Schiffbauergasse" zusammengeführt und erneut zueinander in Beziehung gesetzt – „erneut" deshalb, weil bereits eine Vorläufernutzung existierte, deren Träger in das Konzept integriert werden mussten. Bereits geraume Zeit zuvor hatten sich nämlich alternative Künstler und Gewerbetreibende die Stadtbrache angeeignet und ihren Bedürfnissen gemäß gestaltet. In der Auseinandersetzung zwischen „top-down" initiierter Ortskonstruktion und „bottom-up" inszenierter Aneignungspraxis offenbarten sich nun Machtgefälle, die mit generellen Kommunikationsdilemmata innerhalb von Stadtentwicklungsprozessen in Verbindung stehen.

Genau an diesem Ort in landschaftlich reizvoller Lage hat sich also ein kommunikatives Spannungsfeld entwickelt, das geeignet ist, eine Reihe von Widersprüchen zwischen der gesteuerten Definition und der spontanen sozialen Konstruktion städtischer Orte offenzulegen. Diese Widersprüche differenziert auszuloten, ist das Anliegen dieses Beitrags. Dabei werden die von den beteiligten Akteuren entwickelten Vorstellungsinhalte und Leitideen („imaginaries") zur Beschaffenheit und Nutzung von Orten sowie die Durchsetzung dieser Vorstellungsinhalte im öffentlichen Diskurs problematisiert. Die Leitfrage lautet dabei: Wer setzt welche „imaginaries" unter welchen Kontextbedingungen und unter Rückgriff auf welche Machtausstattungen durch?

Im Folgenden wird ein mehrfacher Perspektivenwechsel zwischen empirischer Fallbeschreibung und theoretischer Reflexion dazu genutzt, um Erkenntnisse über die Genese, die Kontextabhängigkeit und die Inszenierung von Prozessen der Ortskonstruktion zu erhalten. Die Fragen, die durch erste Beschreibungen des lokalen Falls aufgeworfen werden, werden zunächst in Auseinandersetzung mit der einschlägigen Literatur präzisiert. Anschließend werden die Interpretationsergebnisse einer qualitativen Befragung der am Projekt beteiligten Akteure herangezogen, um den Zusammenhang zwischen der Verwendung ortsbezogener „imaginaries" und unterschiedlich erzeugter Machtressourcen kritisch zu beleuchten.

2 Das Entwicklungsprojekt Schiffbauergasse: Städtische Governance in einer heterogenen Akteurskonstellation mit postsozialistischem Transformationshintergrund

Die Industriebrache der Schiffbauergasse schien lange Zeit das Schicksal ähnlicher Brachflächen der Nachwendezeit zu teilen. Zwischen der historischen Innenstadt und der geschichtsträchtigen Glienicker Brücke gelegen, war das kompakte Areal bis 1990 in der Öffentlichkeit weitgehend unbekannt. Reste preußischer Garnisonsgebäude mit Stallungen und Reithallen, eine Zichorienmühle[2] aus dem 18. Jahrhundert, eine in der DDR bis zur Wende in historischen Industriegebäuden betriebene Großwäscherei, ein stillgelegter Gasometer, ein Koksseparator und ein kleiner Bootsanleger bildeten um 1990 herum die Ausgangsstruktur des Standorts. Nach der Wiedervereinigung lag das Gelände buchstäblich im Windschatten der Stadtentwicklung, die sich zunächst auf die nahe gelegene Innenstadt, den historischen Park Sanssouci und die Universität bzw. die Standorte von Großforschungseinrichtungen konzentrierte (vgl. Viehrig 2002).

Die 1990er Jahre waren durch eine lange Phase der ausschließlich subkulturellen Nutzung des Areals durch Kulturschaffende der Potsdamer Alternativszene gekennzeichnet. Zunächst wurden einzelne leer stehende Gebäude von Tanz- und Theaterkünstlern sowie Konzertveranstaltern provisorisch in Betrieb genommen. Freilichtveranstaltungen auf mobilen Bühnen, hauptsächlich Pop- und Rockkonzerte, trugen dazu bei, dass der Standort in den einschlägigen Konsumentenszenen einen Namen bekam. Die informelle Nutzung der Brache wurde von der Stadt anfänglich geduldet, später dann auch aktiv unterstützt. Nach und nach wurde die notwendige Versorgungsinfrastruktur hergestellt. Die provisorischen Einrichtungen wurden zu permanenten Proben- und Spielstätten ausgebaut. Ende der 1990er Jahre entstand in Zusammenarbeit der Stadt Potsdam mit dem Land Brandenburg ein Entwicklungskonzept, das alternative und etablierte Kulturschaffende mit gewerblichen Unternehmen zusammenführen sollte. Das Flair eines Standortes, an dem sich heterogene Aktivitäten gegenseitig befruchten sollen, verbunden mit der ästhetisch reizvollen Lage am Ufer der Havel, sollte symbolisch für die neue Urbanität im Gefolge der Nachwendezeit stehen. Mit der Ansiedlung zweier Konzernfilialen (eines Design-Zentrums des Volkswagen-Konzerns und einer Niederlassung des transnationalen Softwareunternehmens Oracle) sowie dem Neubau des städtischen Hans-Otto-Theaters im Uferbereich wurde zunächst ein Teil dieser Standortphilosophie umgesetzt. Die Stadtverwaltung, die das Konzept in Abstimmung mit den am Standort tätigen Akteuren entwickelt hatte, setzte einen sog. Standortmanager ein, um die weite-

---

2 Die geröstete und gemahlene Zichorienwurzel diente im 18. und 19. Jahrhundert als preisgünstiger Kaffeeersatz.

re Koordination der Entwicklung des Geländes zu gewährleisten. Eine Betreibergesellschaft, die die Marke „Schiffbauergasse" vermarkten sollte, kam indes über die Gestaltung einer Internet-Seite (vgl. oben, Fn. 1) und die Bewerbung von einzelnen Veranstaltungen kaum hinaus.

Zumindest bei oberflächlicher Betrachtung konnte die Formel der „attraktiven Mischung" aufgrund der Benennung von werbeträchtigen Ortsattributen für plausibel gehalten werden. Die Werbetexte der Homepage zeigten das Bemühen, originelle Verbindungen zwischen Hoch- und Alternativkultur, zwischen Eventkultur und Gewerbe, zwischen unterschiedlichen Soziokulturen und Lebensstilen, zwischen renovierter historischer Bausubstanz (Husaren-Kaserne, Waschhaus, Stallungen, Otto-Schinkel-Halle) und kontrastierender moderner Architektur (Theater-Neubau, Neubau des VW-Design-Centers, Parkhaus) erkennbar werden zu lassen. Die Formel „Mischung von Kultur und Gewerbe" stellt jedoch keine naheliegende Akzentuierung einer bereits vorhandenen Merkmalskonstellation dar. Vielmehr handelt es sich um eine freie, auf Werbewirksamkeit abzielende Erfindung. Sie reiht sich ganz offensichtlich in zeitgenössische Trends der politischen Instrumentalisierung von Kreativität und Kultur für den Wettbewerb der urbanen Standorte ein (vgl. Florida 2004; Landry 2008). In diesem besonderen Fall wurde die Basisidee fremden städtischen Entwicklungskonzepten entnommen, die von Stadtverwaltung und -politik als geeignete Modelle angesehen worden waren. Nach Auskunft des Standortmanagers (Interview I10P) lieferte dabei das ökonomisch erfolgreiche Wiener Kulturareal des MuseumsQuartiers (MQ)[3] mit seiner Vielfalt an konkurrierenden kulturellen Einrichtungen und Veranstaltungen eine wichtige Anregung. Impulse lieferten ebenfalls angloamerikanische Konzepte der regenerativen Inwertsetzung brachliegender Industrieflächen in Wassernähe („waterfront redevelopment" (Gordon 1997). Die Übernahme einzelner Elemente dieser Konzepte in Form eines politisch-planerischen „copy and paste"-Verfahrens fußte auf der Annahme, dass sich erfolgreiche Modelle jeweils ohne größeren Aufwand im eigenen lokalen Kontext implementieren ließen. Der Erfolg der Implementation sei dann nur noch eine Frage der richtigen Lancierung des Konzepts im lokalen öffentlichen Diskurs.

Genau an diesem Punkt entstanden allerdings unerwartete Hindernisse, die unter anderem. mit dem herrschenden lokalen Planungsverständnis in Verbindung standen. Obwohl veränderte Planungskulturen seit Beginn des Jahrtausends in Stadt- und Landespolitik bereits im Hinblick auf offene Planungsprozesse und eine umfangreichere Beteiligung von lokalen Akteuren vermehrt diskutiert wurden (so z.B. auf regionalen Fachtagungen, vgl. Land Brandenburg

---

3 Siehe die Selbstdarstellung des MuseumsQuartiers Wien unter http://www.mqw.at, zuletzt aufgerufen am 29.12.2012.

2010), zeigte sich in Potsdam in Bezug auf städtebauliche Prestigeprojekte lange Zeit ein eher traditioneller, an hierarchisch organisierten Planungsroutinen orientierter Gestaltungswille. Dies ist umso erstaunlicher, als in anderen Politik- und Planungsbereichen, z.b. dem Quartiersmanagement, von den politisch Handelnden dezidiert Wert auf die Entwicklung kooperativer Kommunikationsstrukturen und Bürgerbeteiligungen gelegt wurde (vgl. Feldmann 2002). Das Projekt Schiffbauergasse schien diesbezüglich wenig ambitioniert zu sein. Das Planungskonzept, die Aktivitäten eines eigens eingesetzten Sanierungsträgers und die fortlaufenden Baumaßnahmen wurden jeweils von der Stadtverwaltung in eigener Regie gesteuert. Dies hatte zur Folge, dass die vorformulierte Standortphilosophie quasi „top-down" kommuniziert und popularisiert werden musste.

Trotz der „vertikalen" Vorstrukturierung des Entwicklungsprozesses kann der Verlauf der Implementation nicht als geradlinig bezeichnet werden. Eine kohärente Governance-Struktur, die vom Standortmanagement intendiert war, konnte nur in Ansätzen hergestellt werden. Stattdessen wurde die Stadtpolitik mit einem informellen Gegenentwurf konfrontiert. Die Interessenvertreter (Stakeholder) aus den Bereichen Kultur, Wirtschaft und Planung entwickelten dabei jeweils kleinteilige, fragmentierte Kommunikations- und Referenzzusammenhänge. Die intensivste Vernetzung war bei den bereits länger ansässigen Einrichtungen der Alternativszene zu beobachten. Sie entwickelten bereits frühzeitig ein hohes Maß an selbst organisierten Aktivitäten. Damit wurde für den Ort Schiffbauergasse eine erste Nutzungsstruktur sowie eine besondere soziokulturelle Widmung geschaffen. Die „alternativen" Akteure fungierten als Raumpioniere, die dem urbanen Teilraum, den sie zuvor informell okkupiert hatten, ihren Stempel aufdrückten (vgl. Lange/Matthiesen 2005; Christmann/Büttner 2011). Dies ist in der Region Berlin-Brandenburg mit ihren vielfältigen Formen der Alternativkultur, der Kreativökonomie und städtebaulichen Zwischennutzungen keine Seltenheit (Bergmann 2011; Overmeyer/Renker 2005). Diese Akteure, die mit regelmäßigen Aufführungen, Konzerten, Festivals, Workshops und Ausstellungen das Erscheinungsbild wie auch die Außendarstellung des Standortes stark geprägt hatten, konnten ihre Aktivitäten seit Beginn des Jahrtausends überwiegend aus temporärer öffentlicher Projektförderung, frei eingeworbenen privaten Mitteln sowie den Einnahmen aus Veranstaltungen und Dienstleistungen finanzieren. Sie blieben somit hinsichtlich der Realisierung ihrer Projekte sowie der Entfaltung ihrer Aktivitäten weitgehend unabhängig. Ihre Autonomie kam unter anderem darin zum Ausdruck, dass sie von größeren regionalen Entwicklungsinitiativen wie z.B. der Landesarbeitsgemeinschaft SozioKultur Brandenburg[4] oder der regionalen Existenzgründerinitiative Innopunkt[5], die sich am Standort niedergelassen hatten, nicht als eine Zielgruppe der eigenen Beratungsaktivitäten angesehen wurden.

Während die spontanen Vernetzungsaktivitäten der Kulturschaffenden dazu beitrugen, dass eine lokale Bewegung „von unten" entstand, blieb der Part der Privatwirtschaft hinter den Erwartungen der Initiatoren des Entwicklungskonzepts zurück. Neben den beiden Konzernfilialen existierte lediglich eine kleine Anzahl von kleinunternehmerischen Gewerbetreibenden, hauptsächlich in der Gastronomie. Sämtliche privaten Unternehmen traten nur in geringem Ausmaß als Netzwerkakteure in Erscheinung. Sie konzentrierten sich auf ihre ökonomischen Tätigkeiten und hielten sich in Bezug auf Kontakte mit den Akteuren des Kultursektors weitgehend zurück. Ihre Aktivitäten beschränkten sich auf vereinzelte Beteiligungen an Gemeinschaftsinitiativen, die das Außenimage des Standortes verbessern sollen. Daher gelang es kaum, die Unternehmen – besonders die Global Player – in die bereits bestehenden lokalen Netzwerke zu integrieren.

Der Standort wurde somit auch in seiner jüngeren Entwicklung stark von den Kulturschaffenden der Ersten Stunde geprägt. Später hinzu gekommene Galerien und ein privates Museum moderner Aktionskunst fügten sich nur teilweise in die Akteurskonstellation ein. Aufgrund ihrer starken Orientierung auf ein überlokales Publikum hin definierten diese Organisationen ihre eigene soziale Integration am Standort nicht als eine primäre Aufgabe. Das alternative Milieu stellte somit eine unangefochtene, wenn auch heterogene Hausmacht dar. Seine Akteure konnten trotz geringer formeller Entscheidungsmöglichkeiten die Ausgestaltung des Standortes nachhaltig zu ihren Gunsten beeinflussen. Allein die Tatsache, dass sie regelmäßig größere Veranstaltungen organisierten und damit öffentliche Aufmerksamkeit auf sich zogen, sicherte ihnen einen Vorteil beim Aufbau von Reputation und interaktiv erzeugter Verhandlungsmacht. In der direkten Interaktion mit anderen Akteuren am Standort konnten sie phasenweise Meinungsführerschaften erringen und öffentliche Agenden mitgestalten.

Die Konstellation der beteiligten Akteure war somit bereits frühzeitig strukturell fragmentiert und von heterogenen Interessen („top-down" vs. „bottom-up") gekennzeichnet. Die Ansichten auf den konkreten Ort und die Erwartungen, die sich an seine Gestaltung richteten, zeigten eine starke Tendenz zur Divergenz. Die Bedeutung des Ortes schien je nach Akteur bzw. Akteursgruppe

---

4 Die LAG SozioKultur ist ein Zusammenschluss soziokultureller Zentren und Initiativen im Land Brandenburg; vgl. die Selbstdarstellung der Organisation unter http://www.soziokultur-brandenburg.de/index.php, zuletzt abgerufen am 29.12.2012.
5 Modellförderungsprogramm des Ministeriums für Arbeit, Soziales, Frauen und Familie des Landes Brandenburg, vgl. http://www.lasa-brandenburg.de/INNOPUNKT.43.0.html, zuletzt abgerufen am 14.09.2011.

aus einer besonderen Perspektive definiert und adressiert zu werden. Wie weiter unten zu zeigen sein wird, spielen die einzelnen Entwicklungsinteressen der Akteure, ihre öffentliche Sichtbarkeit und die Bereitschaft zu Verhandlungen über einen Interessenabgleich eine entscheidende Rolle für die Chance, ein und denselben Ort gemeinsam adressieren zu können. Die Interessen, die sich mit einer derart „strategischen" Ausgestaltung des Ortes und ihrer Steuerung verbanden, wurden allerdings selten öffentlich diskutiert.

3   Ungeklärte Verhältnisse: Ortsbezogene „imaginaries" und Macht

Bereits bei oberflächlicher Betrachtung wird deutlich, dass eine empirische Analyse dem jeweiligen Aufeinandertreffen der Interessen und Entwicklungsvorstellungen sowie den in ihnen repräsentierten Machtverhältnissen besondere Aufmerksamkeit schenken muss. Es geht darum, die steuernde Definition, Ausgestaltung und soziale „Bearbeitung" von Orten als Ausdruck der Durchsetzung von politischen und alltagspraktischen Projekten zu begreifen, die durch die Geltungsansprüche konkurrierender und konfligierender Logiken der Gesellschaftsentwicklung geprägt sind. Diese Geltungsansprüche sind von Fall zu Fall mit unterschiedlichen Formen der Erzeugung, Ausübung und Absicherung von Macht verknüpft.

Der hier verwendete Machtbegriff lehnt sich an Bourdieu an, indem er auf die Fähigkeit von Personen und Gruppen abhebt, andere Akteure samt ihrer Handlungen und Empfindungen in ihrem Interesse zu beeinflussen. Diese Fähigkeit kann durch direkte soziale Interaktionen, soziale Positionierungen und deren strukturelle Verfestigungen hervorgebracht werden (Bourdieu 1987). Machtverhältnisse sind zu begreifen als das Ergebnis differenzieller Zugriffsmöglichkeiten von Individuen und Gruppen auf ökonomische, kulturelle und soziale Kapitalien, die ihnen aus ihrer Stellung in ökonomischen und politischen Handlungsfeldern sowie damit assoziierten sozialen Positionszuweisungen erwachsen. Bestehende materielle Kapitalausstattungen können einerseits mithilfe des Habitus, andererseits auch mittels symbolischer Macht abgesichert werden, die aus dem Bestreben dominanter Gruppen (z.B. Bildungseliten) resultiert, Machtverhältnisse und daraus abgeleitete Bedeutungen zu legitimieren und durchzusetzen (Bourdieu 1998: 171). Der auf Kapitalverfügbarkeit beruhende Aspekt von Macht soll im Folgenden als strukturelle Macht bezeichnet werden. Da sich die Positionen der Akteure je nach Nutzung ökonomischen, sozialen und kulturellen Kapitals fortlaufend verändern, kommen in ihrem Handeln jedoch nicht lediglich strukturell verankerte Machtpositionen zum Tragen. Vielmehr entwickeln sich aufgrund der Interdependenz von Struktur und Handlung auch interaktive Momente der Herstellung von Macht. Macht entsteht demzufolge in einem reflexiven Zusammenhang sozialer Interaktionen, der Bildung sozialer Positionen qua Habitualisierung und Institutionalisierung von Handeln sowie der strukturellen Verfestigung dieser Positionen im Rahmen differenzierter Verteilungslogiken von Kapital (Bourdieu 1987: 239).

Interaktiv erzeugte Machtformen sind in der Regel situationsabhängig und bestehen temporär. Sie werden auf dem Wege direkter sozialer Kommunikation erarbeitet, z.B. in konkreten Verhandlungen mit dem Ziel des Interessenausgleichs oder auf dem Wege der Errichtung von Meinungsführerschaften, der Durchsetzung von sozialen Bewertungen, Geschmacksurteilen, Konformitätspostulaten etc. Daher sollen sie im Unterschied zu Bourdieu zur besseren Abgrenzung vom Begriff struktureller Macht mit dem Begriff „Interaktionsmacht" bezeichnet werden. Dabei wird auf die Tatsache abgehoben, dass in der Kommunikation der Habitus sowie insbesondere psychische und physische Momente des Habitus (wie z.b. Körpersprache, gezeigte Emotionen, symbolische Gesten usw.) zur Machterzeugung und -stabilisierung eingesetzt werden. Strukturelle Macht und Interaktionsmacht werden dabei nicht als Opposition, sondern als Endpunkte eines Kontinuums mit variablen Institutionalisierungen und Objektivierungen sozialen Handelns betrachtet.

An diese Definitionen, die sich auf soziale Praxis und Strukturierung gleichermaßen beziehen, sind Konzepte politischer Machtbildung anschlussfähig. So kann angenommen werden, dass die Träger formell-institutionell definierter Macht (z. B. staatlicher Entscheidungsmacht) jeweils auch über größere Mengen akkumulierten Kapitals verfügen sowie hohe soziale Positionen einnehmen.[6] Darüber hinaus ist anzunehmen, dass diese Akteure in hohem Maße zur Reproduktion struktureller Macht beitragen. Kommunale quasi-staatliche Organisationen und ihre Exponenten sind mit gesetzlich garantierter Entscheidungsmacht ausgestattet, über deren Delegation an weitere Akteure sie häufig selbst befinden können. Zudem haben sie auf dem Wege der formellen Institutionalisierung von Planungen und Entwicklungskonzepten die Möglichkeit, Defi-

---

6   Begriffe wie „Entscheidungsmacht" beschreiben eine spezielle Variante möglicher Machttypen, die die Fähigkeit politischer, ökonomischer und anderer Akteure bezeichnet, verbindliche, häufig durch staatliche Regulationen abgesicherte sowie strukturrelevante Entscheidungen treffen zu können. Der Begriff findet nicht nur in Regimetheorien (Stone 1993), sondern unter anderem auch in Elitentheorien (Klöckner 2007) und Organisationstheorien (Laux/Liermann 2005; Sanders/Kianty 2006:193) Verwendung, allerdings häufig ohne ausreichend klar definiert zu werden. Akteure, denen Entscheidungsmacht zugeschrieben wird, agieren häufig innerhalb ökonomischer, politischer und staatlicher Organisationen auf höheren Hierarchieebenen. Es kann sich aber auch um Akteure außerhalb formeller (hierarchischer) Organisationen handeln, an die Entscheidungsmacht (z. B. vom Staat) delegiert wurde.

nitionsmacht[7] über zentrale Begriffe und Themen auszuüben. Häufig kommt es daher zu einer „(kommunal)staatlich moderierten Governance", die strategisch und in Bezug auf die Steuerung lokaler Diskurse (Agenda Setting) auf die Bedürfnisse von Verwaltungen ausgerichtet ist (Fürst et al. 2005: 233). Nicht zuletzt, um Unsicherheiten angesichts des offenen Ausgangs offener Verhandlungen zu reduzieren, neigen Politik und Planung zur Vorab-Formulierung lokaler Entwicklungsvorstellungen in eigener Regie. Diese werden im Vorgriff auf spätere Governance-Prozesse frühzeitig institutionalisiert und strukturell verankert, z.B. im Zusammenhang mit offiziellen städtebaulichen Sanierungs- und Umbaumaßnahmen, wo es zu neuen urbanen Regimen mit ausgesprochenem Bewahrungscharakter kommen kann (Franz 2007: 40). Was aus der Perspektive dieser Akteure an einem Ort interessant oder attraktiv – und damit förderungswürdig – ist, kann aufgrund getroffener Vorentscheidungen bereits so weit festgelegt sein, dass es in den konkreten Governance-Prozessen gar nicht mehr zur offenen Verhandlung steht.

Für die Erfassung der Vorstellungswelten, die mit dem Rekurs der Akteure auf unterschiedliche Ressourcen und Machtausstattungen verbunden sind, ist der Einbezug des Konzepts des *„imaginary"* hilfreich. Der Begriff „imaginary" wurde im Zuge der angelsächsischen Debatten um die theoretischen Grundlagen der Poststrukturellen Politischen Ökonomie (Post-Structural Political Economy, PSPE) geprägt (Larner/Le Heron 2002; Le Heron 2006; Jessop/Oosterlynck 2008; Wetzstein/Le Heron 2010). Die Konzeptentwicklung wurde vor allem in der australischen und neuseeländischen Wirtschaftsgeographie weit vorangetrieben. Die Basisannahme lautet, dass politische und ökonomische Prozesse grundsätzlich als offen, d. h. nicht determiniert und daher kontingent zu begreifen sind. Sie werden durch institutionelle Kontexte, bestehende sozioökonomische Disparitäten und politische Projekte beeinflusst. Für ihre Ausgestaltung spielen „imaginaries" eine entscheidende Rolle. „Imaginaries" können verstanden werden als kontextbezogene Vorstellungsinhalte und Ideen, die zu zusammenhängenden Ideen-Projekten („intellectual projects") und strategischen Konzepten verknüpft werden (Wetzstein/Le Heron 2010). „Imaginaries" unterschiedlicher Herkunft, Schlüsselakteure und Ressourcen können sich in bestimmten Kontexten und Handlungsarenen zu politischen Projekten („political projects") verbinden (ebd.). Ökonomische, politische und räumliche „imaginaries" leiten sich häufig aus übergeordneten Ideologien und Weltanschauungen (z. B. des Neoliberalismus) her. Daher sind sie grundsätzlich umstritten oder stehen in Konkurrenz mit anderen „imaginaries". Durch ihre beständige Inter-

---

7 Definitionsmacht wird hier mit Lau und Beck verstanden als „Monopolisierung von Definitions- und Interpretationsangeboten, deren Verwendung offen und durch die Interpreten und Interpretationen selbst nicht vorherbestimmbar ist" (Lau/Beck 1989: 20).

pretation und Rekonstruktion im Diskurs erfahren sie Veränderungen, die auf laufende Verhandlungen, Konflikte, Governance-Prozesse usw. zurückwirken. Im Zusammenhang mit Prozessen der sozialen Konstruktion von Orten kann angenommen werden, dass derartige perspektivische bzw. strategisch angelegte Denk- und Vorstellungsgebäude eine besondere Bedeutung erhalten. Es kann angenommen werden, dass Ortsdefinitionen jeweils Zuspitzungen und Auswahlen allgemeinerer Vorstellungen darstellen. Sie werden in Abhängigkeit von Kontexten, Interessen und Handlungsoptionen entworfen, und zwar entlang der Logik, die von dem jeweils dominanten „imaginary" geliefert wird.[8] Die dabei erfolgenden Bezugnahmen auf vermeintlich „harte Realitäten" wie z. B. geschichtliche Entwicklungen, Traditionen usw. sind selbst Bestandteile von „imaginaries" und müssen daher hinsichtlich ihrer Kontextbezogenheit und handlungsstrategischen Bedeutung aufmerksam rekonstruiert werden. Die jeweiligen selektiven Bezugnahmen der Akteure, ihre Berührungen, Überschneidungen und wechselseitigen Distanzen müssen jeweils bevorzugter Gegenstand raumbezogener Analysen sein.

„Imaginaries" ermöglichen somit interessengeleitete ideelle Arrangements und Ausgestaltungsweisen sozialer Felder und Orte. Ihre Rolle innerhalb von Stadtentwicklungsprozessen und lokaler Governance ist bislang nur in Ansätzen erforscht worden. Ein kleiner Beitrag dazu soll im Folgenden anhand einer empirischen Exploration der Entwicklungsvorstellungen der Akteure der Schiffbauergasse geleistet werden. Dabei wird nicht nur auf das Aufeinandertreffen machtgeprägter, einander widersprechender oder gar antagonistischer Interessen und entsprechender „imaginaries" eingegangen, sondern auch die situationsbedingte Veränderung der „imaginaries" einzelner Akteure oder Akteursgruppen erkundet.

4 Ortsbezogene „imaginaries" im Kontext antagonistisch vorgeprägter Kommunikationsfragmente – empirische Befunde

4.1 Untersuchungsmethode

Das empirische Material, das im Folgenden zur Analyse von Ortsdefinitionen und „imaginaries" herangezogen wird, wurde im Sommer 2007 im Rahmen einer Befragung von 13 am Entwicklungsprozess beteiligten lokalen Akteuren

---

[8] Als Abstraktion besteht ein „imaginary" stets vor jeglicher Strukturvermutung oder Konzeptformulierung. Es leistet eine intellektuelle und wissenslogische Einbettung dieser Konzepte, wie Castoriadis es am Beispiel des Marxschen Konzepts des Historischen Materialismus eindrücklich nachgewiesen hat (Castoriadis 1987).

mithilfe von qualitativen Leitfaden-Interviews gewonnen. Ergänzend wurden die Aufzeichnungen einer teilnehmenden Beobachtung von zwei Stakeholder-Versammlungen herangezogen, die im Frühjahr 2010 unter Leitung eines privaten Beratungsunternehmens mit dem Ziel der Erarbeitung eines neuen Standortkonzepts stattfanden.

Die Auswahl der Befragten orientierte sich an ihrer Zugehörigkeit zu den wichtigsten Akteursgruppen am Standort Schiffbauergasse. Es handelt sich um Gründungsmitglieder von Kulturinitiativen und Künstlergruppen, Mitglieder von Unternehmensleitungen, leitende Angestellte in Verwaltungsorganisationen usw. Die Gruppen umfassen 1. Kulturschaffende (Interwiews I01K - I05K), 2. private Unternehmen (I06U - I09U), 3. die Stadtverwaltung (I10P - I11P) und 4. Intermediäre (I12I - I13I). Die Gruppe der Kulturschaffenden gliedert sich in Akteure der Alternativkultur, die bereits Mitte der 1990er Jahre als Raumpioniere fungierten (I01K - I03K), und Akteure der später angesiedelten Hochkultur (I04K - I05K); letztere betreiben einerseits traditionelle Kulturproduktion (Theater), andererseits Galerien und ein Museum moderner Kunst. Die Gruppe der Unternehmen gliedert sich in Konzernfilialen (Oracle und VW-Design-Center; I06U - I07U) und kleinere Gewerbebetriebe (Restaurants, Bootsverleih; I08U - I09U). Die Intermediären setzen sich aus Repräsentanten von Vereinen zusammen, die im Rahmen öffentlich finanzierter Projekte der Förderung regionaler Soziokultur sowie regionaler Unternehmensgründungen entstanden.

Die Auswertung der Interviewtexte erfolgte in Anlehnung an die erkenntnistheoretische Grundhaltung sowie die methodischen Anregungen der Grounded Theory (Glaser/Strauss 2005). Zur Anwendung kam die Technik des Offenen Kodierens (Strübing 2008) mit anschließender Verdichtung bzw. Generalisierung zentraler Aussagen, die ein Potential zur Überführung in gesicherte theoretische Aussagen erkennen ließen. Obwohl die Explikation der Aussagen während der Auswertung im Vordergrund stand, erscheinen die zentralen Aussagen im Folgenden aus Gründen der Übersichtlichkeit der Präsentation in zusammengefasster, überblickshafter Form. Die Komplexität der individuellen Imaginationen, Bedeutungszuweisungen und Ortsdefinitionen ist individuell gesehen größer, als es in der – notgedrungen reduzierenden – Darstellung den Anschein hat.

4.2 Ortsdefinitionen und „imaginaries"

Die in den Interviews verbalisierten Ortsdefinitionen bringen jeweils die „imaginaries", die von den einzelnen Akteursgruppen verwendet wurden, deutlich zum Ausdruck. Charakteristisch ist eine weitgehende Übereinstimmung der ortsbezogenen Merkmalszuschreibungen, die innerhalb der einzelnen Teilgruppen vorgenommen wurden. Hingegen zeigen sich zwischen den Akteursgruppen erhebliche Unterschiede. „Imaginaries" und professionelle Interessen scheinen auf den ersten Blick tendenziell zusammenzuhängen. Im Folgenden werden die Ortsdefinitionen jeweils in ihrer perspektivischen Orientierung einander gegenübergestellt. Zudem werden sie in den Kontext der mit der Tätigkeit am Standort verbundenen Interessen gestellt, und zwar ausgehend von der Annahme, dass „imaginaries" und gruppenspezifische Interessen tendenziell zusammenhängen.

Gruppe 1 – Kulturschaffende: Für die Kulturschaffenden lässt sich ein deutliches Auseinanderklaffen der Ortsdefinitionen entlang der professionellen Intentionen sowie der biographischen Verbindungen zum Ort „Schiffbauergasse" erkennen. Innerhalb dieser Teilung positionieren sich die Befragten jedoch weitgehend ähnlich.

Die beiden Vertreter der *Alternativkultur* verstehen sich als Aktivisten der Ersten Stunde nach der Wende. Sie beschreiben den Ort hauptsächlich, indem sie auf die sichtbaren Relikte und Symbole dieser frühen (Raum-)Pionierphase hinweisen. Der Reiz des Ortes, den sie sich damals kulturell und sozial aneigneten, bestand in seiner Wildheit, seiner freien Gestaltbarkeit und Zukunftsoffenheit. Günstig sei die abgeschiedene Lage der Brache gewesen; sie habe jeweils Ruhe und ungestörtes Arbeiten ermöglicht (I01K). Der Ort habe seine besondere Atmosphäre dadurch erhalten, dass die DDR-Vergangenheit in sozialer und baulicher Hinsicht „nachatme" (I02K). Einschränkend wird jedoch von beiden Sprechern darauf hingewiesen, dass der besondere Charakter des Ortes durch die laufende bauliche Sanierung und Aufwertung gefährdet sei (I01K, I02K). Es bestünde die Gefahr, dass alles „zu glatt" werde (I01K) und dadurch unlebendig wirke (I02K).

„Imaginary": Die Ortsbeschreibung gibt zu erkennen, dass sie unmittelbar aus der sozialen und professionellen Praxis der Akteure im Postsozialismus erwachsen ist. Zu Beginn der Wendezeit noch mit der Bürgerrechtsbewegung verbunden gewesen zu sein, alternative Lebens- und Arbeitsformen selbst entwickelt zu haben, die dafür notwendigen materiellen und räumlichen Ressourcen (brachliegende Stadtflächen) selbst erschlossen zu haben – dies ist Bestandteil eines kollektiven Selbstverständnisses, das sich als Gegenentwurf zum autoritären Gesellschaftsmodell des Sozialismus wie auch zur kulturellen Enteignungspraxis des „westgesteuerten" Transformationskapitalismus[9] versteht. Zu

---

9   Der Begriff „Transformationskapitalismus" wird hier verwendet, um anzuzeigen, dass der ostdeutsche Entwicklungsweg nach 1990 Bestandteil der Ausdifferenzierung unterschiedlicher postsozialistischer Entwicklungspfade gewesen ist. Trotz der Übernahme westdeutscher Strukturmodelle und Rhetoriken kam es auf unterschiedlichen Struktur- und Handlungsebenen

diesem „imaginary" zählen auch einschlägige Sozialitäts- und Kommunikationsformen. Die Akteure kennen sich überwiegend noch aus den Anfangstagen der „Ortsaneignung" und sind in Form eines kleinen, dicht verwobenen Netzwerks phasenweise intensiv miteinander verbunden gewesen. Obwohl sie ein großes Interesse am Weiterbestehen offener Gestaltungsmöglichkeiten in der Zukunft äußern, grenzen sie sich energisch gegenüber solchen Akteuren ab, die ihren Pionierstatus und ein gewachsenes informelles Anrecht auf Gestaltung des Ortes nicht ausreichend anerkennen. Sie begreifen die Schiffbauergasse als „ihren" Ort, der eng mit ihrer eigenen Biographie und der Entfaltung einer Alternativen Szene in den 1990er Jahren verknüpft ist. Durch das Hinzutreten weiterer Akteure und die bauliche Aufwertung droht ihnen dieser Ort jedoch mehr und mehr zu „entgleiten" (I01K). Dabei werden insbesondere die geringen Einflussmöglichkeiten auf die Planungen der Stadtverwaltung beklagt. Zwar habe es Diskussionsrunden unter Einbezug aller Beteiligten gegeben, jedoch seien immer wieder über ihre Köpfe hinweg Fakten geschaffen worden (z. B. durch den Bau eines großen Parkhauses mitten auf dem Gelände). Dies liefe dem Interesse der Kulturschaffenden an einem wandelbaren, immer wieder neu zu gestaltenden Areal zuwider (I01K).

Der Blickwinkel der später hinzu gekommenen Vertreter der *Hochkultur* (Theater, Museum) ist stärker abwägend, teilweise auch ironisch-distanziert angelegt. Eigene biographische Bezüge werden von den Sprechern nicht angeführt, obwohl sie in einem Fall durch längere Teilnahme am Stadtleben Potsdams bestehen. Auch ein Wir-Gefühl, das für die „Alternativen" charakteristisch ist, wird nicht erwähnt. Betont wird, dass es sich bei der Schiffbauergasse um einen vielfältigen, „schönen" Ort handele (I03K, II04K), dessen Geschichte spürbar sei. Da er ein Stück „Ostgeschichte" darstelle, bestünde allerdings die Gefahr, dass er von den Potsdamer Akteuren (u.a. auch den „Alternativen") nostalgisch verklärt werde (II04K). Auch sei er noch nicht in dem Maße ein Ort für Alle, wie es wünschenswert sei. So gebe es außerhalb von Veranstaltungen kaum Freizeitangebote auf dem Gelände. Außer für die Zielgruppen dieser Veranstaltungen sei der Ort nur für Wenige attraktiv.

---

zu jeweils eigensinnigen, von informellen Institutionen geprägten Praxisvarianten. So gehört die nach der Wende zu beobachtende Distanz kommunaler Verwaltungen zur lokalen Bevölkerung lange Zeit zu den informellen Vermächtnissen staatszentralistischer Strukturen und Denkweisen (Thumfart 2004: 9) – bis hin zu den jüngeren Stadtumbauprozessen, die trotz „integrierter" Stadtentwicklungskonzepte und vereinzelter Bürgerbeteiligung in der Governance-Praxis von ausgesprochenen Paternalismen seitens Politik und Verwaltung geprägt waren (Eckardt 2007: 130). Gespiegelt wird dieses Phänomen durch das weithin ambivalente Verhältnis der Bevölkerung gegenüber staatlichen Institutionen – zwischen Misstrauen und unabhängigem zivilgesellschaftlichem Engagement (Reißig 1997: 14; Gensicke et al. 2009).

Die Schiffbauergasse wird als gut profilierter Ort für zeitgenössische Kultur gewürdigt und dezidiert als Gegengewicht zum historischen Potsdam (Sanssouci usw.) gesehen (I03K, I04K, I05K). Bisher sei es jedoch noch nicht richtig gelungen, aus der Diversität der Merkmale und Interessen Funken zu schlagen. So bilde die Verbindung der unterschiedlichen baulichen Elemente und kulturellen Mixturen ein hohes Potenzial für ironische Auseinandersetzungen mit der preußischen Geschichte. „Rock the Fritz" oder „Preußischer Rechteckwahn gegen ausgeflippte Gegenkultur" würden sich als Mottos bzw. Themen für Veranstaltungen, Ausstellungen, künstlerische Installationen usw. geradezu aufdrängen (I03K).

„Imaginary": Die lebensweltliche Distanz dieser Akteure gegenüber den Pionieren spiegelt sich in ihrer distanzierten, um Objektivierung bemühten Einschätzung des Standortes wider. Der Ort wird einerseits in ein bildungsbürgerliches Bewertungsschema („historischer Wert") eingeordnet und zugleich ästhetisiert. Der pittoreske Kontrast von Tradition und Moderne begründet in dieser Interpretation per se öffentliche Aufmerksamkeit und Attraktivität. Andererseits wird das Element des wesenhaft Widersprüchlichen zum allgemeinen Gestaltungsprinzip der Angebote der Kulturproduktion erhoben. Parallel zu diesem essenzialistischen Verständnis erscheint der Ort – quasi im Analogieschluss – als eine passende Projektionsfläche widersprüchlicher ästhetischer Prinzipien. Diese Gelegenheit gilt es, ganz im Sinne eines postmodernen „Sowohl – als auch", künstlerisch und intellektuell zu nutzen. Der ästhetische Erlebnisgegensatz von Hoch- und Alternativkultur auf engem Raum wird mehrfach hervorgehoben. Abends ins bürgerliche Hans-Otto-Theater und anschließend nebenan zur Techno-Party ins Waschhaus gehen zu können, sei eine einzigartige Angebotskombination.

In Wortwahl und normativer Forderung ähneln die Äußerungen den werbenden Charakterisierungen des Standortmarketings, so wie sie sich auf der Internet-Homepage der Schiffbauergasse e.V. finden. Das „imaginary", das von den Befragten adressiert wird, folgt der aktuellen neoliberalen Verwertungslogik städtischer Räume.[10] Attraktivität entsteht in dieser Perspektive durch einzigartige, auf bestimmte Konsumentengruppen zielende Angebotskombinationen auf einem hart umkämpften Kultur- und Veranstaltungsmarkt. Eine unmittelbare Anschauung des Ortes als Teil der eigenen sozialen Praxis wird aus den Äuße-

---

10 Als neoliberal wird im Folgenden eine Logik bezeichnet, die das Primat der Ökonomie und der ungehemmten Marktdynamik in allen Lebensbereichen einfordert. Sie verlangt von den Individuen und Gruppen, den Markt bzw. Märkte als ökonomische und soziale Regulierungsinstanz zu akzeptieren und zu bevorzugen. Marktgerechtes, gewinnorientiertes Handeln und insbesondere offener Wettbewerb haben dementsprechend Priorität gegenüber sozialem Ausgleich und gemeinwohlorientiertem Handeln (Butterwegge 2007).

rungen dieser Akteure nicht rekonstruierbar. Vielmehr wird der Ort aus einem abstrakten, auf das Versprechen intellektuellen und ästhetischen Genusses abzielenden Vermarktungsinteresse heraus imaginiert. Er erscheint damit als vage auf eine postmodern-hedonistische Mittelschichtenperspektive bezogen: Die wahrgenommenen Raumelemente werden jeweils zu Stichwortgebern, zitierfähigen Samples und zugleich Projektionsflächen der Produktion kultureller Artefakte. Die offensichtliche Konformität dieses „imaginary" mit dem gleichsinnigen „öffentlichen" Gestaltungsauftrag (Attraktivitätssteigerung durch ästhetische Widersprüchlichkeit) wird von den Sprechern nicht verbalisiert. Inwieweit sie sich dieser Homologie bewusst sind, bleibt offen.

Gruppe 2 – Unternehmensvertreter: Im Vergleich zu den engagierten Beschreibungen der Kulturschaffenden wirken die Einlassungen der *Unternehmensvertreter der Global Player* farblos und wenig differenziert. Dies gilt besonders für die Repräsentanten der am Standort vertretenen Global Player. Ihre Mitarbeiter waren an der Standortwahl für die jeweiligen Unternehmensteile nicht beteiligt; die Entscheidungen fielen in weit entfernten globalen Konzernzentralen. Von den Entscheidungsträgern wurde die Schiffbauergasse hauptsächlich aufgrund der ansprechenden physisch-baulichen und landschaftlichen Umgebungsmerkmale ausgewählt. Das Ambiente sei vor allem wegen der Lage der Gebäude am Wasser sehr gut; es ermögliche ein ungestörtes, kreatives Arbeiten. Außerdem gefalle den Mitarbeitern die „Symbiose von ländlicher Abgeschiedenheit und Großstadtleben" in Potsdam (I07K). An Diskussionsrunden zur Gestaltung des Standorts oder anderen lokalen Netzwerken hatten sich die großen Unternehmen überwiegend nicht beteiligt, da dies nicht dem Unternehmensauftrag entspreche. Entscheidend sei es, ungestört von Umgebungseinflüssen den eigenen professionellen Tätigkeiten nachgehen zu können.

„Imaginary": Der strategische Umgang mit dem Ort ist ebenso wie die Definition des Ortes streng instrumentalistisch angelegt. Beide zielen darauf ab, ästhetische Genüsse (Atmosphäre am Uferbereich der Havel, historische Bebauung, Aussicht auf die Stadtsilhouette und die umgebende Natur) als förderliche Rahmenbedingung oder Dekoration der ökonomischen Tätigkeit zu deklarieren. Damit sollen eventuelle Zugewinne an Mitarbeitermotivation und Kreativität erzielt werden. Die emotionale Distanzierung vom Gegenstand ebenso wie vom sozialen Leben außerhalb des eigenen Unternehmens ist einerseits Bedingung dieser Instrumentalisierung. Andererseits ist sie Ausdruck einer Machtattitüde, mit deren Hilfe Global Player ihre lokalen Niederlassungen als ökonomische Ressourcen einrichten. Sie beinhaltet, dass die mit dem Ort verbundenen Menschen in ihrer Eigenschaft als soziale Wesen tendenziell ignoriert werden. Auch die Städte bzw. Stadtpolitiken sind in dieser ökonomischen Perspektive wenig

interessant. Die Kommunen und ihre Vertreter werden als weitgehend irrelevante Spieler behandelt, denen allenfalls im Kontext ökonomischer Entscheidungen (in diesem Falle: konkreter Standortentscheidungen) Aufmerksamkeit geschenkt wird.

Die Ortsdefinitionen der ansässigen *Kleinunternehmen* sind weniger distanziert, zeichnen sich jedoch ebenfalls durch einen nüchternen Pragmatismus aus. Für sie stellt die Schiffbauergasse in erster Linie einen funktionalen Ort der Naherholung dar, dessen Qualität durch die Lage am Wasser bereits vorgezeichnet ist (I08U, I09U). Für einen Ort der Erholung mangele es aber vor allem an Aufenthaltsqualität im Freien. Fehlende Freiflächen, Wege, Bänke usw. sorgten dafür, dass das Areal nicht zum Verweilen außerhalb von Veranstaltungen einlade. Der Bezug zur Geschichte (Schiffbau im 19. Jahrhundert) und zur Kultur sei sehr schwach und könne den Ort letztlich nicht von sich aus prägen. Die Verbindung müsse immer wieder „krampfhaft" hergestellt werden. Beklagt werden das bestehende „Sammelsurium" an unterschiedlichen Nutzern und die nicht miteinander vereinbaren Nutzungsformen; hierdurch komme es immer wieder zu erheblichen Konflikten zwischen den Akteuren (I09U).

„Imaginary": Der Pragmatismus dieser Akteure ist Bestandteil ihrer ökonomischen Position als Anbieter von Dienstleistungen, die starken Nachfrageschwankungen ausgesetzt sind. Ein Standort, der aufgrund seiner Attraktivität eine ausreichende Nachfrage garantiert, muss daher verlässliche, kalkulierbare Eigenschaften aufweisen. Gegen das neoliberale „imaginary" der global induzierten, flexiblen Marktkonformität setzen die Kleinunternehmer die Vorstellung invariabler Nachfrage- und Angebotsrelationen auf einem regionalen Markt. Sie adressieren damit ein anderes „imaginary", nämlich eines, das mit der Ersten Moderne in Verbindung gebracht werden kann. Die Frage des unternehmerischen Überlebens an einem Standort, die daraus erwächst, wird von ihnen konservativ beantwortet. Aufgrund ungewisser Potenziale erscheint ihnen der Ort als zu unberechenbar. Eine solide, „vorzeigbare" bauliche Ausgestaltung des Standorts mit dem Ziel der Garantie steigender Besucherzahlen würden sie im Zweifelsfall der kurzfristigen Förderung bunter soziokultureller Szenerien vorziehen. Diese Präferenz liegt auch insofern nahe, als den Unternehmern eine unmittelbare lebensweltliche Verknüpfung mit gewachsenen Milieus und Netzwerken (z. B. in der Art der Raumpioniere der Wendezeit) fehlt. Die fehlende Vernetzung mit dieser Gruppe, aber auch mit anderen Akteuren am Standort wird durch die Wahrnehmung der Kleinunternehmer widergespiegelt, dass sie mit ihren Interessen weitgehend alleine stünden.

Gruppe 3 – Politik- und Planungsvertreter: Die Vertreter von Politik und Planung setzen sich weniger mit der Frage auseinander, welche Qualität der Ort tatsächlich hat oder welche Bedeutung ihm anhaftet. Sie nehmen stattdessen eher den Blickwinkel der „Macher" ein und argumentieren weitgehend normativ mit Blick auf die tatsächlichen Gestaltungsoptionen. Sie akzentuieren damit den politisch-instrumentellen Charakter möglicher Ortsdefinitionen. Für den Standortmanager steht eine verhinderte öffentliche Wertschätzung der historischen Bedeutung des Standorts im Vordergrund. Über Jahrhunderte hinweg sei die Schiffbauergasse ein „Un-Ort" im Windschatten der Stadt, eine „Horrorlandschaft" oder zuletzt auch ein „verbotener Ort" im Sperrgebiet der Staatsgrenze gewesen (I10P). Sie sei aber auch immer wieder ein Ort historischer Innovationen gewesen, z. B. der ersten Dampfschiffproduktion in Nordostdeutschland durch den Engländer John Barnett im frühen 19. Jahrhundert. Jetzt sei die Möglichkeit da, aus dem Un-Ort einen Erlebnisort zu machen.

Eine zentrale Funktionsträgerin der Verwaltung sieht den Ort als weniger durch die Geschichte geprägt an. Ausschlaggebend sei eher der Kontrast zwischen einer abwechslungsreichen Architektur und der natürlichen ästhetischen Qualität der Uferzone. Sie betont ebenfalls, die Schiffbauergasse sei ein düsterer, abgeschotteter Ort gewesen, zu dem die Potsdamer keinen richtigen Bezug entwickelt hätten. Entscheidend für seinen Charakter seien allerdings die heutigen Nutzungen. So sei er als neu geschaffener „Kunstraum" ausgesprochen attraktiv und beziehe seinen Charme aus dem Aufeinandertreffen unterschiedlicher Lebensstile (I11P). Hierzu müssten die baulichen Voraussetzungen geschaffen werden. Die Sprecherin zeigt ebenfalls einen normativ begründeten Pragmatismus, ordnet die Gestaltungsabsichten und -notwendigkeiten jedoch stärker dem städtebaulich-planerischen Gestaltungsauftrag der Stadt unter und pocht auf die Entwicklung tragfähiger Nutzungskonzepte.

„*Imaginary*": Neoliberale Stadtpolitik und die Notwendigkeit zum Mitschwimmen im Strom wettbewerbsorientierter Aufmerksamkeitsproduktion für gesamte Städte und städtische Teilräume (Mattissek 2008) geben den Rahmen für die Selbstpositionierung dieser beiden Akteure ab. Die Zuweisung von Bedeutung an konkrete Orte erfolgt somit zwangsläufig normativ. Die derzeit sichtbaren Ortseigenschaften würden den beteiligten Akteuren noch zu wenige Anreize für eigene Aktivitäten bieten. Somit sei auch die Gesamtkonzeption ständig der Gefahr des Scheiterns ausgesetzt. Das Graben der Verwaltungsakteure nach historischen Schätzen und kulturellen Eigenheiten, die in künftige Aktivposten des Stadtmarketings verwandelt werden können, schließt jedoch tendenziell andere Interpretationsschichten aus. So wird zwar die soziale Seite des „Unortes" mitbedacht und auch die Tätigkeit der Raumpioniere als Potenzial der Attraktivitätssteigerung implizit anerkannt; auch die Veränderlichkeit von Nutzungen und damit der Ansprüche, die die Akteure an den Ort stellen, wird in Rechnung gestellt; jedoch führt für beide Sprecher kein Weg an der Formulierung normativer Zielvorgaben und an ihrer Umsetzung mit planerischen bzw. städtebaulichen Mitteln vorbei. Die von der Verwaltung präferierten Gestaltungsoptionen (z. B. Funktionsbauten) wurden denn auch frühzeitig in Vorentscheidungen umgesetzt und als verbindlich für die Planungspraxis erklärt.

Gruppe 4 – Intermediäre: Die Intermediären nehmen bewusst eine distanziert-reflektierende Haltung zum Geschehen am Standort ein, würdigen aber auch die Ansichten und Handlungen der lokal „verwurzelten" Akteure in empathischer Weise. So verweisen sie darauf, dass die Schiffbauergasse von den Alternativen geschaffen worden sei. Diese hätten ein „gründliches Gefühl für den Ort" gehabt (I13I). Das besondere Flair des Ortes bestünde daher darin, dass die DDR-Ruinen noch zu ahnen seien, nun aber in einen Ort der modernen Kultur integriert seien (I12I). Aufgrund der Sanierungstätigkeit und der Ansiedlung von Einrichtungen der Mainstream-Kultur sei die Schiffbauergasse inzwischen zu einem „Mainstream-Standort" geworden. Im einen Fall wird das Ergebnis als „schöner Ort" mit einem eigenen Ambiente bezeichnet (I13I), im anderen Fall aber auch die Gefahr des „Totsanierens" erwähnt (I12I).

„Imaginary": Die Akteure sind als Förderer marktgerechter Kommunikation, unternehmerischen Engagements und marketingaffiner Soziokultur in das neoliberale „imaginary" der Standortaufwertung einbezogen. Während sie ihre eigenen Projekte in diesem Sinne ausgestalten und primär mit ihrer eigenen, meist überlokalen Klientel kommunizieren, entwickeln sie gegenüber den Stakeholdern am Standort eine spürbare Zurückhaltung. Die kommunikative Auseinandersetzung mit der unmittelbaren sozialen und ökonomischen Umgebung am Standort Schiffbauergasse wird zwar mit Neugier, aber auch mit einer gewissen professionellen Distanz vorgenommen. Die Beschreibung der Ortseigenschaften weist daher die bereits bekannten distanzierenden Vokabeln der Ästhetisierung auf. Der Ort wird hauptsächlich zu einem „interessanten" Anschauungsobjekt gesellschaftlichen Wandels deklariert. Hierin drückt sich ein Widerspruch zwischen dem institutionellen (quasi-staatlichen) Auftrag dieser Akteure und ihrer Faszination angesichts der beobachteten eigendynamischen sozialen Praxis aus. Obwohl die Intermediären Ausführende staatlicher Machtinteressen sind, ergreifen sie auch tendenziell Partei für die Autonomie der Basisakteure. Da dieser Konflikt von ihnen nicht aufgelöst werden kann, bleibt die reflektierende Distanz als einzige Alternative, um professionelle Glaubwürdigkeit zu gewinnen und dem gewählten „imaginary" verpflichtet bleiben zu können.

5 Synoptische Interpretation: Ortsdefinitionen, „imaginaries", Macht und Kommunikation

Die Exponenten der Alternativkultur zeigen als einzige ein Ortsverständnis, das an die Biographien der jeweiligen Akteure geknüpft ist. Die Identität des Ortes ist für diese Akteure nicht beliebig verhandelbar, da sie durch die soziale Praxis quasi festgezurrt wurde. Für fast alle anderen Akteure ist die Ortsidentität eine Sache der mehr oder weniger variablen Neudefinition. Neudefinitionen sind in zwei Varianten zu beobachten: Die erste Variante präsentiert sich als postmodernes Ortsdesign, das im „copy and paste"-Verfahren von fremden Vorbildern übernommen und mit lokalen „Adaptionen" (Planungsroutinen, Kommunikationsprozessen, Unternehmensansiedlungen) verbunden wird. Die Kontexte der Vorbilder werden dabei aufgrund ubiquitärer Positionierungszwänge der unternehmerischen, global konkurrierenden Stadt als grundsätzlich gleichartig vorausgesetzt. Die zweite Variante gibt sich als interessengeleitete Bedeutungszuweisung zu erkennen, die sich auf kontextabhängige Präferenzen stützt. Letztere schließen Ästhetisierungen (die Schiffbauergasse als kontingentes Gesamtkunstwerk) und heterogene Geschmacksurteile ein. Ob Bezüge auf die jüngere und ältere Geschichte des Standorts für plausibel gehalten werden oder nicht, ob es Mischungen oder Kontraste zwischen unterschiedlichen Soziokulturen, Kunstformen, baulichen Ästhetiken usw. sind, die einmal mehr oder einmal weniger gefallen oder einleuchten – die Ansichten auf den Ort zielen eher selten auf eine Art Wesenskern oder ein dominantes, unmittelbar einleuchtendes Strukturprinzip ab. In vielen Fällen ist diese Haltung einem bodenständigen Pragmatismus geschuldet – am stärksten ausgeprägt bei den kleinen Gewerbetreibenden, die jedes Identitätsangebot mittragen würden, das ihnen ökonomische Vorteile verspricht. Ortsidentitäten erscheinen hier als willkürlich „gebastelt".[11] Teilweise werden sie von ein und demselben Akteur mit wechselnden ideellen Bezugnahmen und konkreten Merkmalszuschreibungen versehen.

Es würde jedoch wesentlich zu kurz greifen, wollte man Ortskonstruktion und behauptete Ortsidentitäten allein als eine Frage des kontextorientierten Handelns und Denkens der Akteure behandeln. Vor dem Hintergrund des Widerspruchs zwischen politisch-planerischem „Top-down"-Design und „Bottom-up"-Verteidigung pionierhafter Lebenswelt sind die Verbindungen zwischen der

---

11 Diese Kennzeichnung wird hier analog zum soziologischen Begriff der Bastelidentität verwendet (Prisching 2009: 25; vgl. auch Hitzler/Honer 1994; Keupp et al. 1999). Bastelidentitäten sind das Resultat multipler sozialer Identitätskonstruktionen, die durch Individuen in der Auseinandersetzung mit unterschiedlichen sozialen Kontexten vorgenommen werden. In Bezug auf Orte lässt sich postulieren, dass ein und dieselben Individuen kontext-, situations- und interessenabhängige Mehrfachzuweisungen von Bedeutung an einen Ort vornehmen.

Machtausstattung der Akteure, dem Entwurf von Ortsdefinitionen, ihrer Einbettung in „imaginaries" und der kommunikativen Weiterentwicklung dieser mentalen Abstraktionen aufzuzeigen (vgl. Abb. 1).

Abb. 1: Machtausstattung, Ortsdefinitionen, „imaginary" und kommunikative Orientierung der Stakeholder der Schiffbauergasse

Stakeholder	Machtausstattung	Ortsdefinition	Imaginary	Kommunikative Orientierung
Verwaltung	strukturell hoch: Entscheidungsbefugnis Institutionalisierung interaktiv niedrig: gescheiterte Moderation und kaum Mobilisierung	• Mischung: „Kultur und Gewerbe" • unterschiedliche Lebensstile treffen aufeinander • abstraktes Design ("Erlebnisort") vs. • historischer Ort • Innovationsort • „Un-Ort", verbotener Ort im Windschatten • veränderlicher, zu schaffender Ort • schöner Ort durch Ufernähe	• neoliberale Stadtpolitik: Marktverhältnisse erfordern Design und Symbolproduktion • Attraktivitäts- und Aufmerksamkeitsgewinn im Standortwettbewerb • Inwertsetzung lokaler Geschichte durch Ortsdesign • Ideenimport (Copy & paste) • pragmatisches, normatives Planungshandeln	• Rückgriff auf *Top-down*-Routinen: distanzierte „Verkündigung" von Ortsdefinitionen • Mobilisierungszwang: *Top-down*-Design muss kommunikativ vermittelt werden • egalitäre Rhetorik • schwache Vernetzung mit lokalen Akteuren • mangelnde Akzeptanz des Ortsdesigns
Unternehmen 1. Global Player	strukturell hoch: freie Standortwahl, politische Unterstützung interaktiv niedrig	• schönes Ambiente am Wasser • kreativer Ort für ungestörtes Arbeiten • Symbiose von ländlicher Abgeschiedenheit und Großstadtleben	• Instrumentalistischer Umgang mit sozialer und räumlicher Umgebung • machtbewusste, ästhetisierende Ausschmückung ökonomischer Tätigkeiten	• Kommunikationsverzicht • kaum Netzwerkeinbindung am Standort • Unternehmen als soziale Enklaven
2. Kleinunternehmen	strukturell mittel: geringe Ressourcen, aber lokalpolitische Unterstützung interaktiv niedrig	• Ort der Naherholung • potentiell hohe Aufenthaltsqualität, die nicht realisiert wird • schwacher Bezug zur Geschichte • kein klares Image, heterogene Akteure	• Priorität: Überleben am Markt • Pragmatismus • Konformität mit Design-Konzept der Politik • Einzelkampf und isolierte Interessen	• keine lebensweltliche Verknüpfung mit anderen Akteuren • kaum Vernetzung am Standort

Über „coole Orte" im Osten reden

Stakeholder	Machtausstattung	Ortsdefinition	Imaginary	Kommunikative Orientierung
Intermediäre	strukturell mittel: Auftragnehmer der Landespolitik, teilweise mit emanzipatorischem Anspruch interaktiv niedrig	• besonderer Charme des Ortes: DDR-Vergangenheit ist spürbar, aber in moderne Kultur integriert • schöner Ort	• reflektierende Distanz zum sozialen Geschehen • Ästhetisierung von Orten • Integration von Tradition und Moderne ist wichtig • Gefahr des „Totsanierens" • zukunftsoffene Gestaltung	• empathische Sicht auf die Szenerien am Standort, aber professionell distanziertes Engagement in Vernetzungsaktivitäten am Standort
Kulturschaffende: Hochkultur	strukturell niedrig: Abhängigkeit von staatlicher Förderung, kaum Einflussnahme auf politische Entscheidungen interaktiv niedrig	• vielfältiger, schöner Ort • "Ostgeschichte" spürbar • Ort zeitgenössischer Kultur • Gegengewicht zum historischen Potsdam • exklusiver Ort, nicht für Alle zugänglich	• Reflexion, Objektivierung • Ironisch-kritische Distanz • Ästhetisierung des Widersprüchlichen • Postmodernhedonistische Mittelschichtenperspektive • Parallelen zu marktkonformen Top-down-Designs	• Lebensweltliche Distanz zu den anderen Akteursgruppen • Beteiligung an standortübergreifender Vernetzung
Kulturschaffende: Alternativkultur/Raumpioniere	strukturell niedrig: hohe Staatsferne, kaum Einfluss auf polit. Entscheidungen interaktiv hoch: intensive Vernetzung, Meinungsführerschaften, temporäre Gegenmacht	• "wilder Ort" • Gestaltbar, zukunftsoffen • DDR-Vergangenheit spürbar • Gefährdung durch Sanierung und Aufwertung	• Verwurzelung in Alternativbewegung • Aneignung von Orten als Bestandteil von Lebensentwürfen und Arbeitsformen • Gegenkultur zum Transformationskapitalismus	• ältere, festgefügte Netzwerke der "Pioniere" am Standort als Ausgangspunkte anlassorientierter Diskussionen und Initiativen "von unten" • geringe Möglichkeiten der Einflussnahme auf Verwaltung/Politik • Initiativen werden durch top-down geschaffene Fakten ausgehebelt

Quelle: Eigene Darstellung

Tabelle 1 gibt eine Synopse der Machtverteilungen, der Ortsdefinitionen, der eingesetzten „imaginaries" und der Kommunikationsweisen innerhalb der untersuchten Akteurskonstellation wieder. Die Stakeholder sind vertikal entsprechend ihrer strukturellen Machtausstattung im Sinne einer Rangfolge angeordnet. Zugleich ist ihre kontextspezifische Stellung und Ausstattung mit Interaktionsmacht verzeichnet. Dies erlaubt es, die Positionierung der Akteure im Rahmen von „Top-down"- und „Bottom-up"-Prozessen differenziert zu betrachten. Ohne die Zusammenhänge zwischen den Kategorien aufgrund des begrenzten Textumfangs für sämtliche Akteursgruppen detailliert interpretieren zu können, sollen hier zumindest die markantesten Konstellationen skizziert werden.

Die „Top-down"-Komponente wird von der Akteursgruppe „Verwaltung" am deutlichsten repräsentiert. Hier erfolgen klare Bezugnahmen auf marktkonforme, im Neoliberalismus wurzelnde „imaginaries". Attraktivitäts- und Aufmerksamkeitsgewinn im Standortwettbewerb und Denken in „copy and paste"-Kategorien rahmen den dezisionistischen Entwurf eines Ortsdesigns, das symbolischen und ökonomischen Profit verspricht. Die Ortsdefinition spiegelt die Profiterwartung indirekt wider, und zwar als Erwartung der erfolgreichen Teilnahme an einem globalen Markt der leistungsorientierten raumbezogenen Reputationsbildung („coole Mischungen" von Kultur und Gewerbe, Orte der Innovation und des Avantgardismus). Die Ortsmerkmale werden jeweils als lokale Ingredienzien eines global anschlussfähigen Modernisierungsversprechens behandelt. Entsprechend hoch sind die Mobilisierungszwänge „nach unten" hin. Trotz einer sich egalitär gebenden Rhetorik entsteht keine gleichgewichtige Kommunikation mit den anderen Akteuren. Der Verwaltung wird die Passivität der Konsumenten sowie die Divergenz der Interessen der anderen Stakeholder am Ort zu einem ernsthaften Governance-Hindernis. Die Rückgriffe auf ältere „Top-down"-Routinen des Planungshandelns und das Treffen von Vorentscheidungen können als wenig erfolgreicher Versuch der Bewältigung des damit verbundenen Kommunikationsdilemmas angesehen werden. Teilweise wurde dieses Dilemma auch gar nicht erst zur Kenntnis genommen. Als wichtige Triebkraft der „Top-down"-Mobilisierung kann das zugrunde liegende „imaginary" gelten: Da das Überleben im Standortwettbewerb keine abstrakte Herausforderung darstellt, sondern zum konkreten Imperativ erfolgsorientierter Stadtpolitik wird, erhält die Bereitschaft zur rigorosen Durchsetzung von Planungskonzepten – zumal dann, wenn sie zunächst in Form des älteren „masterplanning" entworfen wurden – beständig neue Nahrung. Strukturell garantierte Macht (v.a. in ihrer Erscheinungsform als Entscheidungsmacht) muss daher die entgangene Möglichkeit zur Herstellung von Interaktionsmacht (z.B. im fortlaufenden Governance-Prozess) kompensieren.

Der Gegenpol der formell machtdefizitären Raumpioniere zeichnet sich durch eine ausgesprochene Staatsferne und eine Affinität zum Entwurf von gegenkulturellen Projekten aus. In der alltagskulturellen Verwurzelung der Akteure am Ort liegt eine ausgesprochene kommunikative Stärke. An den Akteuren der „Gründerzeit Ost" kann kein lokaler Diskursteilnehmer vorbei handeln oder reden. Die von ihnen erzeugte Interaktionsmacht wiegt zwar gegenüber der strukturell verankerten Entscheidungsmacht generell wenig, wird aber im Zusammenhang mit der Verwendung des „imaginary" stellenweise dazu benutzt, um Instrumente gezielten politischen Drucks zu entwickeln. So werden etwa Netzwerkverbundenheit und kommunikative Kompetenz von den „Alternativen" geschickt mit einem alternativen „imaginary" verbunden, das sich frontal gegen das „imaginary" des Neoliberalismus in Stellung bringt. Das reklamierte „Recht auf Stadt" (Harvey 2003), das Geltendmachen eines natürlichen Rechts der Bürger auf Aneignung ihrer gebauten Umwelt, Kritik an kapitalistischer Produktionsweise, ökologischer Fehlsteuerung der gesellschaftlichen Entwicklung und marktorientierter Ausbeutung städtischer Ressourcen – dieser Gegenentwurf gegen ein als übermächtig empfundenes marktkonformes „imaginary" dient als wichtige Absicherung lokalöffentlicher Diskurspositionen, der Sammlung sozialer Ressourcen am Ort und dem Erzwingen von Debatten über „topdown" betriebene Planungen.

Trotz seiner stärkenden Funktion scheint dieses Gegen-"imaginary" jedoch vom hegemonialen „imaginary" des Neoliberalismus abhängig zu sein – es kann sich zunächst nur in Auseinandersetzung mit diesem entfalten und Kontur gewinnen. Insofern kann mit der „Bottom-up"-Perspektive keine wirklich autonome Gegenmacht gewonnen werden. Die erzwungene Subsumierung unter die hegemoniale Systemlogik, die sich in der reaktiven Antwort auf das dominante „imaginary" äußert, lässt lediglich Detailkorrekturen und temporäre Handlungserfolge zu. Aufgrund des fehlenden Zugangs zu Entscheidungen beschränken sich die Handlungsspielräume dieser Akteure auf solche, die von den formell Mächtigeren jeweils zugestanden werden. Der Rückzug der Raumpioniere in ihre eigenen Netzwerke, die soziale und symbolische Kapitalien bereitstellen, ist somit unter anderem „basislogisch" in der prekären Anlage des alternativen „imaginary" begründet. Widerstand und Annäherung an dominante (z.B. staatliche) Akteure sind unter diesem Gesichtspunkt von mehrfachen logischen Brüchen und Ambivalenzen gekennzeichnet. Während die „Siege" über formell Mächtige auf der Basis von temporärer Interaktionsmacht immer wieder erkämpft werden müssen, bleibt den „Siegern" der Zugang zu Entscheidungen in der Regel dauerhaft verwehrt. Die in kommunikativer Hinsicht als machtdefizitär erscheinende Verwaltung kann ihre „Niederlagen" aufgrund ihrer garantierten Kontrolle über Entscheidungen und ihrer politischen Verankerung in neoliberalen „imaginaries" problemlos hinnehmen und zugleich im öffentlichen Diskurs mit ihrer vermeintlichen Unterlegenheit kokettieren.

Die Kulturschaffenden des „hochkulturellen" Bereichs sind ebenfalls mit geringer Entscheidungsmacht ausgestattet. Zugleich ist auch ihre Interaktionsmacht aufgrund mangelnder Vernetzungen und oft schwachen sozialen Kapitals am Standort gering. Als Ausweg aus dieser doppelt defizitären Machtausstattung entwickeln diese Akteure in der Auseinandersetzung mit dem hegemonialen „imaginary" der Marktorientierung jeweils eigene „imaginaries" der ästhetischen Distanzierung. Distanzierungen bestehen hauptsächlich in reflektierenden, kritischen oder ironisierenden Haltungen gegenüber den Widersprüchen des Alltags. Allerdings wird hier – im Gegensatz zu den „Alternativen" – keine richtige Gegenposition zur Ökonomisierung des Sozialen und der Stadt entwickelt. Dies wäre aufgrund der Abhängigkeit dieser Akteure von staatlicher Finanzierung auch kaum zu erwarten. Das „imaginary" sieht vielmehr eine Ästhetisierung des Widersprüchlichen vor.

Der „schöne" Ort, der Kontraste und widersprüchliche Elemente auf sich vereinigt, erscheint zunächst als unverfänglich und ausreichend ambivalent, um vielfältige Assoziationen zuzulassen und eindeutige politische Positionierungen zu vermeiden. Eine unmittelbare diskursive Auseinandersetzung über Ortsdefinitionen, lokale Bindungen usw. wird von diesen Akteuren aufgrund der selbst erzeugten Distanzierungen und ästhetisierenden Indifferenzen kaum noch möglich. Interessenharmonien und -differenzen mit anderen Akteuren werden von ihnen zwar wahrgenommen, bieten aber kaum Anreize zum eigenen Engagement in den Netzwerken am Standort. Die Bindung an ein „imaginary" der ästhetisierenden Distanz wird in der Selbstwahrnehmung der Akteure allerdings kaum reflektiert. Die fortlaufend im professionellen Handeln praktizierte Distanzierung wird von ihnen eher als notwendiger Reflex auf erfahrene lebensweltliche Distanzen gedeutet denn als Ergebnis umfassenderer ideeller Selbstpositionierungen. Vermutlich ist dies eine nahe liegende Möglichkeit, mit der ambivalenten „Staatsnähe" des eigenen Handelns (qua öffentlicher Förderung) umzugehen. Für eine offene Ausgestaltung städtischer Räume werden diese Akteure jedoch eher unzuverlässige Ansprechpartner.

6 Resümee

Über „coole Orte" zu reden, bedeutet im Falle ostdeutscher Stadtentwicklung eine Auseinandersetzung der Akteure mit Machtpositionen, posttransformativen Politikverständnissen, übergreifenden räumlichen und ökonomischen „imaginaries" und miteinander zu vereinbarenden Ortsdefinitionen. Die Rückbindung ortsbezogener Governance-Prozesse, Diskurse und Kommunikationsformen an dominante und rezessive „imaginaries" rekonstruierend nachzuweisen und im Hinblick auf künftige Optionen einer bürgergerechten Stadtentwicklung zu diskutieren, stellt eine Aufgabe dar, der sich die sozialwissenschaftliche Stadtforschung vermehrt stellen sollte. Zugleich zeigt sich die Notwendigkeit, die Einbettung der Stadtentwicklung in große ökonomische und politische Strukturierungstrends, wie z.b. der ökonomischen Globalisierung und der weltweiten neoliberalen Ökonomisierung des Sozialen, wieder stärker zu thematisieren. Nachdem Governance-Forschung, Planungstheorie und empirische Sozialforschung in den vergangenen 15 Jahren eine Phase der in struktureller Hinsicht wenig geerdeten Kulturalisierung („cultural turn") durchlebt haben, lassen neue Forschungsfronten im Zusammenhang mit der Weiterentwicklung der „poststructural political economy" auf neue Erkenntnisse zur Formierung der vielfältigen Verbindungen von Alltagswelt und Strukturentwicklungen auf unterschiedlichen Ebenen hoffen.

Im Falle der Stadt Potsdam ist der Ausgang der Positionierung der Ortskonstrukte übrigens immer noch offen. Das raumbezogene „imaginary", das von Politik und Planung installiert wurde, hat inzwischen eine Verstärkung in Form eines weiteren lokalen Governance-Prozesses erfahren. Die Standortsteuerung in eigener Regie wurde durch die Stadt wegen mangelnder öffentlicher Publizität der Standortattraktivität und geringer Unterstützung des „top-down" installierten Konzepts durch die Akteure am Standort zunächst für gescheitert erklärt. Die Strategie des „copy and paste" wurde von den lokalen Kommunikationsproblemen und der Vielfalt der Interessen mehr oder weniger vereitelt. Um die bereits getätigten Investitionen in den Standort nicht völlig abschreiben zu müssen, beauftragte die Stadt im Jahr 2009 ein privates Beratungsunternehmen mit der Erarbeitung eines Konzepts zum Standortmarketing. Dieses Konzept sollte die ökonomische Attraktivität des Ortes erhöhen und die Markttauglichkeit der Basis-Imagination „Kultur und Wirtschaft" unter Beweis stellen. Mehrere Workshops begleiteten einen erneuten, von oben angestoßenen Kommunikationsprozess, der unter der Anleitung der Privaten zunächst hierarchiefreie Diskurse und offene Aushandlungen in Aussicht stellte. Die Stadt, so hatte es den Anschein, versuchte, ihr Interaktionsmachtdefizit auszugleichen. Allerdings stellte sich bald heraus, dass die Moderatoren harte ökonomische Kriterien gegenüber den oftmals nichtkommerziellen Nutzungsinteressen der freien Künstler und Raumpioniere bevorzugten. Das Ziel, eine größere Attraktivität des Ortes für zahlende Besucher herzustellen, setzte sich gegenüber allen konkurrierenden Attraktivitätsmomenten und Nutzungsansprüchen durch (Hoffmann 2011: 42). Inwieweit die abermals verstärkte Adressierung eines hegemonialen ökonomischen „imaginaries" in der Lage sein wird, wichtige soziale und subkulturelle

Interessen am Standort weiterhin zum Zuge kommen zu lassen, ist derzeit eine offene Frage – sowohl für die Betroffenen als auch für die begleitenden Sozialforscher.

Literatur

Beck, Ulrich/Beck-Gernsheim, Elisabeth (Hrsg.) (1994): Riskante Freiheiten. Frankfurt/Main: Suhrkamp
Beeck, Sonja/Brückner, Heike/Scurell, Babette (2009): Die anderen Städte. Band 9: Potenziale. Dessau: Stiftung Bauhaus Dessau
Bergmann, Malte (2011): Kreative Raumpioniere in Berlin Nord-Neukölln. Raumaneignungen und Repräsentationsformen. Saarbrücken: VdM Verlag Dr. Müller
Bourdieu, Pierre (1987): Die feinen Unterschiede. Kritik der gesellschaftlichen Urteilskraft. Frankfurt/Main: Suhrkamp
Bourdieu, Pierre (1998): Praktische Vernunft. Zur Theorie des Handelns. Frankfurt/Main: Suhrkamp
Butterwegge, Christoph (2007): Rechtfertigung, Maßnahmen und Folgen einer neoliberalen (Sozial-)Politik. In: Butterwegge et al. (2007): 135-219
Butterwegge, Christoph/Lösch, Bettina/Ptak, Ralf (Hrsg.) (2007): Kritik des Neoliberalismus. Wiesbaden: VS
Castoriadis, Cornelius (1987): The Imaginary Institution of Society. Cambridge: Polity Press
Christmann, Gabriela/Büttner, Kerstin (2011): Raumpioniere, Raumwissen, Kommunikation – zum Konzept kommunikativer Raumkonstruktion. In: Berichte zur deutschen Landeskunde 85. 2011. 361-378
Eckardt, Franz (2007): Diskursive Governancestrategien. Halle-Neustadt und die schrumpfenden Städte. In: Projektgruppe E&C und LOS Deutsches Jugendinstitut (2007): 102-149
Feldmann, Kathrin (2002): Quartiersmanagement Potsdam "Stern/Drewitz". In: Vierte Regionalkonferenz der Region Ost – Integrierte sozialräumliche Planung (2002), 23-27
Florida, Richard (2004): Cities and the Creative Class. New York: Routledge
Franz, Peter (2007): Führt die Umsetzung des Programms "Stadtumbau Ost" zur Herausbildung urbaner Regime in ostdeutschen Städten? In: Städte im Umbruch 4. 2007. 36-41
Fürst, Dietrich/Lahner, Marion/Zimmermann, Karsten (2005): Neue Ansätze integrierter Stadtteilentwicklung. Placemaking und Local Governance (Reihe REGIO transfer, 4). Erkner: Selbstverlag IRS
Gatrell, Jay Dean/Reid, Neil (Hrsg.) (2006): Enterprising worlds. A Geographic Perspective on Economics, Environments & Ethics. Dordrecht: Springer
Gensicke, Thomas/Dienel, Hans-Liudger/Olk, Thomas/Reim, Daphne/Schmithals, Jenny (2009): Entwicklung der Zivilgesellschaft in Ostdeutschland. Quantitative und qualitative Befunde. Wiesbaden: VS

Glaser, Barney G./Strauss, Anselm L. (2005): Grounded Theory. Strategien qualitativer Forschung. Bern: Huber
Gordon, David L. A. (1997): Managing the Changing Political Environment in Urban Waterfront Redevelopment. In: Urban Studies 34. 1997. 61-83
Hannemann, Christine (2003): Schrumpfende Städte in Ostdeutschland - Ursachen und Folgen einer Stadtentwicklung ohne Wirtschaftswachstum. In: Aus Politik und Zeitgeschichte. Beilage zur Wochenzeitung Das Parlament B 28/2003. 16-24
Harvey, David (2003): The Right to the City. In: International Journal of Urban and Regional Research 27. 2003. 939-941
Hitzler, Ronald/Honer, Anne (1994): Bastelexistenz. In: Beck/Beck-Gensheim (1994): 307-315
Hoffmann, Kati (2011): Kulturstandortentwicklung: Anspruch und Wirklichkeit. Das Beispiel der Schiffbauergasse in Potsdam. Bachelorarbeit. Berlin
Huning, Sandra/Kuder, Thomas/Nuissl, Henning/Altrock, Uwe (2010): Zwanzig Jahre Planung seit der deutschen Wiedervereinigung. In: Planungsrundschau 20. 2010. 7-17
Jessop, Bob/Oosterlynck, Stijn (2008): Cultural Political Economy. On Making the Cultural Turn without Falling into Soft Economic Sociology. In: Geoforum 39. 2008. 1155-1169
Keupp, Heiner/Ahbe, Thomas/Gmür, Wolfgang et al. (1999): Identitätskonstruktionen. Das Patchwork der Identitäten in der Spätmoderne. Reinbek: Rowohlt
Klöckner, Marcus B. (2007): Machteliten und Elitenzirkel. Eine soziologische Auseinandersetzung. Saarbrücken: VdM Verlag Dr. Müller
Kühn, Manfred/Liebmann, Heike (Hrsg.) (2009): Regenerierung der Städte. Strategien der Politik und Planung im Schrumpfungskontext. Wiesbaden: VS
Land Brandenburg, Ministerium für Infrastruktur und Landwirtschaft (2010): MitReden – MitMachen – MitRegieren. Dokumentation der Fachtagung zur Bürgermitwirkung am 04. November 2010
Landry, Charles (2008): The Creative City. A Toolkit for Urban Innovators. London: Earthscan
Lange, Bastian/Matthiesen, Ulf (2005): Raumpioniere. In: Oswalt (2005), 374-383
Lange, Bastian/Burdack, Joachim/Herfert, Günter (2006): Creative Leipzig? Socio-Economic Indicators, Developmenet Paths and Conditions of Creative Industries in the City Region of Leipzig. Amsterdam: AMIDsT
Larner, Wendy/Le Heron, Richard (2002): The Spaces and Subjects of a Globalising Economy. A Situated Exploration of Method. In: Environment and Planning D: Society and Space 20. 753-774
Lau, Christoph/Beck, Ulrich (1989): Definitionsmacht und Grenzen angewandter Sozialwissenschaft. Eine Untersuchung am Beispiel der Bildungs- und Arbeitsmarktforschung. Opladen: Westdeutscher Verlag
Laux, Helmut/Liermann, Felix (2005): Grundlagen der Organisation. Die Steuerung von Entscheidungen als Grundproblem der Betriebswirtschaftslehre. Berlin/Heidelberg: Springer

Le Heron, R. (2006): Towards Reconceptualising Enterprise, Entrepreneurship and Entrepreneurial Processes for Sustainable Futures. Contributions from Economic Geography. In: Gatrell/Reid. (2006): 119-130

Mahnken, Gerhard (2009): Public Branding und Wissen: Zum Entstehungsprozess einer metropolitanen Raummarke am Fallbeispiel Berlin-Brandenburg. In: Matthiesen/Mahnken (2009): 235-256

Matthiesen, Ulf/Mahnken, Gerhard (Hrsg.) (2009): Das Wissen der Städte. Neue stadtregionale Entwicklungsdynamiken im Kontext von Wissen, Milieus und Governance. Wiesbaden: VS

Mattissek, Annika (2008): Die neoliberale Stadt. Diskursive Repräsentationen im Stadtmarketing deutscher Großstädte. Bielefeld: Transcript

Oswalt, Philipp (Hrsg.): Schrumpfende Städte. Band 2: Handlungskonzepte. Ostfildern-Ruit: Hatje Cantz

Overmeyer, Klaus/Renker, Ursula (2005): Raumpioniere in Berlin. In: Garten und Landschaft 1. Abrufbar unter http://www.studio-uc.de/downloads/suc_raumpioniere-in-berlin.pdf; zuletzt aufgerufen: 14.02.2011

Prisching, Manfred (2009): Das Selbst. Die Maske. Der Bluff. Über die Inszenierung der eigenen Person. Wien: Molden Verlag

Projektgruppe E&C und LOS Deutsches Jugendinstitut (Hrsg.) (2007): Governance-Strategien und lokale Sozialpolitik. Dokumentation zum Workshop am 23. Mai 2006 in Halle. München: Selbstverlag Deutsches Jugendinstitut

Reißig, Rolf (1997): Transformationsforschung: Gewinne, Desiderate und Perspektiven (WZB Paper P 97-001). Berlin: Selbstverlag

Sanders, Karin/Kianty, Andrea (2006): Organisationstheorien. Eine Einführung. Wiesbaden: VS

Saupe, Gabriele (2009): Das Wechselverhältnis von Berlin und Brandenburg – eine "Hassliebe" und "Schicksalsgemeinschaft" seit mehr als 150 Jahren. In: Weith (2009): 25-38

Stone, Clarence N. (1993): Urban Regimes and the Capacity to Govern. A Political Economy Approach. In: Journal of Urban Affairs 15. 1993. 1-28

Strübing, Jörg (2008): Grounded theory. Zur sozialtheoretischen und epistemologischen Fundierung des Verfahrens der empirisch begründeten Theoriebildung. Wiesbaden: VS

Thumfart, Alexander (2004): Bürgerschaftliches Engagement in den Kommunen. Erfahrungen aus Ostdeutschland. Bonn: Friedrich-Ebert-Stiftung

Viehrig, Hans (2002): Potsdam: Geographische Strukturen im Wandel (Potsdamer Geographische Forschungen, 22). Potsdam: Eigenverlag

Vierte Regionalkonferenz der Region Ost – Integrierte sozialräumliche Planung (Hrsg.) (2002): Für E&C-Akteure und Interessierte der Bundesländer Berlin, Brandenburg, Mecklenburg-Vorpommern, Sachsen, Sachsen-Anhalt und Thüringen. Dokumentation zur Veranstaltung vom 28. November 2002 in Potsdam. Berlin: Eigenverlag

Weith, Thomas (Hrsg.) (2009): Alles Metropole? Berlin-Brandenburg zwischen Hauptstadt, Hinterland und Europa (Reihe Planungsrundschau c/o Fachgebiet Stadtumbau, Stadterneuerung). Kassel: Eigenverlag

Wetzstein, Steffen/Le Heron, Richard (2010): Regional Economic Policy „In-the-Making". Imaginaries, political projects and institutions for Auckland's economic transformation. In: Environment and Planning A 42. 2010. 1902-1924

Städte, Regionen und Landschaften als Augmented Realities. Rekonfigurationen des Raums durch digitale Informations- und Kommunikationstechnologien

Gertraud Koch

1 Einleitung

Digitale Kommunikationstechnologien sind heute eine ubiquitäre Angelegenheit. Die allerorten stattfindende Mobiltelefonie kann dafür als Signum gelten, auch wenn sie nur die gut sichtbare Spitze eines Eisbergs ist. Internet, Geo-Ortungssysteme, MP-3 Player und anderes mehr sind hier zu ergänzen. Bis in die letzten Winkel der Welt sind Mobiltelefone und Internet infrastrukturell implementiert und folglich rund um den Globus verfügbar, wenn auch aufgrund der damit verbundenen Kosten nicht alle Menschen an dieser Entwicklung partizipieren können. Mit den digitalen Kommunikations- und Informationsinfrastrukturen sind neue Kommunikationsformen[1] möglich geworden, die wesentlich auch zu einer Neukonfiguration raum-zeitlicher Erfahrungs- und Handlungsmöglichkeiten führen, die zentral für die aktuellen Entwicklungen der Spätmoderne (Giddens 1990) bzw. der flüchtigen Moderne (Bauman 2000) sind. Anders als im Zusammenhang mit den elektronischen Medien vermutet (Meyrowitz 1985), haben die globalen Informationsströme nicht zu einem Bedeutungsverlust des Lokalen oder der direkten Face-to-face Kommunikation geführt, sondern im Gegenteil in verschiedenen Bereichen deren spezifische Bedeutung hervorgehoben, ohne dass deren Qualitäten und Merkmale verallge-

---

1   Der Begriff der Kommunikation wird von Neuberger je nach theoretischer Ausrichtung als Oberbegriff oder als Teilbereich der Interaktion begriffen. Kommunikation ist dabei abzugrenzen von Interaktivität, welches ein Potenzial von Medientechnologien darstellt, wobei die verschiedenen Technologien jeweils unterschiedliche Intensitäten der Interaktivität ermöglichen (Neuberger 2007). Der Abruf von Informationen von Portalen aus dem Internet über das Mobiltelefon wäre dabei als Modus der massenmedialen Kommunikation zu sehen, ähnlich wie sie über Zeitungen erfolgt, wenn auch in der virtuellen Welt mit weitaus größerem Spektrum an Wahlmöglichkeiten und anderen Möglichkeiten zur eigenen kommunikativen Beteiligung. Massenmediale und interpersonale Kommunikationsformen sind über das Internet beide möglich, sodass dies dann jeweils im Einzelfall differenzierter betrachtet werden muss.

meinernd zu benennen wären. Diese Neubewertung und die damit einhergehende neue Aufmerksamkeit gegenüber dem Lokalen gewinnt zusätzlichen Auftrieb durch die zunehmende Popularisierung von Geo-Ortungssystemen (GPS), die mit entsprechenden digitalen Endgeräten ein informationsgestütztes Navigieren durch Städte, Regionen und Landschaften ermöglicht. Die sogenannten Smart Phones, die Mobiltelefonie, Internet und GPS in einem Gerät, also Standortbestimmung, massenmediale und interpersonale Kommunikationsmöglichkeiten miteinander vereinen, werden so zu sogenannten „locative media". Diese machen vielfältige Informationen über den Standort zugänglich und ermöglichen so ad hoc eine umfassende, informationelle Erschließung des eigenen Aufenthaltsortes unter ganz unterschiedlichen Interessensschwerpunkten. Die Infrastrukturen der Globalisierung, die die informationelle Überwindung raum-zeitlicher Unterschiede und damit eine globale Konnektivität versprechen, erfahren durch diese Fusion von Mobiltelefonie, Internet und GPS eine lokalisierende Wende. Mit der Verbreitung von digitalen Endgeräten werden neue kommunikative Prozesse ermöglicht, durch die Räume in der Art von Hypertexten, wie wir sie aus dem Internet kennen, mit Texten, Visualisierungen und Tönen verknüpft werden können (vgl. Abb. 1).

Abb. 1: Ausschnitt des Screenshot einer Youtube-Seite vom 29. April 2013

Quelle: http://www.youtube.com/watch?v=PdmSVCDmJGA

Das „tagging" als symbolische Kodierung von sozialen Räumen erfolgt so nicht mehr nur materiell, wie sie mittels Graffitis, Straßennamen, Architektur, Denkmale, Beschilderungen usw. mitgeteilt werden. Sie werden nun auch virtuell über Smart Phones oder auch andere digitale Endgeräte kommuniziert, die mittels entsprechenden Anwendungsprogrammen, Informationen aus dem Internet und GPS-Daten nun auch „virtuelle Raummarker" setzen. Virtuelle Bilder und Texte werden so über Alltagsräume gelegt und setzen diese in neue Interpretationsrahmen. Auch wenn diese Technologien erst allmählich Verbreitung finden, so nehmen diese massenmedialen Charakter an. Zwar ist von einem immer deutlicheren Zuschnitt von solchen Medieninhalten auf bestimmte Nutzergruppen und damit einer ausdifferenzierten Rezeption der Informationen auszugehen, aufgrund der allgemeinen und weitgehend freien Verfügbarkeit ist deren massenmedialer Charakter damit allerdings kaum infrage gestellt. Potenziell erleben so unterschiedliche Besucher denselben faktischen Raum aufgrund dessen Durchdringung mit verschiedenen digitalen Hypertexten in völlig unterschiedlichen symbolischen Kodierungen. Um zu erfahren, ob und welche anderen symbolischen Deutungsangebote es aufgrund der räumlichen Phänomenologie gibt, ist allein die körperliche Präsenz in diesem sozialen Raum so nicht mehr ausreichend informativ.[2] Damit entstehen kommunikationstheoretisch vielfältige Fragen im Zusammenwirken der Phänomenologie eines faktischen Raumes, seinen digitalen Anreicherungen durch virtuelle Raummarker und raumkonstitutiven Diskursen.

2 Zur Mischung von faktischen und virtuellen Realitäten in Augmented Realities

Die Augmented Realities gehören zu den so genannten Mixed Realities, sind also eine Verschmelzung von virtuellen und faktischen Umgebungen. Faktische Umgebungen, so wie wir sie ohne technische Medien wahrnehmen, unterscheiden sich von virtuellen Umgebungen oder auch kybernetischen Räumen, die nur

---

2   Relevant ist in diesem Zusammenhang die Postphänomenologie, die die Veränderungen der Wahrnehmung von Wirklichkeit aufgrund von deren Technisierung theoretisch konzeptualisiert (Ihde 1990; 1993) und somit wichtige Grundlagen für die Erforschung der Augmented Realities in Städten, Regionen und Landschaften bietet. In diesem Zusammenhang ist auch die Intensität der Kompetenz bedeutsam, die ein Raumnutzer mitbringen muss, um die symbolischen Deutungsangebote eines Raumes in ihrer Bandbreite wahrnehmen zu können. Lese- und Schreibfähigkeiten digitaler Medien werden hierbei immer bedeutsamer, wobei diese keinesfalls trivial sind und auch in erheblicher Intensität mit technischen Kompetenzen verbunden sind. Dabei ist zu bedenken, dass immer mehr „Anwender" ihre eigenen Programme schreiben und via Internet massenmedial anbieten, also gängige Logiken von Konsumenten und Anbietern in der digitalen Welt häufig nicht mehr greifen.

in und aufgrund von Medien existieren, wie beispielsweise Computerspiel-Umgebungen.

Auf einem Kontinuum von Realität zu Virtualität (vgl. Abb. 2), das auf Milgram, einen in Kanada arbeitenden Ergonomieforscher und seinen Kollegen Kishino aus Tokio zurück geht, können so unterschiedliche Grade der Medialisierung von Räumen unterschieden werden (Milgram und Kishino 1994). Die Augmented Reality ist stärker in faktischen Umwelten verortet. Ein Beispiel wäre ein Pilot mit Datenhelm und Bildschirmbrille, der sich weit voraus liegende Landschaften zuspielen lässt. Eine Augmented Virtuality ist demgegenüber stärker in der Virtualität anzusiedeln, das wäre beispielsweise ein virtueller Konferenzraum, in den per Webcam Bilder der Teilnehmer zugespielt werden.

Abb. 2: Das Kontinuum der Mixed Reality

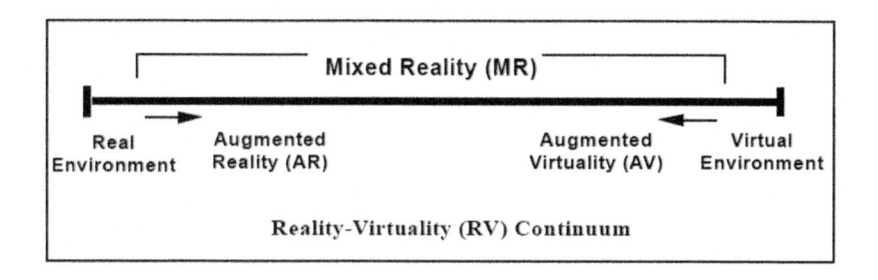

```
                    ┌──────────── Mixed Reality (MR) ────────────┐
    ├──────────────────────────────────────────────────────────────┤
        →                                              ←
      Real       Augmented                    Augmented      Virtual
   Environment   Reality (AR)                 Virtuality (AV) Environment

                    Reality-Virtuality (RV) Continuum
```

Quelle: Milgram/Takemura/Utsumi/Kishino (1994: 283).

Es geht also um unterschiedliche Intensitäten der Medialisierung, die durch Telepräsenztechnologien hergestellt werden. Die telemedialen Zuspielungen ergänzen die jeweiligen Umgebungen und damit auch die Wahrnehmungen von ihnen. Solche Verschmelzungen von virtuellen und faktischen Räumen zu Mixed Realities finden heute verstärkt statt. Sie haben weitaus unspektakulärer als in dem Fall des Piloten, dafür aber ausgesprochen breitenwirksam, Einzug in den Alltag gehalten, wie die Beispiele der Smart Phones zeigen. Mit fallenden Preisen werden diese zunehmend alltagsrelevant.

Landschaften und Städte werden, das wird hier deutlich, über die smarten Begleiter mit einer Art Hypertextstruktur versehen, die sie neu und verändert erfahrbar macht. Städte werden, aufbauend auf ihrer bestehenden Substanz, darüber mit neuen Qualitäten ausgestattet, die teils unter dem Begriff der „Smart Cities" angepriesen werden, weil sie informationell angereichert, aber auch überwacht und gesteuert werden sollen. Räume erfahren über die digitalen In-

Städte, Regionen und Landschaften als Augmented Realities 213

formations- und Kommunikationstechnologien somit informationelle und kommunikative Anreicherungen, die für das Handeln in diesem Raum und dessen Wahrnehmung von Bedeutung sind (vgl. Abb. 3). Darüber hinaus können sie auch als Ressourcen für Imaginationen fungieren (Färber 2008; Lindner 1997), wobei gerade auch die Imagination immer wieder als wesentliche Triebkraft für soziales Handeln und kulturelle Produktionen herausgestellt worden ist (Appadurai 1991), folglich eine wichtige Größe in Forschungsperspektiven ist. Das Imaginative, das in der Nutzung digitaler Medientechnologien immer in irgendeiner Form mitschwingt, ist so neben Praxisformen und Sinnhorizonten als eine wichtige Dimension kulturanalytischer Perspektiven auf diese digitalen Anreicherungen in Städten, Regionen und Landschaften zu verstehen.

Abb. 3: Ausschnitt des Screenshot der „Jungfrau klimaguide"-Website

Quelle: http://www.jungfrau-klimaguide.ch/#/de/iphone/6464/; Zugriff am 29. April 2013.[3]

---

3   Den Hinweis auf dieses Beispiel verdanke ich Linda Witte.

3 Die Implementierung von Augmented Realities in Stadträumen am Beispiel von Friedrichshafen und Hamburg

Was die digitale Anreicherung von Stadträumen bedeutet, wird an der „T-City" Friedrichshafen deutlich, einem 2008 von der Deutschen Telecom gesponserten Pilotprojekt. Friedrichshafen wurde mit flächendeckenden Breitbandverbindungen „digital aufgerüstet". Über Internet Hotspots im öffentlichen Raum, und damit einhergehend über einer Vielzahl von Pilotprojekten, sollte der Stadtraum über digitale Technologien neu erschließbar und erfahrbar gemacht werden.

Viele Alltagsbereiche sind dabei in der Pilotphase bis 2012 angesprochen: Lernen und Forschen (2 Projekte), Mobilität und Verkehr (3 Projekte), Tourismus und Kultur (9 Projekte), Bürger, Stadt und Staat; Wirtschaft und Arbeit (6 Projekte), Gesundheit und Betreuung (7 Projekte). Alle Pilotvorhaben waren darauf angelegt, den Stadtraum Friedrichshafen in neuer Weise zu erschließen, dabei die Bedürfnisse spezifischer Nutzergruppen aufzugreifen und durch die informationelle Anreicherung neue Zugangsweisen zu entwickeln.

Eine genauere Betrachtung von drei Angeboten im Bereich Tourismus und Kultur zeigt, wie dies erfolgte. Im Stil der oben bereits skizzierten Verbindungen zwischen Mobiltelefon, Internet und GPS wurde ein digitaler Wanderführer, „Interaktives Wandern", angeboten, welcher über örtliche Spazierwege lenkt und gleich auch die Problematik sich rasch leerender Mobiltelefon-Akkus durch das Angebot eines am Rucksack zu befestigenden Solarmoduls mit behandelt. Die Anwendung „suchen.mobi" verknüpft mit gleicher Technologie Positionsangaben einer Person mit Informationen aus der Umgebung, leitet also zu Restaurants, Einkaufsmöglichkeiten, Apotheken oder Sehenswürdigkeiten. Ein SMS-Nachrichten-Portal ermöglicht den mobilen Abruf der „CityInfo".

Alle im Rahmen der „T-City" umgesetzten Projekte arbeiteten mit Telepräsenztechnologien, ermöglichten über zielgerichtete Informations- und Kommunikationsangebote spezifische Raumwahrnehmungen und -erfahrungsmöglichkeiten und organisierten die raum-zeitlichen Verhältnisse in Friedrichshafen damit neu. Die Vorhaben im Gesundheits- und Betreuungsbereich etwa zielten vor allem auf die Betreuung von alten und kranken Menschen zuhause, was angesichts des hier vorzufindenden hohen Altenquotienten vorausschauend war und durch die im Zuge des demografischen Wandels zu erwartenden Engpässe in Pflege und Versorgung älterer Menschen adressierte. In der Summe und Vielfalt, in der die in Friedrichshafen durchgeführten Pilotprojekte verschiedene Lebensbereiche ansprechen, steht das Gesamtprojekt für die gesellschaftliche und damit auch die raumwissenschaftliche Relevanz der Thematik. Dies ist auch deswegen der Fall, weil einige von den in Friedrichshafen umgesetzten Projekten Adaptierungen und Bündelungen bereits bestehender Innovationen waren, die auch andernorts bereits in Pilot- oder Realisierungsphasen waren. Das Handyparken, also die Bezahlung der Parkgebühren über das Mobiltelefon, wurde dementsprechend nicht mehr explizit in der Selbstdarstellung der „T-City" Friedrichshafen aufgeführt. Der Neuigkeitswert war hierfür wohl zu gering, da dies in vielen deutschen Städten bereits möglich ist (vgl. http://www.mobilecity. de/handyparken/; Zugriff am 29. April 2013).

Ohne dass bereits detaillierte Untersuchungen dazu durchgeführt worden sind, wie diese neuen Kommunikationsmöglichkeiten die städtische Entwicklung von Friedrichshafen und die regionale Entwicklung des Bodenseekreises konkret beeinflussen, lässt sich unschwer ahnen, dass damit neue „regimes of living" (Collier und Lakoff 2005)[4] etabliert werden, welche verändernd auf diesen Lebens-, Arbeits- und Wirtschaftsraum in Zukunft einwirken. Diese Hypertextualisierung von Städten, Regionen und Landschaften ist von der Angebotsseite her schon weiter fortgeschritten als es im breiten Nutzungsverhalten zu beobachten ist. Dies wird deutlich, wenn man im Internet die große Anzahl der hier schon zur Verfügung stehenden kostenlosen oder kostenpflichtigen „Apps" feststellt, also von auf das smarte Mobiltelefon herunter zu ladenden Anwendungsprogrammen, die in Verbindung mit Internet, GPS und Mobilfunkdatendiensten eine Vielzahl an Hypertextualisierungen von Räumen bereits vornehmen.

Einige „Apps", die schon als Standard im Standortmarketing größerer Städte wie Hamburg, Berlin, München oder Düsseldorf bezeichnet werden können, sind die „Stadt Apps", die das Erschließen des Stadtraumes für Einwohner und Touristen erleichtern sollen. Wie diese funktionieren, wird exemplarisch an der „Hamburg App" deutlich, mit der viele Informationen aus dem offiziellen Portal der Hansestadt vom Handy aus abgerufen werden und mit dem Geoortungssystem des iPhones – Prototyp und Inbegriff des Smart Phones – kombi-

---

4 Nach Collier und Lakoff regeln die „regimes of living" in konkreten sozio-historischen Konstellationen, wie man sich verhalten soll und was als gutes Leben gilt. Dabei werden bestimmte Normen und Werte verhandelt bzw. etabliert, die das Individuum in lebenspraktischen Fragen leiten, also einen bestimmten Ethos etablieren. Die „regimes of living" stehen so für eine Systematik der Regulierung, ohne dass sie damit schon die Stabilität einer konkreten Institutionalisierung als politisches Regime hätten. Sie weisen dadurch eine höhere Flexibilität, aber auch eine zeitliche Begrenztheit auf. Zugleich besitzen "regimes of living" eine große Kapazität für Extensionen und Abstraktionen: „Once they have taken shape, they can be flexibly invoked by actors (whether individual or collective) in problematic or uncertain situations – situations that are characterized by a perceived gap between the real and the ideal, that are in search of norms and forms to guide action. Thus, on the one hand, regimes of living give problematic situations a certain moral or ethical structure for a particular, situated, ethic subject. On the other hand, the regime of living assumes concrete, substantive form only in relation to the exigencies of a given situation, and may even be reshaped, or reworked in a given situation." (Lakoff/Collier 2005: 35).

niert werden können (vgl. Abb. 4). Es ist dem „suchen.mobi" in Friedrichshafen ähnlich, das ebenfalls Einkaufsmöglichkeiten, Restaurants, Museen, Sehenswürdigkeiten usw. im näheren Umfeld des eigenen Aufenthaltsorts erschließt.

Abb. 4: Ausschnitt des Screenshot der „Hamburg App"-Website

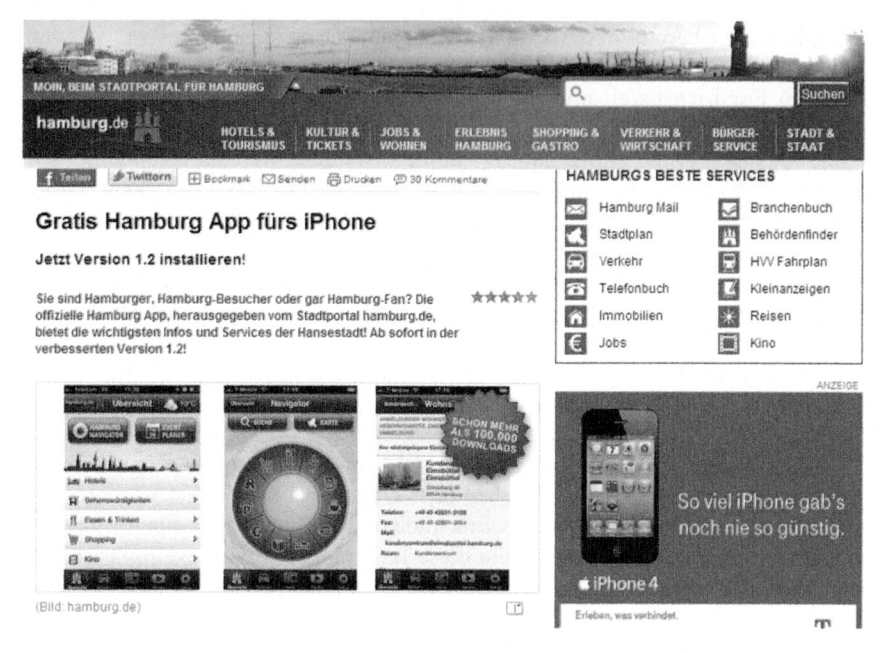

Quelle: http://www.hamburg.de/app/; Zugriff am 29. April 2013.

Die Website erläutert, welche neuen Möglichkeiten mit dieser Anwendung für das Mobiltelefon erwachsen: „Die Hamburg-App für das iPhone macht Besuchern den Aufenthalt in Hamburg besonders bequem – per GPS Ortung finden Sie alles was Sie brauchen direkt in Ihrer Nähe. Vormittags Shopping in der Innenstadt, zum Lunch in ein angesagtes Restaurant, nachmittags Sightseeing und am Abend ins Musical – die Hamburg App weist Ihnen den Weg durch die Hansestadt. (…) Für Hamburger bietet die App ein paar besondere Features: Mit dem Behördenfinder können Sie jetzt auch unterwegs Ihre Behördengänge planen. (…) Auch die Öffnungszeiten des Lieblingscafés, welche Filme heute im Kino starten, wo Sie das nächste WLAN nutzen können, Ihre passende Verbin-

Städte, Regionen und Landschaften als Augmented Realities   217

dung mit dem HVV und viele weitere praktische Infos haben Sie immer griffbereit." (http://www.hamburg.de/app/; Zugriff am 29. Apr. 2013)
So lautet das Versprechen eines neuen Erlebens der Stadtqualitäten für die Touristen und ein wenig auch die Aussicht auf einen erleichternden Umgang mit den urbanen Zumutungen für die Einwohner. Im Hinblick auf die Konsequenzen, die diese Anreicherung des Stadtraums mit digitalen Kommunikationsmöglichkeiten und Angeboten für die Entwicklung von Städten, Regionen und Landschaften haben werden, stellen sich vielfältige Forschungsfragen, die wegen der Neuigkeit und dem raschen Fortschritt dieser Entwicklungen noch darauf beschränkt sind, in relativ allgemeiner Form Themenstränge und Problemperspektiven zu umreißen.

4 Forschungsperspektiven: Rekonfigurationen des Raums durch digitale Informations- und Kommunikationstechnologien

a) Aneignung und Nutzung des Stadtraums

Es liegt auf der Hand, dass die digitalen Anreicherungen eines aktuellen Aufenthaltsortes neue Praktiken der Nutzung und der Aneignung des Stadtraums ermöglichen bzw. erfordern. Neben der „Hamburg App" sind es inzwischen eine Vielzahl an digitalen Informationsobjekten, die man nutzt und teils auch benötigt, um sich durch den Stadtraum zu bewegen: EC-, Geld-, Schlüssel- und Kundenkarten, Fahrscheine, mobiltelefonie-gestützte Zahlungssysteme, Buchungscodes für Tickets usw. (Licoppe et al. 2008), aber auch spielerische Formen wie das Geocaching – eine Art digitale Schnitzeljagd, geleitet über Geoortungssysteme (Souza e Silva/Sutko 2009). Städte mit ihren spezifischen Lebensräumen, -alltagen und Ortsqualitäten werden über die digitalen Anreicherungen neu konfiguriert und dann erlebt. Stadtheimat bzw. Strategien der Beheimatung an einem Ort (Binder 2008), wie sie für mobile Menschen in der Spätmoderne immer wichtiger werden, finden mit diesen Technologien neue Möglichkeiten und Formen. Es werden darüber nolens volens neue Inklusionen und Exklusionen in der alltäglichen Nutzung des Stadtraums erzeugt. Auch Zugänge zu Wissen werden eröffnet oder bleiben verschlossen, abhängig davon, ob man im Besitz eines Smart Phones und der notwendigen Verträge für Datenübertragung per WLAN oder Mobilfunk ist und die entsprechenden Apps zur Erkundung des Stadtraums verfügbar hat. Zugleich müssen die Bewohner bestimmtes Wissen und neue Kompetenzen im Umgang mit den Technologien aneignen, die über die Bedienung hinaus erfordern, Updates oder neue Apps, Datensicherheit und Funktionsfähigkeit des Endgeräts, Geschäftsmodelle und

Kostenentwicklung der Technologien im Blick zu behalten. Zugleich werden mit den Smart Phones, die permanent „online" sind, neue Formen der Überwachungen ihrer Nutzer und der Nachverfolgbarkeit ihrer Aufenthaltsorte möglich. Auch Eingriffe bzw. Steuerungen von deren Verhalten werden teils über Bedienmodi und -aufforderungen mehr oder minder deutlich organisiert, etwa über technisch generierte Mitteilungen zu Aktivitäten im eigenen Nutzerprofil eines sozialen Netzwerks im Internet oder auch „Push"-Dienste wie Börsennachrichten, Newsletter etc.

b) Imaginationen, Repräsentationen und Texturen des Urbanen

Die Metropolen gewinnen mit der Digitalisierung neue Möglichkeiten, ihre von Louis Wirth herausgestellten Charakteristika – Geschwindigkeit, Dichte und Diversität – zu intensivieren und neu zu interpretieren (Wirth 1938). Die Stadt-Apps allgemein, wie hier beispielhaft an der „Hamburg App" gezeigt, sind eben darauf angelegt, möglichst schnell, möglichst dicht hintereinander, möglichst vielfältig die Stadt leben und erfahren zu können. Es sind die Extensionen durch die Medien (Bausinger 2005 [1961]), die ihre Entwickler wie Nutzer motivieren. Die Digitalisierung wird – wie dies Georg Simmel bereits für die Metropole und Shmuel Eisenstadt für die Moderne postuliert haben – so wesentlich von ihren eigenen Verheißungen vorangetrieben. Es sind die Imaginationen des Digitalen, die Vieles in Gang setzen. Es ist erst einmal vielversprechend mit der „Hamburg App" ein neues Instrument zum Navigieren in der Stadt und zum Erleben des Urbanen in der Hand zu haben.

Die digitalisierte Metropole, die sich als „Smart City" mit allerlei informationellen und kommunikativen Anreicherungen zur Hypertextualisierung des Stadtraums präsentiert, ist zugleich auch eine Repräsentation, ein Signum des Urbanen. Sie steht für die Dynamik und Innovativität der Metropole wie auch für deren Willen, die metropolitanen Lebensqualitäten wie auch -zumutungen positiv zu gestalten und (er-)lebbar zu machen. Die Imaginationen als medial angereicherte Stadt werden als greifbare Zukunftsoption und als Signal für ihre Öffnung hin zur Postmoderne inszeniert und bleiben nicht ohne Konsequenzen für die gebaute Umwelt und damit die Textur der Stadt, über die die Menschen diese kennenlernen und erleben. Aus der gebauten Umwelt der als Augmented Reality organisierten Stadt weichen Telefonzellen, Parkuhren, Fahrkartenschalter und Autoschlangen vor dem Parkhaus. Digitale Lesegeräte, Verkehrsleitsysteme, Internet Hotspots und Solarsteckdosen ziehen stattdessen ein.

c) Reorganisation von Öffentlichem und Privatem

Telepräsenzen, „digital proximities", technogene Nähen (Beck 2000; Licoppe 2004) überlagern Alltagssituationen im öffentlichen Raum, der vielfach dabei zum Privaten gemacht wird, etwa durch Mobiltelefongespräche oder auch durch die Abschottung mittels Mediennutzung: Kopfhörer im Ohr in der S-Bahn, Auge auf dem Laptop im Straßencafe, Hörer am Ohr auf der Parkbank (Licoppe/Inada 2008). Aber auch vielfältiges Kontext-Switching und Koordinationsleistungen im Wechsel zwischen telepräsenten Kontexten, zwischen Privatem und Öffentlichem, wird notwendig, neue Konventionen, die sich im Umgang damit herausbilden müssen. Ich habe dabei eine ethnographische Vignette von Wessendorf im Sinn, die aus ihrer Forschung in einem super-diversen Londoner Stadtteil beschreibt, wie das Handy einer Migrantin zwischen ihr und dem Kassierer im Supermarkt hin und her gereicht wird, alle geduldig die Übersetzungsleistungen abwartend, damit der Einkauf abgewickelt werden kann (Wessendorf 2010). Individualisierte, hochmobile Lebens- und Arbeitsformen verändern so das Leben in öffentlichen Räumen, welche verstärkt individualisierte Zeit-, Orts- und Arbeitsregime beheimaten und kaum noch Orte der Verhandlung von öffentlichen Interessen sind (Bauman 2000). Auch ökonomische Interessen spielen vielfach eine wesentliche Rolle hierbei.

5 Resümee

Für die Frage, wie kommunikative Prozesse die urbanen und regionalen Entwicklungen prägen, sind die digitalen Anreicherungen von Städten, Regionen und Landschaften eine zentrale Dimension, nicht zuletzt weil sie sich rasch verbreiten. Diese neue technologie- und ökonomiegetriebene Entwicklung stellt in einer Theorieperspektive, was die spezifische Lokalität ausmacht und wie diese erfasst werden kann, eine neue Herausforderung dar. Ihr prozesshafter Charakter und die davon ausgehenden weiteren Dynamisierungen sozialer Praktiken unterstreichen die Notwendigkeit der von Thrift (2007) immer wieder eingeforderten „non-representational theory", die Orte von den dort stattfindenden Imaginationen und Interaktionen, von den Prozessen und Praktiken in ihren Bezügen zur gebauten Umwelt her erforscht. Aus Sicht der Stadtanthropologie stellen sich so Fragen danach, wie die digitalen Medien den Habitus einer Stadt (Lindner 2003), die Geschmackslandschaften (Musner 2009) und die Beheimatungsstrategien (Binder 2009) re-organisieren und wie die Netzwerke, die sich hier mittels der digitalen Kommunikationsinfrastrukturen manifestieren und lokal wirksam werden, das Lokale (Glick Schiller/Caglar 2009) charakterisieren. Die Erforschung der Augmented Realities kann so für die weitere Theorieentwicklung in dieser Hinsicht als eine paradigmatische Entwicklung begriffen werden. Mit ihrer Implementierung finden Rekonfigurationen räumlicher, sozialer und kultureller Prozesse und Strukturen statt. Solche Umbruchsituationen, in denen Bekanntes in Frage gestellt wird und neue Konventionen sich noch nicht herausgebildet haben, bieten die Gelegenheit, in Wechselwirkung befindliche Zusammenhänge und Verschränkungen von Räumlichem und Sozialem in situ zu beobachten. Die kritisierte gängige Praxis und das seitdem fortwährende sozialwissenschaftliche Dilemma (Schultheis 2004), nach dem die eine Kategorie aus der Perspektive der anderen – und damit reduktionistisch – analysiert wird, ist dort, wo Vieles neu rekonfiguriert wird, leichter zu durchbrechen.

Literatur

Appadurai, Arjun (1991): Global Ethnoscapes. Notes and Queries for a Transnational Anthropology. In: Fox (1991): 191-210
Bauman, Zygmunt (2000): Liquid Modernity. Cambridge: Polity Press
Bausinger, Hermann. (2005, [1]1961): Volkskultur in der technischen Welt. Frankfurt/Main und New York: Campus
Beck, Stefan (Hrsg.) (2000): Technogene Nähe. Ethnographische Studien zur Mediennutzung im Alltag. Münster: LIT-Verlag
Binder, Beate (2008): Heimat als Begriff der Gegenwartsanalyse? Gefühle der Zugehörigkeit und soziale Imaginationen in der Auseinandersetzung um Einwanderung. In: Zeitschrift für Volkskunde 104. 2008. 1-17
Binder, Beate (2009): Die Anderen der Stadt. Überlegungen zu Forschungsperspektiven im Grenzgebiet von Europäischer Ethnologie und Geschlechterstudien. In: Zeitschrift für Volkskunde 105. 2009. 233-254
Biskup, Thomas/Schalenberg, Marc (Hsg.) (2008): Selling Berlin: Imagebildung und Stadtmarketing von der preußischen Residenz bis zur Bundeshauptstadt. Stuttgart: Steiner
Collier, Stephen J./Lakoff, Andrew (2005): On Regimes of Living. In: Ong/Collier (2005): 22-39
Färber, Alexa (2008): Urbanes Imagineering in der postindustriellen Stadt. Zur Plausibilität Berlins als Ost-West-Drehscheibe. In: Biskup/Schalenberg (2008): 279-296
Fox, Richard G. (Hrsg.) (1991): Recapturing Anthropology. Working in the Present. Santa Fe, New Mexiko: University of Washington Press
Giddens, Anthony (1990): The Consequences of Modernity. Stanford: University Press

Glick Schiller, Nina/Caglar, Ayse (2009): Towards a Comparative Theory of Locality in Migration Studies: Migrant Incorporation and City Scale. In: Journal of Ethnic and Migration Studies 35. 2009. 177-202
Ihde, Don (1990): Technology and the Lifeworld. Bloomington: Indiana University Press
Ihde, Don (1993): Postphenomenology. Evanston: Northwestern University Press
Licoppe, Christian (2004): 'Connected' Presence: The Emergence of a New Repertoire for Managing Social Relationships in a Changing Communication Technoscape. In: Environment and Planning D. Society and Space 22. 2004. 135-156
Licoppe, Christian/Diminescu, Dana/Smoreda, Zbigniew/Ziemlicki, Cezary (2008): Using Mobile Phone Geolocalisation for 'Socio-Geographical' Analysis of Coordination, Urban Mobilities, and Social Integration Patterns. In: Tijdschrift voor Economische en Sociale Geografie 99. 2008. 584-601
Licoppe, Christian/Inada, Yoriko (2008): Geolocalized Technologies, Location-Aware Communities, and Personal Territories. The Mogi Case. In: Journal of Urban Technology 15. 2008. 5-24
Lindner, Rolf (1997): Perspektiven der Stadtethnologie. In: Historische Anthropologie 5. 1997. 19-328
Lindner, Rolf. (2003). Der Habitus der Stadt – ein kulturgeographischer Versuch. In: Petermanns geographische Mitteilungen 147. 2003. 46-53
Mein, Georg/Rieger-Ladich, Markus (Hrsg.) (2004): Soziale Räume und kulturelle Praktiken. Über den strategischen Gebrauch von Medien. Bielefeld: Transcript
Meyrowitz, Joshua (1985): No Sense of Place the Impact of Electronic Media on Social Behavior. New York: Oxford University Press
Milgram, Paul/Kishino, A. Fumio (1994): Taxonomy of Mixed Reality Visual Displays. Paper presented at the IEICE Transactions on Information and Systems
Milgram, Paul/Takemura, Haruo/Utsumi, Akira/Kishino, A. Fumio (1994): Augmented Reality: A Class of Displays on the Reality-Virtuality Continuum. Paper presented at the Telemanipulator and Telepresence Technologies
Musner, Lutz (2009): Der Geschmack von Wien. Kultur und Habitus einer Stadt. Frankfurt/Main und New York: Campus
Neuberger, Christoph (2007): Interaktivität, Interaktion, Internet. Eine Begriffsanalyse. In: Zeitschrift für Publizistik 52. 2007. 33-50
Ong, Aihwa/Collier, Stephen J. (Hrsg.) (2005): Global Assemblages. Technology, Politics, and Ethics as Anthropological Problems. Malden, Oxford und Victoria: Blackwell Publishing
Schultheis, Franz (2004): Das Konzept des sozialen Raums. Eine zentrale Achse in Pierre Bourdieus Gesellschaftstheorie. In: Mein/Rieger-Ladich (2004): 15-26
Souza e Silva, Adriana de/Sutko, Daniel M. (Hrsg.) (2009): Digital Cityscapes. Merging Digital and Urban Playspaces. New York u. a.: Lang
Thrift, Nigel (2007): Non-Representational Theory: Space, Politics, Affect. London: Routledge
Wessendorf, Susanne (2010): Commonplace Diversity: Social Interactions in a Super-Diverse Context. Göttingen: MPI zur Erforschung multireligiöser und multiethnischer Gesellschaften

Wirth, Louis (1938): Urbanism as a Way of Life. In: The American Journal of Sociology 44. 1938. 1-24

Ein systemisches Kommunikationsmodell für die räumliche Planung

Ursula Stein

1 Einleitung

Kommunikation war immer ein wichtiges Element in der Stadt- und Regionalplanung. Eine besondere Betonung erfuhr die kommunikative Praxis seit den 1970er Jahren, als sich das Augenmerk auf Beteiligung und Stärkung der Rechte strukturell Benachteiligter richtete. In der Planungstheorie wurde dies in den 1990er Jahren als „communicative turn" im Kontext von Konzepten der „Governance" diskutiert. Dieser Beitrag verfolgt das Ziel, ein Modell der Kommunikation mit systemischen und konstruktivistischen Wurzeln (Schmid 2006; 2008)[1] für die Praxis der kommunikativen Planung aufzubereiten. Er geht dabei von der Erfahrung aus, dass ein solches Modell hilft, Kommunikation in der Raumplanung zu verstehen und entsprechende Aktivitäten vorzubereiten. In einer systemischen Perspektive ist Stadt- und Regionalplanung untrennbar mit Kommunikation verknüpft. Diese Kommunikation muss mit gleicher Sorgfalt geplant und durchgeführt werden wie ein räumlicher Entwurf.

Das in diesem Beitrag vorgestellte Modell der Kommunikation platziert Stadt und Region so, dass ihre doppelte Rolle als Ort und Anlass für die Kommunikation deutlich wird. Ich möchte vorweg betonen, dass dieses Modell nicht den Anspruch erhebt, Theorie oder Teil davon zu sein, sondern ein Konzept, das dazu dient, Denken und Handeln von Professionellen in praktischen Kontexten zu strukturieren.

Das Potenzial dieses Verständnisses von kommunikativer Planung wird dann anhand von praktischen Beispielen verdeutlicht. Es geht um bessere planerische Lösungen und zugleich um eine Kommunikation, die für die beteiligten Akteure eine soziale Bedeutung entfaltet und damit die Ergebnisse kommunikativer Planung möglich macht und stabilisiert. Zu den Elementen solcher Planungsprozesse gehört es, gemeinsam den Raum zu erfahren, gemeinsame Bilder

---

[1] Schmid bezieht sich seinerseits auf Maturana/Varela und auf von Foerster, z. B. Maturana/Varela (1987) und von Foerster (1999).

und Worte zu finden, Konflikte aus verschiedenen Perspektiven zu beleuchten und professionelle mit lokaler Expertise zu verbinden.

2 Stadt und Region: Ort und Anlass für Kommunikation

In diesem Kapitel werden einige Grundgedanken zu Kommunikation in der räumlichen Planung vorgestellt. In den letzten Jahrzehnten ist die politische und soziale Bedeutung von Partizipation gewachsen. Am Leben im öffentlichen Raum teilzuhaben ist zu einem symbolischen Akt der gesellschaftlichen Teilhabe geworden. Deshalb braucht kommunikative Planung ein Modell von Kommunikation, das hilft, in diesem Kontext angemessen vorzugehen.

2.1 Räumliche Planung ist Teil sozialer Praxis

Wie wir mit Raum umgehen, ist eine öffentliche und gemeinschaftliche Angelegenheit. Der wichtigste Grund hierfür liegt in der Tatsache, dass Boden eine begrenzte Ressource ist, die jedermann in der einen oder anderen Weise braucht. Bei der Nutzung von Raum müssen deshalb Nachhaltigkeit und soziale Kriterien berücksichtigt werden. In Deutschland kennt das Grundgesetz daher neben dem hohen Wert individuellen Eigentums an Grund und Boden, das unter anderem Beteiligungsrechte in Planungsprozessen begründet, auch die Sozialpflichtigkeit des privaten Eigentums, das unter anderem die Nutzung des Bodens unter Beachtung demokratisch beschlossener Planungen verlangt.

In modernen westlichen Gesellschaften gehört die Nutzung des öffentlichen Raums zum täglichen Leben: ohne viel Nachdenken für Wege zur Arbeit, zur Schule oder zum Einkaufen, bewusst gesucht z. B. für die Freizeit in Cafés und Parks. Dass sich Außengastronomie, Sportarten wie Skateboarden auf zentralen Plätzen oder die Mischung von Arbeiten und Freizeit mit Notebook und WLAN im Park oder Schwimmbad wachsender Beliebtheit erfreuen, kann heutzutage nicht mehr der häuslichen Raumknappheit geschuldet sein. Es kann auch darauf hindeuten, dass mit der Nutzung des öffentlichen Raums das Gefühl des gesellschaftlichen Dabeiseins verbunden ist.

Sich mit dem gemeinsamen Raum zu befassen, bietet besondere Möglichkeiten für Begegnung und Austausch zwischen Menschen unterschiedlicher Lebenssituationen, die normalerweise nichts direkt miteinander zu tun haben. Besitz und Nutzung des Raums schafft aber auch Konflikte. Sowohl Begegnung als auch Konflikt können kommunikativ gestaltet werden.

2.2 Planung ist nicht mehr ohne Kommunikation und Partizipation denkbar

Die Aussage, Kommunikation sei immer ein wichtiges Element in der Stadt- und Regionalplanung gewesen, verweist darauf, dass Kommunikation bei dem von den Wissenschaften in den neunziger Jahren identifizierten „communicative turn" nichts gänzlich Neues war. Sie war bereits wichtig, als Planung im Wesentlichen Expertensache war und leitende Politiker sowie Vertreter von Wirtschaft und Handel miteinander die zukünftige Stadtentwicklung besprachen (Selle 2000: 69f.). Bis in die Nachkriegszeit hinein war diese Kommunikation aber ausschließlich eine Sache der leitenden Planungsbeamten. Der Plan als Ergebnis fachlicher Arbeit stand im Fokus. In den siebziger Jahren wirkte sich die allgemeine Forderung nach mehr Demokratie auch auf die Planung aus. Methoden wie Advokatenplanung und frühzeitige Beteiligung in der Bauleitplanung wurden erprobt, implementiert, verfeinert und theoretisch unterlegt (Healey 1997; Selle 2000). Nicht nur Betroffenheit von Bürgern, sondern auch Ressourcen unterschiedlicher Akteure wurden in den Blick genommen. Die kommunikative Wendung, in den Wissenschaften als „communicative turn" bezeichnet, unterstrich das Recht und die Notwendigkeit, Planungsfragen öffentlich zu erörtern und dafür Prozeduren zu entwickeln, die diese Diskussionen allgemein zugänglich machen sollten. Danach wandte sich ein Teil der Aufmerksamkeit auch wieder dem institutionellen Wandel zu, der notwendig war und ist, um ein neues Selbstverständnis der Planung zu unterstützen. Diese sollte sich von einer autoritären Fachdisziplin zu einem Teil eines interaktiven Modells von Planung zwischen Staat, Markt und Gesellschaft mit unterschiedlichen Rollen und Ressourcen entwickeln. Damit war die kommunikative Wende Teil einer Entwicklung im Wandel des Staatsverständnisses vom „modernen Fürsorgestaat" zum „postmodernen" Staat, der seinen Bürgern Teilhabe ermöglicht und den Rahmen für Aushandlungsprozesse setzt.

Partizipation in der räumlichen Planung ist seither aus einer Reihe von Gründen zu einem „Muss" geworden, dem sich zunehmend auch die Immobilienwirtschaft positiv zuwendet. Das allgemeine Bildungsniveau ist gestiegen. Die Mitglieder der Stadtgesellschaft erheben deshalb immer mehr den Anspruch, selbst für ihre Belange einzutreten und die Diskussion über Zukunftsfragen und den gemeinsamen Raum nicht der politischen Sphäre zu überlassen. Expertenwissen wird nicht mehr als neutrale Information angesehen.[2] Menschen wollen deshalb wissen, vor welchem Hintergrund Expertenaussagen formuliert und Pläne entwickelt werden. Gut gestaltete Partizipationsprozesse werden von auf-

---

2 Seit vielen Jahren argumentieren Nowotny und Testa aus Sicht der Wissenschaftsforschung, dass Wissen von einer objektiv ableitbaren Instanz zu einer intersubjektiv geprüften Verhandlungsmasse wird (z. B. Nowotny/Testa 2009: 150).

geklärten Planungsfachleuten und Projektentwicklern geschätzt: Sie machen lokale Sachkenntnis für präzise passende Lösungen verfügbar, lassen Stolpersteine sichtbar werden und tragen dazu bei, Verzögerungen aufgrund von Klagen bei der Umsetzung zu verringern.

3 Räumliche Planung braucht ein angemessenes Kommunikationsmodell

Das wahrscheinlich bekannteste Modell der Kommunikation ist das Sender-Empfänger-Modell nach Shannon und Weaver (1949; vgl. dazu Abb. 1). Zu diesem Modell sagt Schmid: "Das klassische Sender-Kanal-Empfänger-Modell der Kommunikation geht von einem prinzipiell berechenbaren Austausch von Botschaften aus. Wenn die Botschaft richtig gesendet und der Kanal in Ordnung ist, muss sie identisch beim Empfänger ankommen. Dies erwartet man als Normalfall. Tritt dieser nicht ein, geht man von zu beseitigenden Kommunikationsstörungen aus. Implizit erwartet A meist auch, durch richtige Instruktion B zu dem beabsichtigten Verständnis und oft auch zum gewünschten Verhalten veranlassen zu können." (Schmid 2008: 71)

Abb. 1: Sender-Empfänger-Modell – Das klassische Modell der Kommunikation

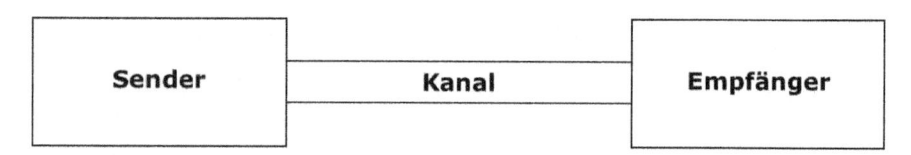

| Sender | Kanal | Empfänger |

Quelle: Eigene Darstellung

Das Sender-Empfänger-Modell ist erkennbar technisch geprägt, wie es seinem historischen Verwendungszweck in der Informationstechnologie entsprach. Elemente wie Störfaktoren („Lärm") und Rückkopplungsschleifen wurden später hinzugefügt. Dennoch wurde es von Sozialwissenschaftlern so nicht weiter benutzt, weil es ihm kaum gelingt, den sozialen Kontext von Kommunikation zu integrieren. Es kann aber, wie das Zitat von Schmid nahelegt, im Rahmen von Steuerungsmodellen funktional erscheinen, die hierarchisch aufgebaut sind und nach dem Prinzip von „command and control", also Anweisung und Kontrolle, konzipiert sind. Das Sender-Empfänger-Modell kann aber viele Aspekte des spontanen und unvorhersagbaren menschlichen Handelns kaum integrieren. Dass aus Information erst in einem ko-kreativen Prozess Bedeutung wird, erfasst es ebenso wenig wie die Bedeutung von Intuition, Hass, Liebe Hoffnung oder

Ein systemisches Kommunikationsmodell für die räumliche Planung   227

Angst in diesem Prozess. Solche Faktoren sind aber wesentliche Bestandteile im Rahmen von Verständigungsprozessen über Raum (Stein 2006: 148f.; vgl. ferner Stein 1995; 2005). Systemisch-konstruktivistisches Denken benutzt ein ergänzendes Modell der Kommunikation. Es geht davon aus, dass jeder Kommunikationspartner eine eigene Wirklichkeit lebt und die Begegnungen mit anderen – wenn sie ihm bedeutungsvoll erscheinen – dazu nutzt, seine eigene Wirklichkeit zu überprüfen und gegebenenfalls weiterzuentwickeln. Dabei ist im Normalfall von unterschiedlichen Wirklichkeiten auszugehen, die sich begegnen müssen, wenn eine gemeinsame Wirklichkeit als Basis von Kommunikation entstehen soll (vgl. Abb. 2). Das systemische Kommunikationsmodell gibt die Vorstellung von Kontrolle der Kommunikation auf, weil die Wirklichkeiten lebender Systeme äußerst komplex sind. „Nicht-instruktive Interaktion" ist deshalb gefragt: „Das heißt, man erwartet, dass B aus den Äußerungen von A auswählt und mit einer der eigenen Wirklichkeitslogik angepassten Verhaltensanpassung reagiert." (Schmid 2008: 72) Einen gemeinsamen Ausschnitt aus den jeweiligen Realitäten herzustellen, ist eine notwendige Anstrengung bei jeder Kommunikation. Sie braucht Kreativität und Kompetenz.

Abb. 2: Systemisches Kommunikationsmodell – in Anlehnung an das "Kulturbegegnungsmodell der Kommunikation"

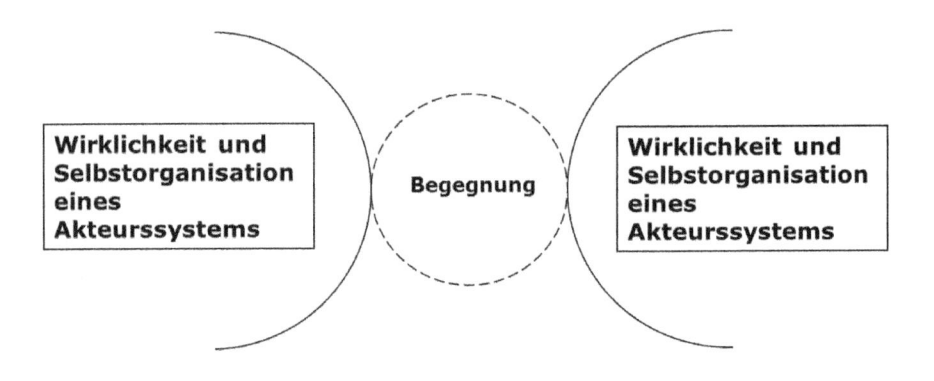

Quelle: Eigene Darstellung (orientiert an Schmid 2008: 71)

Dieses Modell der Kommunikation als Begegnung von Kulturen und Akteurssystemen fördert eine realistischere und inspirierendere Haltung für kommunikative Planung als das Sender-Empfänger-Modell. Ausgangspunkt ist die Annahme, dass keine oder wenig Übereinstimmung in den wahrgenommenen Realitäten besteht, dass es diesbezüglich aber auch Überraschungen geben darf. Kommunikative Planung schafft dann zunächst Gelegenheiten der Begegnung, in denen gemeinsame Wahrnehmungen oder die Wahrnehmung der Unterschiede entstehen können. Daraus können sich gemeinsame Ideen oder sogar Wahrnehmungen entwickeln. Es ist nicht unbedingt ein Problem, wenn dies dann nur einen Bruchteil der Realitätswahrnehmungen eines Akteurssystems darstellt. Es genügt, ausreichend gemeinsame Wahrnehmungen und Interessen zu formulieren, um bezogen auf bestimmte Ziele gemeinsam handlungsfähig zu werden. Da kann es dann zum Beispiel um Unterstützung für einen regionalen Plan oder einen städtischen Entwicklungsprozess gehen.

Die Begriffe „Akteur" und „Akteurssystem" werden hier wie Stakeholder und Stakeholder System verwendet. Darunter werden Individuen, Gruppen oder Institutionen verstanden, die ein Projekt mit Geld, anderen Ressourcen, Macht und Meinungen beeinflussen können oder davon in ihren Interessen berührt sind. Dies ist nicht identisch damit, wie Luhmann in seiner Systemtheorie diese Begriffe verwendet. Schmid (2008), auf den ich mich beziehe, benutzt die Begriffe „Person", „Kundensystem" oder „Beratersystem" für die Elemente, die kommunizieren sollen. Bei der Weiterentwicklung von Schmids Modell für die räumliche Planung habe ich die Begriffe „Akteur" bzw. „Stakeholder" eingeführt, weil es bei der kommunikativen Planung darum geht, den Dialog zwischen Akteuren in Planungsprozessen zu fördern und zu moderieren.

4 Raum im systemischen Kommunikationsmodell

Menschen – und auch Akteurssysteme – kommen nicht umhin, Raum zu teilen bzw. gemeinsam zu nutzen, wenn sie in einem Territorium leben oder arbeiten. Deshalb ist die Entwicklung von Quartieren, Städten und Regionen ein guter Anlass für Begegnung und Kommunikation. Geteilter oder umkämpfter Raum ist ein Grund für Kommunikation, die dann die unterschiedliche Wahrnehmung und Nutzung des Raums thematisieren muss und möglicherweise zur Begegnung von Akteuren führt. Gleichzeitig kann die Begegnung als Basis von Kommunikation in dem Raum stattfinden, der Grund dafür ist (vgl. Abb. 3).

Ein systemisches Kommunikationsmodell für die räumliche Planung

Abb. 3: Stadt und Region im systemischen Kommunikationsmodell

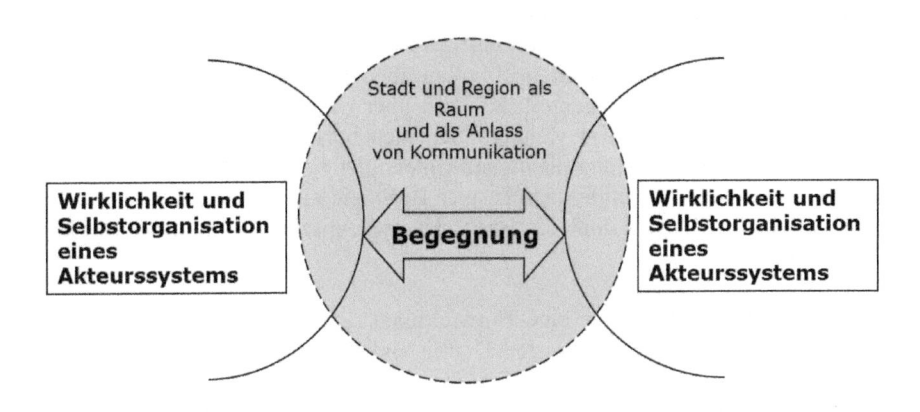

Quelle: Eigene Darstellung

Kommunikative Planungsprozesse, die dem systemischen Modell folgen, eröffnen eine Vielzahl von Chancen. Im nächsten Kapitel werden einige davon anhand von Beispielen aus der Praxis erläutert.

5 Kommunikative Planung und die Potenziale des systemischen Kommunikationsmodells

Am einfachsten kommt man über ein Quartier, eine Konversionsfläche, eine Stadt oder eine Region ins Gespräch, wenn man dort ist. Erlebnisse mit dem Raum, um den es geht, verstärken die Bedeutung von Planungsprozessen für das Individuum. Sie ermöglichen ungezwungene Begegnungen mit anderen Akteuren und machen daraus entstehende Netzwerke stabiler. Als "erfahrensbasierte Planung" wurde ein Planungsansatz beschrieben, der systematisch den Raum als Schlüsselakteur in Planungsprozesse einbezieht (Stein/Schultz 2008).

Erkundung des Raums zu Fuß oder mit dem Fahrrad ermöglicht eine langsame, körperlich erfahrene Begegnung mit dem Raum und seinen physischen und sensorischen Eigenschaften. Genauso wichtig ist die bewusste Reflexion des zum Teil unbewusst Erlebten.[3] Dabei kann man sich mit anderen Beteiligten über das Wahrgenommene austauschen und es später auch im Nachgespräch vertiefen. Die Gesprächspartner können Gemeinsamkeiten und Unterschiede ihrer Wahrnehmungen feststellen. Daraus entstehen Referenzpunkte für die folgenden Diskussionen über die zukünftige Nutzung und Gestaltung. Es ist gar nicht notwendig, in allen Punkten Einigkeit über Wahrnehmungen und Einschätzungen zu erzielen. Im Gegenteil: Klarheit über Unterschiede und Gemeinsamkeiten ist notwendig, um in weiteren Schritten beispielsweise herausfinden zu können, welche Entwicklung die meiste Unterstützung erfahren würde.

In den folgenden Abschnitten zeigen vier Beispiele einige der Chancen auf, die kommunikative Planung auf der Basis des systemischen Kommunikationsmodells bietet:

- Der Arbeitsprozess für eine Entwicklungsvision einer kleinen Mittelstadt bewirkt, dass die Akteure den Dialog als Triebkraft für die Stadtentwicklung neu entdecken.
- Der Entwurfsprozess für einen Park hilft, Konflikte zwischen unterschiedlichen Beteiligten zu mindern.
- Lokaler Sachverstand qualifiziert ein internationales Wettbewerbsverfahren, wenn er angemessen eingespeist wird.
- Eine Metapher mit Bildern und Texten unterstützt interaktive Diskussionen über die Entwicklung einer Region.

Die Beispiele illustrieren unterschiedliche Zusammenhänge zwischen den Elementen des systemischen Kommunikationsmodells.

5.1 Akteure zusammenbringen, Ressourcen mobilisieren und Stadtentwicklung zum gemeinsamen Anliegen machen

„Voerde 2030" ist eine Vision für die Stadt Voerde am Niederrhein mit ihren rund 40.000 Einwohnern. Sie zielt darauf ab, Potenziale zu identifizieren, Strategien zu entwerfen und Projekte zu starten. Ein Sommerprogramm lud die Bürgerschaft zu Exkursionen ein, die mit den Themen "Wasser", "Wohnen" und "Wandel" drei übergreifende Aspekte der Stadtentwicklung beleuchteten. Für die Exkursion zum Thema "Wohnen" öffneten zehn Familien ihre Wohnungen und

---

3   Physisches Erfahren sowie Wissens- und Ideenentwicklung sind ohnehin kaum zu trennen, wie Henrik Schultz in seiner Dissertation „Wandern als Erkenntnismethode beim großräumigen Landschaftsentwerfen" zeigt (Universität Hannover, Abschluss 2013).

Häuser aus allen Bauzeiten in Voerde für rund fünfzig unbekannte Mitbürger (vgl. Abb. 4). Vor Ort ergaben sich lebhafte Diskussionen über Wohnbedürfnisse, Baukosten, Lebensstile und Wohnpräferenzen. Für die Vision entstand hieraus Material für den Punkt „Vielfalt der Wohnangebote". Einige Wochen später führte das Thema "Wandel" die Teilnehmer zu einer Schule, einem Bauernhof, einem Pferdesportbetrieb und einer Konstruktionsfirma. Die jeweiligen Führungskräfte berichteten, wie sie mit dem Wandel in der Bildungsarbeit, der Landwirtschaft, der Freizeit und der Industrie umgehen. Das gab Anlass zu Reflexionen über den Umgang mit Bewahren und Entwickeln, der häufig Thema in der Diskussion über Stadtplanung ist. Die Vision „Voerde 2030" wurde dann in einer Reihe öffentlicher Veranstaltungen mit Beiträgen aus Stadtplanung, Politik und Bürgerschaft formuliert. Hinzu kam die Festlegung von ersten Maßnahmen, die im Arbeitsprogramm der Stadtverwaltung verankert wurden. Politik und Bürger traten energisch dafür ein, dass die Fortführung des Dialogs ein wichtiger Teil der Vision sein sollte.

Abb. 4: Hausbesitzer empfangen die Besucher während der Exkursion "Wohnen" im Sommerprogramm „Voerde 2030"

Foto: U. Dickmann, Voerde

Das Beispiel illustriert das Kommunikationsdreieck im systemischen Kommunikationsmodell für die räumliche Planung: Die Akteure begegnen sich an den Orten ihrer Stadt, mit denen sie sich befassen. Sie nehmen an öffentlichen Diskussionen teil und tauschen sich über ihre Wahrnehmungen und Meinungen aus. Die Entwürfe der Planenden können darauf aufbauen und die Erfahrungen und Äußerungen als Bezugspunkte verwenden. Die Beziehungen zwischen den Akteursgruppen können sich auf diese Weise verändern. "Die Atmosphäre in der Stadt ist anders geworden. Die Bürger zeigen mehr Interesse für Stadtentwicklung als zuvor, und sie erwarten ganz offensichtlich, dass auch etwas geschieht", berichtete ein Politiker im Ausschuss für Stadtplanung.

5.2 Konflikte erhellen und Lösungen vorbereiten

Kommunikative Raumplanung kann auf eine Reihe von Standardmethoden für Großgruppenarbeit zurückgreifen, zum Beispiel Zukunftskonferenzen (Weisbord/Janoff 2000), Open Space (Owen 1997) oder World Café (Brown/Isaacs 2005). Meistens müssen diese Standardformate an die speziellen Bedürfnisse der Gruppe und der Aufgabe sowie an die lokale Planungskultur angepasst und damit in maßgeschneiderte Prozessdesigns integriert werden. Wenn die Sachlage von Konflikten geprägt ist, können Elemente der Mediation integriert werden.

Dies war zum Beispiel bei der Planung des Freizeit- und Kulturparks auf dem Gelände des ehemaligen Schlachthofs in Wiesbaden der Fall. Hier hatten rund 15 Jahre zuvor junge Leute die letzte Halle vor ihrem Abriss besetzt. In der Folgezeit hatten sie ein Veranstaltungszentrum aufgebaut, das mit seinem Musikprogramm bundesweite Aufmerksamkeit fand. In manchen Jahren wurden über 140.000 Besucher gezählt. Rund 50 Personen fanden Arbeit. Trotzdem waren die Beziehungen mit der Stadtverwaltung und der Politik weiterhin von Vorurteilen und gegenseitigem Misstrauen geprägt. Das Stadtplanungsamt ergriff die Initiative und gab eine Mischung aus Planungs- und Mediationsverfahren in Auftrag: Das umliegende Brachgelände sollte in einen Park für Freizeit und Kulturveranstaltungen verwandelt werden (vgl. Abb. 5). Ein solches Angebot, das junge Leute ansprechen sollte, fehlte in der Kur- und Kongressstadt bis dahin. In einem ersten Schritt führte das Planungsteam zahlreiche Interviews durch, um die Bedürfnisse, Ängste und Ideen der verschiedenen Akteure mit ihren Untergruppen zu erfassen. Der erste Entwurf für den Plan bot dann die Möglichkeit, dass zum ersten Mal alle Akteure zusammenkamen. Im Gespräch über den Entwurf wurden ihre gemeinsamen und unterschiedlichen Ansprüche deutlich. Kreativ ging es an Verbesserungsvorschläge. Der überarbeitete Entwurf

Ein systemisches Kommunikationsmodell für die räumliche Planung 233

wurde dann in einem zweiten Workshop präsentiert. Nach dem Realisierungsbeschluss des Rats übernahm das Grünflächenamt die Umsetzung.

Abb. 5: Freizeit- und Kulturpark Wiesbaden – Nutzung unmittelbar nach Fertigstellung 2008

Foto: H. Schultz, Stein+Schultz

Auch dieses Beispiel zeigt, dass Räume und Orte die Chance bieten, zum gemeinsamen Fokus von unterschiedlichen gesellschaftlichen Gruppen zu werden. Um das Potenzial zu realisieren, sind sowohl ein sorgfältig gestalteter Planungsprozess und ein auf die Interessenkonstellation eingehender räumlicher Entwurf als auch verlässliches Handeln der Akteure nötig.

5.3 Professionelle und lokale Sachkenntnis verbinden

Das systemische Kommunikationsmodell kann dazu beitragen, dass unterschiedliche Interessen und Rollen in Planungsprozessen erkannt und zu Ressourcen für

Planungsprozesse gemacht werden können. Wettbewerbe waren in Architektur und Städtebau lange Zeit die Verfahren, in denen sich entwerferisches Genie ungestört entfalten sollte, um die fachlich besten Lösungen hervorzubringen. Seit einigen Jahren mehren sich aber die Fälle, in denen Wettbewerbsergebnisse von Bürgern und/oder Politik heftig kritisiert und später in der Umsetzung verzögert oder verhindert wurden. Wettbewerbe mussten also den Weg aus der Isolation und in eine fruchtbare Diskussion mit der Öffentlichkeit finden.

Im Jahr 2006 schrieb die Stadt Köln einen Wettbewerb für die Gestaltung des rechten Rheinufers im Stadtteil Deutz europaweit aus. Das Deutzer Rheinufer ist ein populärer Freiraum für die Einwohner des dicht bebauten Stadtteils und für Touristen, die den Blick auf die gegenüberliegende Altstadt und den berühmten Dom genießen. In der Nähe liegen auch das Messegelände und andere wichtige Potenzialflächen für die Stadtentwicklung. Durch intensive Nutzung hatte der Zustand des Freiraums gelitten. Das Amt für Landschaftspflege und Grünflächen befürwortete, dass das Wettbewerbsverfahren um zwei wichtige Elemente der Bürgerbeteiligung von Akteuren und Bürgern erweitert wurde. Noch während der Ankündigung des Wettbewerbs wurden die Eigentümer angrenzender Grundstücke zu einem Workshop eingeladen, in dem die Aufgabenstellung vorbereitet werden sollte. Wenige Tage später kamen rund 140 interessierte Bürger aus Stadtteil, Stadt und Region zum gleichen Thema zusammen. Ein zweistufiger Wettbewerb ermöglichte es, dass die Jury aus den Designs der 26 Wettwerbsteilnehmer zunächst sechs Gewinner auswählte. Diese wurden eingeladen, in der zweiten Phase ihre Konzepte vertiefend auszuarbeiten. Davor stellten sie in einem "Zwischenforum" ihre Zwischenergebnisse der interessierten Öffentlichkeit vor. Über 300 Bürger nutzten die sechsstündige Veranstaltung, um sich von den Teams individuell und in kleinen Gruppen ihre Pläne erläutern zu lassen und ihnen nützliche Hinweise mit auf den Weg zu geben (vgl. Abb. 6). Übergreifende Aspekte wurden in zwei Plenumsphasen erörtert. Wenige Wochen später bestimmte die Jury den Wettbewerbssieger, der in einer öffentlichen Veranstaltung seinen Entwurf vorstellte. Dort wurde auch mit allen Verantwortlichen über den Fortgang des Projekts gesprochen. Obwohl die Realisierung aufgrund technischer Schwierigkeiten (wie z. B. archäologischen Funden im Untergrund) erheblich teurer wurde als geplant, hat es bis heute den Rückhalt bei Politik und Öffentlichkeit nicht verloren. Die Verantwortlichen führen dies darauf zurück, dass alle Akteure intensiv am Entstehungsprozess mitwirken konnten.

Ein systemisches Kommunikationsmodell für die räumliche Planung 235

Abb. 6: Rheinboulevard Köln: Besucher des Zwischenforums und Planteams diskutieren Entwürfe

Foto: Th. Kemme, Regionale 2010

In diesem Beispiel wird deutlich, wie den unterschiedlichen Rollen der Beteiligten in einem sorgfältig gestuften Verfahren Rechnung getragen werden kann und muss. Kommunikative Zusammenarbeit und konventionelle Informationsarbeit ergänzen einander. Die Grundstücksanlieger und die Bürger wirken an der Aufgabenstellung mit und bringen hier ihre Anliegen ein. Eine Jury wählt – unter Berücksichtigung der auch im Zwischenforum gegebenen Hinweise – den fachlich überzeugendsten Siegerentwurf aus. Der Planungsprozess fungierte als Rahmen für die Kommunikation zwischen Menschen aus Stadtteil, Stadt und Region, Grundeigentümern, Nachbarn, Politik und Planungsteams. Der gemeinsame öffentliche Raum stand für alle im Fokus.

5.4 Eine gemeinsame Sprache in Worten und Bildern finden

Im Großherzogtum Luxemburg hat im Jahr 2003 das für Planung zuständige Innenministerium eine Diskussion über die Raumstruktur im Süden des Landes initiiert. Im Rahmen eines EU-finanzierten InterReg-Projekts (The SAUL Partnership, 2006) legte das Ministerium besonderen Wert auf die Zusammenarbeit mit professionellen Planern, Bürgermeistern und Bürgern, die sich in der Region in Initiativen zu raumbezogenen Themen im Bereich Naturschutz, Kultur und Sport engagieren. Ziel war es, eine fachliche Diskussion über die Bedeutung von Freiräumen und die besonderen stadtlandschaftlichen Strukturen der Südregion zu lancieren. Diese Region befindet sich derzeit im Umbruch von einer Montanregion zu einem Standort für Unternehmen im Finanz- und Dienstleistungssektor sowie die Universität von Luxemburg. Zugleich sollte das Projekt ein Modell für eine neue Art von kleinmaßstäblicher Regionalplanung entwickeln, in der die ästhetischen Aspekte des Raums eine größere Bedeutung bekommen sollten als in der funktionalen Regionalplanung beispielsweise in Deutschland.

Ganz zu Anfang standen unterschiedliche Arten von "Reisen". Die Radsportclubs der Region organisierten eine Rundfahrt, bei der jeweils örtliche Experten den Teilnehmenden ihre speziellen lokalen Perspektiven vermittelten. Ein Besuch bei InterReg-Partnern im Saarland ließ deren Vorgehensweise in einer ähnlich strukturierten Region deutlich werden. Später bot der Künstler Boris Sieverts Reisen zu Fuß an, die durch dicht bebaute Bereiche ebenso wie durch Naturreservate und Industriebrachen führte und – nicht zuletzt durch das eigene, körperliche Erfahren – den Teilnehmenden ein intensives Erleben ihres eigenen Raums aus ungewohnten Blickwinkeln ermöglichte (vgl. Abb. 7). Es waren besonders die Reisen mit Boris Sieverts, die die Auseinandersetzung mit den Nachbarschaften und Brüchen zwischen Raumelementen der urbanen Landschaft im Umbruch und mit ihrer eigenartigen Schönheit förderten. Sowohl die alten als auch die neuen Wahrnehmungen des Raums konnten dann in den anschließenden Diskussions- und Entwurfsprozessen als Bezugspunkte benutzt werden (vgl. Stein/Schultz 2008). Eines der Ergebnisse war eine "Raumvision". Sie benutzte die Metapher der "Roten Küste" mit ihren "Stränden", "Hängen", "Häfen", "Riffs", "Buchten" und dem "offenen Meer" als einen von vielen Wegen, die räumliche Ausgangslage und die Entwicklungsoptionen zu visualisieren. Die

Metapher – so gewagt sie für Luxemburg auf den ersten Blick erscheint – fußt auf der Geologie der Region und dem im Volksmund gebräuchlichen Namen "Côte Rouge". Sie wurde unter anderem mit klassischen Schemazeichnungen, Erläuterungen in der vertrauten Planersprache und Fotomontagen ergänzt. Auf diese Weise konnten viele unterschiedliche Akteure ihren Zugang zur Diskussion über die räumliche Entwicklung der Region finden. „Das ist das erste Mal, dass ich in einem Planungsdokument meine Heimat spüren kann!", meinte der Innenminister in einem der Workshops.

Abb. 7: Reise durch die Südregion in Luxemburg mit Boris Sieverts

Foto: U. Stein, Stein+Schultz

Es ist vorteilhaft, wie das Luxemburger Beispiel zeigt, viele unterschiedliche Wege zu nutzen, um Verständigung in Planungsprozessen zu fördern. Physische Erfahrung mit dem Raum ist einer davon. Worte, Bilder, Grafiken und Metaphern unterstützen Akteure mit unterschiedlichen Kommunikationspräferenzen dabei, Gemeinsamkeiten zu finden.

6 Zum Schluss

Kommunikative Planung braucht ein angemessenes Kommunikationsmodell für ihre konkrete Praxis. Ein nicht-hierarchisches, systemisches Kommunikationsmodell bietet hier viele Vorteile. Es hilft dabei, kommunikative Planungsarbeit so zu gestalten, dass gute Lösungen entwickelt und eine möglichst breite Unterstützung für Pläne und Projekte entstehen können. Die Begegnung zwischen den Akteuren und die gemeinsame Begegnung mit der Stadt oder der Region, um die es geht, unterstützt örtliche und regionale Kommunikation.

In diesem Zusammenhang sind Stadt und Region sowohl Ort als auch Anlass für Kommunikation. Kooperative Planung liefert dafür den Rahmen. Für eine Praktikerin liegt der Gedanke nahe, dass eine von diesem Konzept geleitete Planungsarbeit auch zu räumlicher Identität und auf den Raum bezogener Kooperation beiträgt.

Literatur

Brown, Juanita/Isaacs, David (2005): World Café. Shaping our Futures through Conversations that Matter. San Francisco: Berrett-Koehler Publishers

Healey, Patsy (1997): Collaborative Planning. Shaping Places in Fragmented Societies. Basingstoke: Macmillans Press

Maturana, Humberto/Varela, Francisco (1987): Der Baum der Erkenntnis: Die biologischen Wurzeln des menschlichen Erkennens. Bern/München/Wien: Scherz

Nowotny, Helga/Testa, Guiseppe (2009): Die gläsernen Gene. Die Erfindung des Individuums im molekularen Zeitalter. Frankfurt/Main: Suhrkamp

Owen, Harrison (1997): Open Space Technology: A User's Guide. San Francisco: Berrett-Koehler Publishers

Schmid, Bernd (2006): „Tuning into Background Levels of Communication – Communication Models at ISB". Papers of the Institute of Systemic Consultancy (ISB). Wiesloch: Institut für Systemische Beratung

Schmid, Bernd (2008): Systemische Professionalität und Transaktionsanalyse. Bergisch Gladbach: Edition Humanistische Psychologie

Selle, Klaus (2000): Was? Wer? Wie? Warum? Voraussetzungen und Möglichkeiten einer nachhaltigen Kommunikation. Dortmund: Dortmunder Vertrieb für Bau- und Planungsliteratur

Shannon, Claude E./Weaver, Warren (1949): The Mathematical Theory of Communication. Urbana: University of Illinois Press

Stein, Ursula (1995): Raumplanung zwischen Staat, Markt und Gesellschaft. Die wachsende Politik- und Umsetzungsorientierung der Praxis erfordert neue Akzente in der Ausbildung. In: Raumforschung und Raumordnung 5. 1995. 393-396

Stein, Ursula (2005): Planning with all your Senses – Learning to Cooperate on a Regional Scale. In: disP 162. 62-69

Stein, Ursula (2006): Lernende Stadtregion. Verständigungsprozesse über Zwischenstadt. Wuppertal: Verlag Müller und Busmann

Stein, Ursula/Schultz, Henrik (2008): Experiencing Urban Regions – Visualizing through Experiments. In: Thierstein/Förster (2008): 141-152

The SAUL Partnership (2006): Vital Urban Landscapes. The Vital Role of Sustainable and Accessible Urban Landscapes in Europe's City Regions. The Final Report of the SAUL Partnership. London: Eigenverlag

Thierstein, Alain/Förster, Agnes (2008): The Image and the Region. Making Mega-City-Regions Visible! Baden: Lars Müller Publishers

Von Foerster, Heinz (1985): Sicht und Einsicht. Versuche zu einer operativen Erkenntnistheorie. Braunschweig/Wiesbaden: Vieweg

Weisbord, Marvin/Janoff, Sandra (2000): Future Search: An Action Guide to Finding Common Ground in Organizations and Communities. San Francisco: Berrett-Koehler Publishers

Autorinnen und Autoren

Hans-Joachim Bürkner, Prof. Dr., ist Leiter der Stabsstelle Exzellenzstrategie am Leibniz-Institut für Regionalentwicklung und Strukturplanung (IRS) in Erkner und zugleich Inhaber der Professur für Sozialgeographie an der Universität Potsdam.

Gabriela B. Christmann, apl. Prof. Dr., ist Leiterin der Forschungsabteilung „Kommunikations- und Wissensdynamiken im Raum" und stellvertretende Direktorin am Leibniz-Institut für Regionalentwicklung und Strukturplanung (IRS) in Erkner und zugleich außerplanmäßige Professorin am Institut für Soziologie der Technischen Universität Berlin.

Heidi Fichter-Wolf, Dr., war wissenschaftliche Mitarbeiterin der Forschungsabteilung „Kommunikations- und Wissensdynamiken im Raum" am Leibniz-Institut für Regionalentwicklung und Strukturplanung (IRS) in Erkner und ist nunmehr im Ruhestand.

Reiner Keller, Prof. Dr., ist Inhaber des Lehrstuhls für Allgemeine Soziologie und Wissenssoziologie an der Universität Augsburg.

Hubert Knoblauch, Prof. Dr., ist Inhaber des Lehrstuhls für Allgemeine Soziologie/Theorie moderner Gesellschaften an der Technischen Universität Berlin.

Gertraud Koch, Prof. Dr., ist Inhaberin eines Lehrstuhls am Institut für Volkskunde/Kulturanthropologie an der Universität Hamburg und ist zugleich Leiterin dieser Abteilung.

Martina Löw, Prof. Dr., ist Inhaberin des Lehrstuhls Planungs- und Architektursoziologie an der Technischen Universität Berlin.

Anika Noack, Dr., ist wissenschaftliche Mitarbeiterin der Forschungsabteilung „Kommunikations- und Wissensdynamiken im Raum" am Leibniz-Institut für Regionalentwicklung und Strukturplanung (IRS) in Erkner.

Tobias Schmidt, M.A., war wissenschaftlicher Mitarbeiter der Forschungsabteilung „Kommunikations- und Wissensdynamiken im Raum" am Leibniz-Institut für Regionalentwicklung und Strukturplanung (IRS) in Erkner und ist seit Januar 2015 Projektleiter beim Deutschen Jugendinstitut, München.

Ursula Stein, Prof. Dr., leitet gemeinsam mit Henrik Schultz das Büro Stein+Schultz in Frankfurt am Main und ist zugleich als Honorarprofessorin für „Kommunikation in der Planung" an der Universität Kassel tätig.